古典詩學叢刊

李商隱年譜

宋寧娜　著

目次

　　本年譜以皇帝、宰相、封疆大吏年事，與李商隱有關官吏升遷，詞人墨客遊歷為經，月份排列為緯，表現當年蹤跡：

貞元十五年（己卯，公元 799 年）

　　李商隱出生。

貞元十六年（庚辰，公元 800 年）

　　李商隱二歲。

貞元十七年（辛巳，公元 801 年）

　　令狐楚入綏幕。由掌書記至判官。《新唐書 令狐楚傳》：「德宗喜文，每省太原奏，必能辨楚所為，數稱之。」《舊唐書 令狐楚傳》：「鄭儋在鎮暴卒，不及處分後事，軍中喧嘩，將有急變。中夜，十數騎持刃迫楚至軍門，諸將環之，令草遺表。楚在白刃之中，搦管即成，讀示三軍，無不感泣，軍情乃安。自是聲名益重。」

　　李商隱三歲。

貞元十八年（壬午，公元 802 年）

　　李商隱四歲。

貞元十九年（癸未，公元 803 年）

　　三月壬子，淮南節度使、檢校尚書左僕射、同平章事杜佑檢校司空、同中書門下平章事。

　　白居易、元稹同登書判拔萃科，同授祕書省校書郎，元、白定交始此。

　　李商隱五歲。開始受啟蒙教育，「五年誦詩書，七年弄筆硯。」

《上崔華州書》。很早就開始學習古文，與《舊唐書》本傳中「商隱幼能為文」相合。

杜牧出生，大中七年（853）去世，享年五十一歲。

貞元二十年（甲申，公元 804 年）

韓愈任監察御史，與柳宗元、劉禹錫同在御史臺任職。劉禹錫擢為監察御史，年三十二。

李商隱六歲。

貞元二十一年、順宗永貞元年（乙酉，公元 805 年）

正月，德宗去世，順宗李誦即位。李誦多病，永貞元年八月庚子詔：「天佑不降，疾恙無瘳。……宜令皇太子即皇帝位，朕稱太上皇。」乙巳，太子李純即皇帝位于太極殿，為憲宗。（《舊唐書 本紀十四 順宗》）

令狐楚在太原嚴綬幕。作《為鄭尚書賀登極表》。

「永貞革新」失敗後，柳宗元遠貶永州。劉禹錫因王叔文案被貶連州刺史，十一月經過江陵時再貶朗州司馬，在武陵地區度過十年。

白居易在長安，寓居永崇里華陽觀，與元稹閉戶讀書。

李商隱七歲。杜牧三歲。李賀出生，卒於大和五年（831）十月，享年二十七歲。

貞元五年，貝州清陽宋庭芬有五女，皆聰慧，庭芬始教以經藝，既而課為詩賦，年未及笄，皆能屬文。長曰若莘，次曰若昭、若倫、若憲、若荀。若莘、若昭文尤淡麗，性復貞素嫻雅，不尚紛華之飾。尚白父母，誓不從人，願以藝學揚名顯親。若莘教誨四妹有若嚴師。貞元四年，昭儀節度使李抱真表薦以聞。德宗具招入宮，試以詩賦經

史，及宮中大義，深為讚嘆。宮中皆呼為學士。封宋若莘為宮中記注。（《舊唐書 列傳第二 后妃下 女學士宋氏尚宮》）女子十五為笄，若莘貞元四年（公元788年）李抱真推薦進宮時為十四歲，生於七七五年。宋若苟出生，卒於光化三年（900），享年九十五歲。

憲宗元和元年（丙戌，公元 806 年）

四月丁未，杜佑為司徒。十一月庚戌，鄭餘慶罷為河南尹。（《新唐書 宰相表下》）

元和元年才識兼茂明於體用科，登第者獨孤郁、崔珝、崔護、薛存慶、沈傳師、蕭俛等十八人，元稹第一，入三等（甲等），除右拾遺。白居易因對語直，入第四等。

李商隱八歲。趙嘏出生。宋若苟二歲。

元和二年（丁亥，公元 807 年）

令狐楚為桂、並四府從事。「畢，始遷御史」，並集編《令狐楚表奏》十卷。

十月己酉，以浙西節度使李錡為左僕射，以御史大夫李元素為浙西節度使。李錡叛，張奉國擒以獻，加檢校工部尚書、兼右金吾衛將軍，進封南陽郡王。尋檢校刑部尚書，充振武麟勝節度使。（元稹：《南陽郡王碑》）

十月，御史李鄘為京兆尹。（《舊唐書 憲宗紀上》）

白居易三十四歲。
李商隱九歲。杜牧五歲。宋若苟三歲。

元和三年（戊子，公元 808 年）

六月庚申，鎮海軍浙西節度使李錡反，憲宗命淮南節度使王諤率諸道兵進討，潤州大將張文良等執李錡，送長安斬之。

韓愈於上年任國子監博士，本年分司東都。

皇甫湜以陸渾尉應賢良方正，直言極諫科，指陳時政之失，為李吉甫所惡，久久不調。

令狐楚丁憂。

李商隱十歲。「攻文當就傅之歲」（李商隱《上令狐相公狀一》）

宋若荀四歲。

元和四年（己丑，公元 809 年）

鄭絪罷為太子賓客。給事中李藩為門下侍郎、同中書門下平章事。（《新唐書 宰相表中》）

令狐楚年底前「免喪，徵拜右拾遺，改太常博士」。

李商隱十一歲。

宋若荀五歲。隨姊姊入宮，王建《宋氏五女》，注明是寫宋氏姊妹的：「貝州宋處士若（一作廷）芬五女，若華、若昭、若倫、若憲、若茵（一作荀）。」詩曰：「五女誓終養，貞孝內自持，菟絲自縈紆，不上青松枝。晨昏在親旁，閒則讀書詩。自得聖人心，不因儒者資。少年絕音華，貴絕父母詞。素釵垂兩鬢，短窄古時衣。行成聞四方，徵詔環佩隨。同時入皇宮，聯影步玉墀。鄉中尚其風，重為修茅茨。聖朝有良史，將此為女師。」（《全唐詩 卷二百九十七 王建》）宋若荀因宋若莘和宋若昭關係，從小與姊姊一起進入宮中，在皇太后身邊長大，稱為天孫。宋若華《嘲陸暢》：「十二層樓倚翠空，鳳鸞相

對立梧桐。雙成走報監門衛，莫使吳語入漢宮。」（《全唐詩 卷七 宋若華》）就是指小時天真爛漫的宋若荀。

元和五年（庚寅，公元 810 年）

王璠、楊虞卿、唐扶登進士科，禮部侍郎崔樞知貢舉。（徐松：《登科記考》卷十八）

韓愈拜河南令，遷職方員外郎。

白居易三十七歲，為左拾遺、翰林學士。

李商隱十二歲。

宋若荀六歲。

元和六年（辛卯，公元 811 年）

正月庚申，李吉甫為中書侍郎、同中書門下平章事。二月壬申，李藩罷為太子詹事。十一月己丑，戶部侍郎李絳為中書侍郎、同中書門下平章事。（《新唐書 宰相表中》）

令狐楚在長安，為禮部員外郎。是春，有詩《南宮夜直宿見李給事封題其所下制敕知奏直在東省因以詩寄》，李給事指李逢吉，元和六年遷給事中。

李商隱十三歲。李商隱父親李嗣為獲嘉（今河南新鄉）令。

宋若荀七歲。

李賀較李商隱小六歲，與宋若荀同歲。李賀七歲能詩，作《高軒過》。

元和七年（壬辰，公元 812 年）

六月癸巳，杜佑為太保致仕。十一月辛未，卒于長安安仁坊宅中，年七十八。牛僧孺、李宗閔與李吉甫對直，痛詆其失政，吉甫訴於帝，有司皆得罪，遂與為仇。（《新唐書 宰相表下》）

柳公綽征黔東蠻。《柳河東集 武崗銘》：「元和七年四月，黔巫東鄙，蠻獠雜擾。盜弄庫兵，賊脅守帥。潭部戎帥、御史中丞柳公綽提卒五百屯于武崗，告天子威命，明白信順，亂人大恐，投刃頓伏，願完父子，卒為忠信，奉職叔賦。進比華人，凶渠同惡。革命向化，公為藥石，俾復其性。詔書顯異，進臨江漢。」

李商隱十四歲。

裴氏姊卒於獲嘉。見《祭裴氏姊文》：「靈有行于元和之年，返葬于會昌之年，光陰迭代，三十餘秋。」「靈沉綿之際，殂背之時，某初解扶床，猶能記面」。仲弟羲叟尚小，三弟及幼妹為四、五歲和二、三歲，「皆為乳抱」。《仲姊志狀》：「至會昌二年（公元842年），商隱受選天官，正書秘閣，將謀龜兆，用釋永恨，會允元（裴允元，仲姊之夫）同謁，又出宰獲嘉，距仲姊之殂三十一年矣。」

宋若荀八歲。

元和八年（癸巳，公元 813 年）

正月，武元衡復入中書議事。正月辛未，權德輿罷為禮部尚書。二月丁酉，李頔貶恩王傅。三月甲子，武元衡為門下侍郎、平章事；己巳，出為西川。李吉甫仍為宰相。（《新唐書 宰相表中》）

冬十月，上問宰相：「人言外間朋黨大盛，何也？」李絳對曰：「自古人君所甚惡者，莫若人臣為朋黨，故小人讒君子必曰朋黨。何則？朋黨言之則可惡，尋之則無跡故也。東漢之際，凡天下賢人君

子，宦官皆謂之黨人而禁錮之，遂以亡國。此皆群小欲害善人之言，願陛下深察之！夫君子固與君子合，豈可必使之與小人合，然後謂之非黨邪？」（《資治通鑑 元和八年》）

正月癸未，以山南東道節度使李夷簡檢校戶部尚書、成都尹、充劍南西川節度使，戶部尚書袁滋為山南。

李商隱父親李嗣罷宰，以給事中孟簡即將為越州刺史、浙東觀察使，李嗣應孟簡辟往浙東，因「南轅已轄，接舊蔭于桃李，寄暫殯之松楸。」（《祭裴氏姊文》）將裴氏姊仍寓殯獲嘉。

時韓愈四十五歲，劉禹錫、白居易四十一歲，柳宗元四十歲，元稹三十四歲。

李商隱十五歲。宋若荀九歲。

元和九年（甲午，公元 814 年）

二月癸卯，李絳罷為禮部尚書。六月壬寅，河中節度使張弘靖為刑部尚書、同中書門下平章事。十月丙午，李吉甫薨。十二月庚戌，弘靖守中書侍郎。戊庚，尚書右丞韋貫之同中書門下平章事。（《新唐書 宰相表中》）

秋，七月，戊辰，以（杜）悰為殿中少監、駙馬都尉，尚歧陽公主。……公主有賢行……卑委怡順，一同家人禮度，二十餘年，人未嘗以絲髮見指為貴驕。（《資治通鑑 元和九年》）

九月己丑，淮西節度使吳少陽卒，其子元濟匿喪，自總兵柄，焚劫舞陽等四縣。十月，以嚴綬為申、光、蔡招扶使，督諸道兵討吳元濟。（《資治通鑑 元和九年》）

《舊唐書 令狐楚傳》：「母憂去官，服闋，以刑部員外郎轉職方員外郎、知制誥。」元和九年（814）十月甲寅，以刑部員外郎令狐

楚為職方員外郎、知制誥。」

孟簡為浙東，時李商隱十六歲，隨父在浙東。
宋若荀十歲。

元和十年（乙未，公元 815 年）

六月，李師道派人刺殺宰相武元衡，傷中丞裴度。旋以裴度同平章事。諸軍討淮西久未有功，五月，上遣中丞裴度詣行營宣慰，察用兵形勢。度還，言淮西必可取之狀，且曰：「觀諸將，惟李光顏勇而知義，必能立功。」上悅。……病創，臥二旬，詔以衛兵宿其第，中使問訊不絕。（宋若莘有《頌裴長史歌》：「賓朋何喧喧，日夜裴公門。願得裴公之一言，不須驅馬埒華軒。」）或請罷度官以安恆、鄆之心，上怒曰：「若罷度官，是奸謀得成，朝廷無復綱紀。吾用度一人，足破二賊。」盜殺宰相武元衡，居易首上數論其冤。被貶為江州司馬。（《資治通鑑 元和十年》）憲宗改任裴度為相，繼續討伐淮西。

令狐楚在尚書省兵部職方司，知制誥，為翰林學士。

封敖、沈亞之進士及第，禮部侍郎崔群知貢舉。（徐松：《登科記考》卷十八）

李商隱隨父往浙西李憐幕中，時年十七。
杜牧十三歲，宋若荀十一歲。

元和十一年（丙申，公元 816 年）

正月，以中書侍郎、平章事張弘靖罷檢校吏部尚書、兼太原尹、北都留守、河東節度使。七月，裴度守門下侍郎，同平章事、彰義節度、淮西宣慰處置使，以司勳員外郎李正封、都官員外郎馮宿、禮部

員外郎李宗閔皆兼侍御史，為判官書記，從度出征，以太子右庶子韓愈兼御史中丞，充彰義軍行軍司馬。

令狐楚在兵部職方司，知制誥，為翰林學士。

辛祕元和九年徵拜諫議大夫，改常州刺史，選為河南尹。(《舊唐書　辛祕傳》)

李商隱隨父親在浙東、浙西六年。「浙水東西，半紀漂泊。某年方就傅，家難旋臻，恭奉板輿，以引丹祧。」時十八歲。

宋若荀十二歲。

元和十二年（丁酉，公元 817 年）

七月丙辰，裴度守門下侍郎、同平章事，以度兼彰義節度使、淮西宣慰處置使。戶部侍郎崔群為中書侍郎、同中書門下平章事。九月丁未，李逢吉罷為劍南東川節度使。十月，淮南節度使、檢校尚書右僕射李鄘為門下侍郎、同中書門下平章事。十二月戊辰，李鄘至。(《新唐書　宰相表中》)

諸軍討淮蔡，四年不克。裴度請自往督戰。五月，李光顏、烏重胤奏敗淮西兵于凌雲柵，斬首二千餘級。(《資治通鑑　元和十一年》)七月，韓愈以太子右庶子兼御史中丞從裴度出征。十月，李愬雪夜入蔡州，擒吳元濟。淮西亂平。十一月，丙戌朝，上御興安門受俘，遂以吳元濟獻廟社，斬于獨柳之下。(《資治通鑑　元和十二年》)廢淮西節度。韓愈作《平淮西碑》。十二月，以右庶子為刑部郎中。

二月，令狐楚以職方郎中知制誥、翰林學士充承旨學士。三月，遷中書舍人；八月，出守本官。令狐楚編選《御覽詩》一卷。

白居易由江州司馬量移忠州刺史。

李商隱十九歲。父親去世後，李商隱侍母奉父靈柩回河南滎陽，因「四海無可歸之地，九族無可依之親」《祭裴氏姊文》，乃「占數東甸（鄭州），傭書販舂。」

宋若荀十三歲。

元和十三年（戊戌，公元 818 年）

三月戊戌，李鄘罷為戶部尚書。御史大夫李夷簡為門下侍郎、同中書門下侍郎事。七月，李夷簡檢校左僕射、同平章事、淮南節度使。八月壬子，王涯罷為兵部侍郎。九月甲辰，戶部侍郎、判度支皇甫鎛，工部侍郎、諸道鹽鐵轉運使程異，並同中書門下平章事，判使各如故。（《新唐書 宰相表中》）

十三年冬，（白居易）量移忠州刺史。（《舊唐書 列傳一百一十六 白居易》）

由於父親注意早期教育，李商隱古文受教於通經史、詩賦堂叔父，「商隱與仲弟羲叟、再從弟宣岳等親授經典，教為文章，生徒之中，叨稱達者，引進之德，胡寧忘諸？」（《請盧尚書撰故處士姑臧李某志文狀》）因而李商隱「十六能著《才論》、《聖論》，以古文出諸公間」（《樊南甲集序》）在叔父引薦下獻賦近加冠之年。（《上令狐相公狀一》）

其年十月，皇甫鎛作相，其月以（令狐）楚為河陽懷節度使。（《舊唐書 列傳第一百二十二 令狐楚》）令狐楚鎮河陽，（李商隱）以所業之文幹之，年才及弱冠。楚以其少俊，深禮之，令與諸子遊。（《舊唐書 列傳一百四十 文苑下 李商隱》）年二十。

秋，在雲臺山見到陪公主修道的宋若荀，時十四歲。

元和十四年（己亥，公元 819 年）

裴度在相位，知無不言，皇甫鎛之黨陰擠之。丙子，詔度以門下侍郎、同平章事，充河東節度使。皇甫鎛專以掊克取媚，人無敢言者，獨諫議大夫武儒衡上疏言之。鎛自訴于上，上曰：「卿以儒衡上書，將報怨邪！」鎛乃不敢言，儒衡，元衡之從父兄也。（《資治通鑑元和十四年》）

元和十二年沈亞之為殿中丞侍吏、內供奉，李賀為宮廷隨從協律郎，對宋若荀事蹟有較多著述。

宋若荀與公主年齡相仿，情同姊妹，為公主學道伴侶，李商隱作《代貴公主》：「芳條得意紅，飄落忽西東。分逐東風去，風回得故叢。明朝金井露，始看憶春風。」

令狐楚回長安任職，李商隱隨令狐楚到長安。李商隱《賦得桃李無言》：「夭桃花正發，穠李蕊方繁。應侯非爭豔，成蹊不在言。靜中霞暗吐，香處雪潛翻。得意搖風態，含情泣露痕。芬芳光上苑，寂默委中園。赤白徒自許，幽芳誰與論。」以桃李無言，下自成蹊比喻許多文人墨客追隨她們姊妹。

李商隱《無題 八歲偷照鏡》：「八歲偷照鏡，長眉已能畫。十歲去踏青，芙蓉作裙衩。十二學彈箏，銀甲不曾卸。十四藏六親，懸知猶未嫁。十五泣春風，背面秋千下。」謂其為皇家服務，生活優裕，但沒有婚姻自由。

莫愁又名「阿侯」，李商隱作《無題 近知名阿侯》：「近知名阿侯，居處小江流。腰細不勝舞，眉長惟是愁。黃金堪作屋，何不起重樓。」知道宋若憲宋若荀姊妹倆是「宮眷」。

宋氏姊妹崇讓坊宅在洛陽城南，池沼與白居易履道坊宅西池相鄰，附近「洛水……南溢為池，深處至數頃，水鳥洋泳，荷芰翻卷，

為都城之勝。」(《河南志》)白居易《鄰女》:「娉婷十五勝天仙,白日姮娥旱地蓮。何處閒教鸚鵡語,碧紗窗下繡床前。」(《全唐詩 卷四百四十三 白居易》)謂青春年少的宋若荀美如天仙,又如蓮花、嫦娥那樣氣質高潔。李商隱《贈荷花》:「世間花葉不相倫,花入金盆葉作塵。惟有綠荷紅菡萏,舒卷開合任天真。此花此葉常相映,翠減紅衰愁殺人。」

夏,宋若荀隨公主往羅浮山。

秋天回到長安。歸會稽省親。

李商隱二十一歲。

宋若荀十五歲。

元和十五年(庚子,公元 820 年)

正月,韓愈上《論佛骨表》,觸怒憲宗,被貶潮州。柳宗元卒。張仲素卒。

憲宗服方士金丹,多躁怒,正月庚子,暴卒。時人皆言為宦官陳弘志所殺。閏月丙午,穆宗即位。閏月,丙午,穆宗即位于太極殿東序。是日,召翰林學士段文昌及兵部侍郎薛放、駕部員外郎丁公著常侍禁中,參與機密,上欲與為相,二人固辭。五月庚申,庚申,葬神聖章武孝皇帝于景陵,廟號憲宗。(大中三年加昭文章武大聖至神孝皇帝)于景陵。(《資治通鑑 元和十五年》)

正月,憲宗崩,詔楚為山陵使。閏月丙午,憲宗第三子「穆宗即位之四日,群臣素服班于月華門外,宮詔貶(皇甫)鎛,將殺之,會蕭俛作相,託中官權解,方貶崖州。物議楚因鎛作相而逐裴度,群情共怒,以蕭俛之故(時為相),無敢措言。」(《新唐書 列傳第一百二十二 令狐楚》)(《舊唐書 卷一百七十二 令狐楚》)葬憲宗于景陵,令狐楚撰《唐憲宗章武皇帝哀冊文》、《進〈憲宗哀冊文〉狀》。、《舊

唐書 令狐楚傳》：「有文集一百卷，行于時。所撰《憲宗哀冊文》，辭情典鬱，為文士所重。」劉禹錫將此篇編於《漆奩集》之首。按楚有文集《漆奩集》，實一百三十卷。其秋，作《進張祜詩冊表》。

中使迎佛骨至京師，上留禁中三日，乃曆送諸寺，王公士民瞻奉舍施，唯恐弗及，有竭產充施者，有然香臂頂供養者。（《資治通鑑 唐紀五十六 憲宗元和十四年》）正月，刑部侍郎韓愈諫迎佛骨，上得表，大怒，出示宰相，將加愈極刑。裴度、崔群為言：「愈雖狂，發於忠懇，宜寬容以開言路。」

皇甫鎛罷度支，貶崖州司戶參軍。令狐楚為門下侍郎，御史中丞蕭俛、中書舍人翰林學士段文昌並守中書侍郎、同中書門下平章事。

七月丁卯，楚罷為宣歙觀察使。八月戊戌，俛為門下侍郎，御史中丞崔植守中書侍郎、同中書門下平章事。（《新唐書 宰相表中》）

七月丁卯，以門下侍郎、平章事令狐楚為宣州刺史、兼御史大夫，充宣歙池觀察使。是月，作《謝除宣歙觀察使表》。楚為山陵使，縱吏剋下，不給工徒工錢，積留錢十五萬貫，為餘以獻，故及于貶。……八月已亥，宣歙觀察使令狐楚再貶衡州刺史。（《舊唐書 本紀第十六 穆宗》）「時元稹初得幸，為學士，素惡楚與鎛膠固希寵，稹草楚衡州制，略曰：『楚早以文藝，得踐班資，憲宗念才，擢居禁近。異端斯害，獨見不明，密墮討伐之謀，潛附奸邪之黨。因緣得地，進取多門，遂忝臺階，實妨賢路。』楚深恨稹。」（《冊府元龜 卷九二 總錄部 仇怨》）「先是，元稹為山陵使判官。稹以他事求知制誥，事欲就，求楚薦之，以掩其跡。楚不應。稹既得志，深憾焉。楚之再出，稹頗有力，復於詔中發楚在翰林及河陽舊事，以詆訾之。」

初，膳部員外郎元稹為江陵士曹，與監軍崔潭峻善。上（穆宗）在東宮，聞宮人誦稹詩而善之，及即位，潭峻歸朝，獻稹歌詩百餘篇。上問：「稹安在？」對曰：「今為散郎。」夏五月，庚戌，以稹為

祀部郎中，知制誥。朝論鄙之。會同僚食瓜于閣下，有青蠅集其上，中書舍人武儒衡以扇揮之曰：「適從何來，遽集于此！」同僚皆失色，儒衡意氣自若。(《資治通鑑 元和十五年》)

穆宗即位，期九月九大宴群臣，召李光顏于邠寧，李愬于徐州，李珏與宇文鼎、溫畬、韋瓘、馮約同進曰：「道路皆言陛下追光顏等，將與百官高會。且元朔未改，陵土新復，三年之制，天下通喪。進同軌之會適去，遠夷之使未還，遏密弛禁，本為齊人，鐘鼓合饗，不施禁內，夫王者之舉，為天下法，不可不慎。」且光顏、愬忠勞之士，方盛秋屯邊，如今訪謀猷，付疆事，召之可也，豈以酒食之歡為厚邪！」《新唐書 列傳一百七 李珏》根本不顧邊防重要。

夏，白居易被「召還京師，拜司門員外郎，明年轉主客郎中、知制誥，加朝散大夫，始著緋。」十二月丙申，以司門員外郎白居易為主中制誥。(《舊唐書 列傳第一百十六 白居易》)

鄭亞、盧弘止、李中敏中進士，太常少卿李建知貢舉。(徐松：《登科記考》，卷十八)

令狐楚在越州，李商隱隨令狐楚到紹興，遇見宋若荀。「況初誅背叛，務活疲羸，方伏奏于鳳辰之前，忽庇徙于鳥耘之次。」(李商隱《代彭陽公遺表》)時趙嘏為浙東元積幕僚。

宋若荀浙東省親。時丁公著繼薛戎為浙東觀察使，兼越州刺史，在會稽山組織詠梅詩會，即李商隱《贈趙協律皙》詩中「南省恩深賓館在，東山事往妓樓空」事，以謝安東山賦詩事比令狐楚，與貞元時浙東觀察使裴肅子裴十四（儔）、裴休、裴俅，及令狐綯、宋若荀等賦詩，若按《三鄉詩》中「若耶女子」自云「停泊乎初笄，五換星霜」，時宋若荀十六歲，為公元八〇五年生人，與姊宋若莘相差二十五歲。

年初，宋若荀紹興省親後又往宣州，然後再次隨公主往羅浮山。

　　元和十五年七月，令狐楚被斥，八月己亥，宣歙觀察使令狐楚再貶衡州刺史，李商隱隨令狐楚到衡州，與羅浮山歸來經過衡陽的宋若荀相逢。

　　時李商隱二十二歲。

　　宋若荀十六歲。

穆宗長慶元年（辛丑，公元 821 年）

　　九月辛丑，（穆宗）觀競渡、角抵于魚藻宮，用樂。（《新唐書 本紀八 穆宗》）

　　正月，蕭俛罷為尚書右僕射。二月壬午，段文昌檢校刑部尚書、同平章事、西川節度使，翰林學士杜元穎守戶部侍郎、同中書門下平章事。十月丙寅，諸道鹽鐵轉運使、刑部尚書王播守中書侍郎、同中書門下平章事。（《新唐書 宰相表下》）

　　四月辛卯，令狐楚量移郢州刺史。是年，遷太子賓客分司東都。（《舊唐書 卷一百七十二 令狐楚》）韓愈為吏部尚書。

　　盧簡求等登進士科，崔嘏、崔龜從、沈亞之登賢良方正能言極諫科，禮部侍郎錢徽知貢舉。（徐松：《登科記考》，卷十九）

　　劉禹錫本年冬授夔州刺史，由洛陽經鄂州，與赴東都的令狐楚聚會。

　　七月，白居易為中書舍人，時五十歲。（《全唐詩 卷四百三十四 白居易》）

　　十月，裴度三上章，論翰林學士元稹與中官知樞密魏弘簡交通，傾亂朝政。以稹為工部侍郎，罷學士，弘簡為弓箭庫使。（《舊唐書 本紀第十六 穆宗》）十月壬午，白居易遷中書舍人。（《舊唐書 列傳第一百十六 白居易》）十二月二十四日，沈傳師遷中書舍人。（《舊唐書 列傳九十九 沈傳師》）

　　宋氏姊妹被封為美人，正如後來段成式《漢宮詞二首》中「二八能歌得進名，人言選入便光榮。」謂十六歲封為三品。宋若荀練習騎馬，李商隱《春遊》：「橋峻斑騅疾，川長白鳥高。煙輕惟潤柳，風爛欲吹桃。徙倚三層閣，摩挲七寶刀。庾郎年最少，青草妒春袍。」騎蒼黑雜色騅如庾翼墮馬但仍意色自若。

　　上苑，又稱上林，皇家園林。李商隱《無題 照梁初有情》：「照梁初有情，出水舊知名。裙衩芙蓉小，釵茸翡翠輕。錦長書鄭重，眉細恨分明。莫近彈棋局，中心最不平。」戀人明豔動人，眉細、善棋；明說戀人姓宋，住處荷花盛開，書寫經典授予自己，希望李商隱能早日信仰道教，志同道合。

　　宋若荀喜歡書法，李商隱《妓席》：「樂府聞桃葉，人前道得無？勸君書小字，慎莫喚官奴。」以王子敬愛姜桃葉喻宋若荀，表達自己對她的愛意，李商隱善書，對其書法作品提出修改意見。

　　宋若荀在城南宅中種石榴，李商隱有《石榴》詩：「榴枝婀娜榴實繁，榴實輕明榴子鮮。可羨瑤池碧桃樹，碧桃紅頰一千年。」說戀人住在湖中島上，臉頰紅紅的像碧桃花。

　　魚藻宮在大明宮北面禁苑池中山上，德宗時池底鋪錦，引水被之，使光豔透見。穆宗與嬪妃在湖中嬉戲，為怕宋若荀身輕落水用絲帶纏繞，李商隱《代應》：「本來銀漢是紅牆，隔得盧家白玉堂。誰與王昌報消息，盡知三十六鴛鴦。」謂即使宮廷紅牆如銀河一樣難以逾越，但是還是有人把你在宮中的風流事告訴我。

　　白居易洛陽履道坊宅在長夏門之東第四街，故散騎長侍楊憑宅，竹木池館，有林泉之致。白居易宅中有池，池中有蓮、菱，可泛舟。李商隱《荷花》：「都無色可並，不奈此香何。瑤席乘涼設，金羈落晚過。迴衾燈照綺，渡襪水沾羅。預想前秋別，離居夢棹歌。」

　　經過茅山到蘇州，宋若荀又去羅浮。

秋天回到長安。長安樓觀臺過冬。

李商隱時年二十三歲。

宋若荀十七歲。

長慶二年（壬寅，公元 822 年）

穆宗不持正道⋯⋯傳導中人之旨，與權臣往來，德裕疾之。（李德裕）上疏：「今後上事即于中書見宰相，請不令詣私第」，上然之。（《舊唐書 列傳第一百二十四 李德裕》）李逢吉與樞密使王守澄勾結，左右朝政。時德裕與李紳、元稹具在翰林，以學識、才名相類，情頗款密，而逢吉之黨深惡之。二月十九日，以翰林學士中書舍人李德裕為御史中丞。沈傳師出守本官判史館事。（《舊唐書 本紀第十六 穆宗》）

二月，裴度為東都留守，崔植罷為刑部尚書。工部侍郎元稹守中書侍郎、同中書門下平章事。杜元穎為中書侍郎。三月壬子，以新授東都留守裴度為揚州大都督府長史，充淮南節度使。戊午，裴度守司空兼門下侍郎、平章事，復入中書知政事。以中書侍郎平章事王播檢校尚書右僕射、平章事、淮南節度使。六月甲子，裴度罷為尚書左僕射，元稹罷為同州刺史。兵部尚書李逢吉守門下侍郎、同中書門下平章事。戊寅，李夷簡分司東都。（《新唐書 宰相表下》）

二月，以考功郎中制誥李德裕為中書舍人，依前翰林學士。九月癸卯，牛僧孺、李宗閔追怨李吉甫，出德裕為浙西觀察使。（《資治通鑑 長慶二年》）十月，以禮部尚書韋綬為山南西道節度使。（《唐會要三十二》）

元稹怨裴度，欲解其兵權，故勸上雪庭湊而罷兵。（《資治通鑑 長慶二年》）稹初罷相，三司獄未奏，京兆尹劉遵古遣坊所由潛邏稹居第，稹奏訴之。上怒，罰遵古。（《舊唐書 元稹傳》）八月，元稹自同州刺史授浙東觀察使。（《嘉泰會稽志》）

　　長慶二年四月辛卯，令狐楚量移郢州刺史。是年，遷太子賓客分司東都。（《舊唐書 卷一百七十二 令狐楚》）十一月（閏十月），令狐楚以太子賓客為陝虢觀察使，然至陝州（今河南三門峽西）視事僅一日，復為賓客，罷還東都。

　　回鶻再次請婚，五月癸亥，皇妹太和公主（憲宗女）出降回紇登羅骨沒施合毗迦可汗。甲子，命金吾大將軍胡證充送公主入回紇使，兼策可汗，以太府卿李銳為入回紇婚禮使。

　　苑中百花盛開，蝴蝶飛舞，李商隱《蝶 初來小苑中》「初來小苑中，稍與瑣闈通。遠恐芳塵斷，輕憂豔雪融。只知防浩露，不覺逆尖風。回首雙飛燕，乘時入綺籠。」謂宋氏姊妹得到皇帝寵信。杜牧《即事》：「小院無人雨長苔。滿庭修竹間疏槐。春愁兀兀成幽夢，又被流鶯喚醒來。」（《全唐詩 卷五百二十七 杜牧》）

　　進入千門萬戶的建章宮。《蝶 飛來繡戶陰》：「飛來繡戶陰，穿過畫樓深。重傅秦臺粉，輕塗漢殿金。相兼惟柳絮，所得是花心。可要凌孤客，邀為《子夜吟》。」杜牧《偶作》：「才子風流詠曉霞，倚樓吟住日初斜。驚殺東鄰繡床女，錯將黃暈壓檀花。」《《全唐詩 卷五百二十四 杜牧》》

　　翰林院在大明宮西側，麟德殿西重廊之後，離建章宮不遠。《獨異志》云：「漢惠帝時，叔孫通諷上曰：『古者春有獻，今櫻桃熟，願陛下取之。』獻果皆自此始。」（唐 李冗《獨異志》，張讀《宣室志》，中華書局1983年版，第60頁。）張籍《朝日敕賜百官櫻桃》：「仙果人間都未有，今朝忽見下天門。捧盤小吏初宣敕，當殿群臣共拜恩。日色遙分門下坐，露香才出禁中園。每年重此先偏持，願得千春奉至尊。」（《全唐詩 卷三百八十五 張籍》）李商隱《嘲櫻桃》：「朱食鳥含盡，青樓人未歸。南園無限樹，獨自葉如幃。」言自己孤

獨等待那人歸來。又作《百果嘲櫻桃》:「珠實雖先熟,瓊荂縱早開。流鶯猶故在,爭得諱含來。」往例有皇帝要大臣以口銜摘之典故,唐時有櫻桃被「鳥啄子難成」句,隱指武則天殘殺皇子事。李商隱《櫻桃答》:「眾果莫相誚,天生名品高。何因古樂府,惟有鄭櫻桃。」以《樂府詩集》中石季龍寵惑優僮鄭櫻桃,櫻桃美麗,擅寵宮掖,而殺妻郭氏,更納清河崔氏,櫻桃又讒而殺之。詩中的「鄭櫻桃」有可能隱指唐宣宗母孝明皇太后鄭氏,因而白居易《有木詩 櫻桃》中「所以姓蕭人,曾為伐櫻賦。」(《全唐詩 卷四百二十五 白居易》)謂「弄玉」夫婿「蕭史」有意貶低櫻桃,以「流鶯」啄櫻桃比喻宮中妃嬪與宦官相勾結殘害太子、爭奪皇位事件不斷。

白居易當年長安新昌里宅與崔玄亮依仁里宅很近。崔家開井,李商隱《井泥四十韻》:「皇都依仁里,西北有高齋。昨日主人氏,治井堂西陲。工人三五輩,輦出土與泥。到水不數尺,積共庭樹齊。他日井甃畢,用土益作堤。曲隨林掩映,繚以池周迴。下去冥寞穴,上承雨露滋。寄辭別地脈,因言謝泉扉。升騰不自意,疇昔忽已乖。伊余掉行鞅,行行來自西。一日下馬到,此時芳草萋。四面多好樹,旦暮雲霞姿。晚落花滿地,幽鳥鳴何枝。蘿幄既已薦,山樽亦可開。待得孤月上,如與佳人來。因茲感物理,惻愴平生懷。茫茫此群品,不定輪與蹄。喜得舜可禪,不以瞽瞍疑。禹竟代舜立,其父吁咈哉。嬴氏並六合,所來因不韋。漢祖把左契,自言一布衣。當塗佩國璽,本乃黃門攜。長戟亂中原,何妨起戎氏。不獨帝王耳,臣下亦如斯。伊尹佐興王,不藉漢父資。磻溪老釣叟,坐為周之師。屠狗與販繒,突起定傾危。長沙啟封土,豈是出程姬。帝問主人翁,有自賣珠兒。武昌昔男子,老苦為人妻。蜀王有遺魄,今在林中啼。淮南雞舐藥,翻向雲中飛。大鈞運群有,難以一理推。顧於冥冥內,為問秉者誰。我恐更萬世,此事愈云為。猛虎與雙翅,更以角副之。鳳凰不五色,聯翼

上雞樓。我欲秉鈞者，竭來與我偕。浮雲不相顧，寥沈誰為梯。悒怏夜將半，但歌井中泥。」，以挖出的井泥升沉作比，「大鈞運群有，難以一理推。」謂自己無人推薦，加上戀人身分高於自己，難諧連理，不免心情鬱悶，因而有「蜀王有遺魄，今在林中啼。淮南雞舔藥，反向雲中飛。」

宋若荀隨裴度東征，李商隱設想宋若荀往中條山宋氏祖居，在虞鄉五老峰觀日出，李商隱《東南》：「東南一望日中烏，欲逐羲和去得無。且向秦樓棠樹下，每朝先覓照羅敷。」

時李商隱二十四歲。

宋若荀十八歲。

長慶三年（癸卯，公元 823 年）

初，翼城人鄭注，眇小，目下視，而巧譎傾諂，善揣人意，以醫遊四方，羈貧甚，嘗以藥術干徐州牙將，牙將悅之，薦于節度使李愬。愬餌其藥頗驗，遂有寵，署為牙推，浸預軍政，妄作威福，軍府患之。監軍王守澄以眾情白愬，請去之，愬曰：「注雖如是，然奇才也，將軍試與之語，苟無可取，去之為晚。」乃使注往謁守澄，守澄初有難色，不得已見之。坐語未久，守澄大喜，延之中堂，促膝笑語，恨相見之晚。明日，謂愬曰：「鄭生誠如公言。」自是又有寵於守澄，權勢益張，愬署為巡官，列于賓席。注既用事，恐牙將薦己者泄其本末，密以他罪譖之於愬，愬殺之。及守澄入知樞密，挈注以西，為立居宅，贍給之，遂薦于上，上亦厚遇之，自上有疾，守澄專制國事，勢傾中外，注日夜出入其家，與之謀議，語必通夕，關通賂遺，人莫能窺其跡。始則有微賤巧宦之士，或因以求進，數年之後，達官車馬滿其門矣。（《資治通鑑 長慶三年》）

三月，御史中丞牛僧孺為戶部侍郎、同中書門下平章事。丁卯，

復判戶部。十月己丑，杜元穎檢校禮部尚書、同平章事、西川節度使。庚寅，牛僧孺為中書侍郎。(《新唐書 宰相表下》)

崔群改華州刺史，復改宣歙池觀察室，徵拜兵部尚書。(《舊唐書 崔群傳》)

令狐楚仍以太子賓客分司東都。

穆宗立，回鶻又使合達干等來固求婚，許之。俄而可汗死，使者臨冊所嗣為登羅羽錄密施句主合毗迦崇德可汗。五月癸亥，皇妹太和公主（憲宗女）出降回紇登羅骨沒施句主毗迦崇德可汗。甲子，命金吾大將軍胡證充送公主入回紇使，兼策可汗，又以太府卿李銳為入回紇婚禮使。長慶三年春，宋若荀往塞外送嫁。白居易將其比作王昭君，有《王昭君二首》：「滿面胡沙滿面風，眉銷殘黛臉銷紅。愁苦辛勤憔悴盡，如今卻似圖畫中。漢使卻回憑寄語，黃金何日贖蛾眉。君王若問妾顏色，莫道不如宮裡時。」下有「時年十七。」(《全唐詩 卷四百三十七 白居易》)宋若荀送公主出嫁。

長慶二年十一月，（令狐楚）遷陝州大都督導長史，兼御史大夫，陝虢觀察使，楚已至陝州視事一日，諫官論奏，言楚所犯非輕，遽令追制，(《舊唐書 本紀第十六 穆宗》)復為太子賓客，分司東都。

宋若荀女扮男裝邊疆歸來，詩人以代父從軍的木蘭相比。白居易《戲題木蘭花》：「紫房日照胭脂拆，素豔風吹膩粉開。怪得獨饒脂粉態，木蘭曾作女郎來。」(《全唐詩 卷四百四十三 白居易》)詩人們就木蘭賦詩也將宋若荀與木蘭相比，可見朋友們都知道宋若荀又稱「木蘭」；李商隱後來的《木蘭花》：「洞庭波冷曉侵雲，日日征帆送遠人。幾度木蘭舟上望，不知原是此花身。」亦指該女。

宋若荀隨穆宗皇帝東巡。

再次到羅浮，經粵中、桂江、巴陵、麻川、盧山、柏岩回浙江、洛陽。

時李商隱二十五歲。

宋若荀十九歲。

長慶四年（甲辰，公元 824 年）

正月，穆宗服方士金石藥，卒，年三十。十一月庚申，葬睿聖文惠孝皇帝（穆宗）于光陵。子敬宗李湛立。敬宗即位，逢吉逐李紳，尋用楚為河南尹，兼御史大夫。其年九月，檢校禮部尚書、汴州刺史、宣武軍節度、汴宋亳觀察等使。（《舊唐書 列傳第一百二十二 令狐楚》）由洛陽至開封，所謂「賴敬宗皇帝纘乃丕圖，是思求舊，振於洛宅，榮彼夷門。」（李商隱《代彭陽公遺表》）汴州「軍民咸悅」。劉禹錫《和汴州令狐相公到鎮改月偶書所懷》、白居易《奉和汴州令狐相公二十二韻》。

五月乙卯，吏部侍郎李程、戶部侍郎、判度支竇易直，並同中書門下平章事。六月，丙申裴度同平章事。乙酉李逢吉為尚書左僕射。（《新唐書 宰相表下》）五月二十四日，賜韋表微金紫，二十七日，加知制誥，依前翰林學士。

三月庚申，工部尚書胡證檢校戶部尚書、京兆尹。（《舊唐書 敬宗紀》）七月辛未，以大理卿崔元略為京兆尹、兼御史大夫。（《舊唐書 敬宗紀》）

六月七日，「拜（崔郾）翰林侍講學士，旋進中書舍人。」（《新唐書 列傳八十八 崔郾》）崔郾自給事中充侍講學士。《樊川集 卷十四 崔郾行狀》：「遷給事中，敬宗皇帝始即位，旁求師臣，今相國奇章公上言曰，非公不可，遂以本官充翰林侍講學士，命服金紫。」七月「乙丑，侍講學士崔郾、高重進《纂要》十卷，賜彩錦二百匹。」（岑仲勉：《郎官石柱題名新考訂》，上海古籍出版社1984年5月第一版，第279頁。）

　　白居易杭州「序滿，除太子左庶子，分司東都。」（《舊唐書 列傳第一百十六 白居易》）九月己巳，以兵部侍郎王起為河南尹。（《舊唐書 敬宗紀》）

　　韋楚志、李甘、令狐綯等中進士，中書舍人李宗閔知貢舉。（徐松：《登科記考》，卷十九）

　　賈餗為張又新所構，出為常州刺史。

　　年底，韓愈卒於吏部侍郎任上。年五十七。

　　令狐楚與裴度等在洛陽作賦梅詩會，時令狐楚分司東都，李商隱得以「淮邸夙叨于詞客，梁園早廁于文人」（李商隱《上令狐相公狀二》），並與令狐綯兄弟、裴十四、宋若荀等聯詩，李商隱《送王十三校書分司》：「多少分曹掌祕文，洛陽花雪夢隨君。定知何遜緣聯句，每到城東憶范雲。」後來《病中過招國李將軍遇攜家遊曲江》和中還談到「春風猶自疑聯句，雪絮相和飛不休」，不能忘懷當年事。

　　李商隱睹物思人，《春風》：「春風雖自好，春物太昌昌。若教春有意，惟遣一枝芳。我意殊春意，先春已斷腸。」

　　在洛陽東城有皇家園林天泉池邊，李商隱作《一片》：「一片非煙隔九枝，蓬巒仙仗儼雲旗。天泉水暖龍細吟，露畹春多鳳舞遲。」指的是戀人充當洛水邊祓禊侍從，希望她能脫離宮廷與自己正式結婚，告誡她，人間的事情是經常變化的，不要把佳期一再地往後拖延。

　　宋若荀再到湖北，經三峽回洛陽。

　　宋若荀再次隨公主往江南金陵、九華山和三峽修道。《劉賓客集歷陽書事》：「長慶四年八月，余自夔州轉歷陽，崔敦詩罷宰相，鎮宛陵，緘書來召，與自池州道宛陵。」

　　令狐楚為開封，李商隱《贈歌妓二首》：「水精如意玉連環，下蔡城危莫破顏。紅綻櫻桃含白雪，斷腸聲裡唱陽關。白日相思可奈何，

嚴城清夜斷經過。只知解道春來瘦，不道春來獨自多。」

宋氏姊妹被派往延津參與修撰唐史工作，李商隱前往看望。

李商隱與宋若荀相會，李商隱《風 撩釵盤孔雀》「撩釵盤孔雀，惱帶拂鴛鴦。蘿薦誰教近，齋時鎖洞房。」以陳思王《美女篇》：「頭上金爵釵。」

長慶四年三月，以分司東都太子賓客令狐楚為河南尹。(《舊唐書本紀第十七上 敬宗》) 令狐楚「為河南，薦陳商」。

秋，宋若荀回洛陽，在上陽宮賞月，李商隱感嘆雖然與宋若荀約定每逢月明之夜相會，但是未必經常可以見面，《月 過水穿樓》：「過水穿樓觸處明，藏人帶樹遠含清。初生欲缺虛惆悵，未必圓時即有情。」

宋若荀在龍門作迎神巫舞。宋若荀精通音樂，為友人作搖鼓表演。

冬，李商隱獨自來到冰井，作《賦得月照冰池》：「皓月方離海，堅冰正滿池。金波雙激射，璧彩兩參差。影占徘徊處，光含的皪時。高低連素色，上下接清規。顧兔飛難定，潛魚躍未期。鵲驚俱欲繞，狐聽始無疑。似鏡將盈手，如霜恐透肌。獨憐遊玩意，達曉不知疲。」。其中「鵲驚懼欲繞，狐聽始無疑。」以被狸拋棄的狐自比，又為戀人擔心，「獨憐遊玩意，達曉不知疲。」一個人在冰池周圍徘徊，痛苦不堪，一直到天亮。

時李商隱年二十六歲。

宋若荀二十歲。

敬宗寶曆元年（乙巳，公元 825 年）

長子太子湛即位（敬宗，時年十六），荒淫更甚於穆宗。自戌寅至庚辰，上（敬宗）賜宦官服色及錦彩金銀甚眾，或今日賜綠，明日賜緋。乙未，上幸中和殿擊球，自是數遊宴、擊球、奏樂，賞賜宦

官、樂人，不可悉記。上（敬宗）視朝每晏，戊辰，日絕高尚未坐，百官班于紫宸門外，老病者幾至僵踣。（《資治通鑑 長慶四年》）敬宗欲幸洛陽，宰相及兩省諫官論列，不聽，令度支員外郎盧貞檢計行宮及洛陽大內。會度自興元來，帝語及巡幸，度曰：「國家營創二都，蓋備巡幸，然自艱難以來，此事遂絕，宮闕營壘廨署，悉多荒廢，亦須稍稍修葺，一年半歲後方可議行。」（《舊唐書 列傳一百二十 裴度》）

上遊幸無常，昵比群小，視朝月不再三，大臣罕得進言。時有道士劉從政者，說以長生久視之道，請於天下求訪異人，冀獲靈藥。乃以從政為光祿少卿，號昇玄先生。……五月癸未，山人杜景先于光順門進狀，稱有道術，令中使押杜景先往淮南及江南、湖南、嶺南諸州求訪異人。（《舊唐書 本紀第十七上 敬宗》

寶曆元年至二年，白居易出為蘇州刺史。（《舊唐書 列傳第一百十六 白居易》）

正月祭紫姑，李商隱《昨日》：「昨日紫姑神去也，今朝青鳥使來賒。未容言語還分散，少得團圓足怨嗟。二八月輪蟾影破，十三弦柱雁行斜。平明鐘後更何事，笑倚牆邊梅樹花。」

李商隱《明日》：「天上參旗過，人間燭焰消。誰言整雙履，便是隔三橋？知處黃金鎖，曾來碧綺寮。憑欄明日意，池闊雨瀟瀟。」是對宋若荀爽約的煩惱。

西苑是隋煬帝營建東都時在澗河兩岸修建的皇家園林，又稱會通苑，北至邙山，南抵伊闕，西邊一直到新安境內。大和元年，宋若昭去世，宋若憲、宋若倫、宋若荀三姊妹進入唐宮。李商隱《早起》：「風露澹清晨，簾間獨起人。鶯花啼又笑，畢竟是誰春。」

李商隱《嘲桃》：「無賴夭桃面，平明露井東。春風為開了，卻擬

笑春風。」以古詩《雞鳴》中「桃生露井上」，崔護「人面不知何處去，桃花依舊笑春風」意，謂宋氏姊妹已經進宮，難以見面。

李商隱《判春》：「一桃復一李，井上占年芳。笑處如臨鏡，窺時不隱牆。敢言西子短，誰覺宓妃長。珠玉終相類，同名作夜光。」

宋若憲、宋若倫、宋若荀三姊妹進入唐宮，住在西苑。在長廊遇見宋若荀，有《無題二首 長眉畫了》：「長眉畫了繡簾開，碧玉行收白玉臺。為問翠釵釵上鳳，不知香頸為誰迴？壽陽公主嫁時妝，八字宮眉捧額黃。見我佯羞頻照影，不知身屬冶遊郎。」謂宋若荀當時已進宮，見人故作害羞不認識李商隱狀。

五月，宋若荀隨皇家投龍簡天臺，元積有《春分投簡陽明洞天五十韻》。初秋，宋若荀回到洛陽，劉禹錫有《和令狐相公送趙常盈煉師與中貴人同拜嶽及天臺投龍畢卻赴京》詩記此事：「銀璫謁者引霓旌，霞帔仙官到赤城。白鶴迎來天樂動，金龍擲下海神驚。元君伏奏歸中禁，武帝親齋禮上清。何事夷門請詩送，梁王文字上聲名。」（《全唐詩 卷三百六十 劉禹錫》）李商隱《中元作》：「絳節飄飆宮國來，中元朝拜上清回。羊權雖得金條脫，溫嶠終虛玉鏡臺。曾省驚眠聞雨過，不知迷路為花開。有娥未抵瀛洲遠，青雀如何鴆鳥媒？」

九月，敬宗東巡，大興土木修繕東都。李商隱作《富平少侯》：「七國三邊未到憂，十三身襲富平侯。不收金彈拋林外，卻惜銀床在井頭。彩樹轉燈珠錯落，繡檀徊枕玉雕鎪。當關不報侵晨客，新得佳人字莫愁」諷刺皇帝荒淫，對藩鎮叛亂不加理會。

時李商隱二十七歲。

宋若荀二十一歲。

寶曆二年（丙午，公元 826 年）

先是，帝將幸東都，大臣切諫，不納。帝悻曰：「朕意決矣！雖

從官宮人自挾糧，無擾百姓。」

敬宗遊戲無度，五月戊寅，幸魚藻宮觀競渡。六月，減放苑內役人兩千五百，帝幸好土木，自春至冬，興作相繼。九月丁丑，大合宴于宣和殿，陳百戲，自甲戌至丙子方已。十一月，遊驪山溫泉。十二月辛丑，帝夜獵還宮，與中官打球，軍將飲酒，遇弒。乙巳，文宗即位。（《舊唐書 本紀十七上 敬宗》）十二月，中官劉克明反。辛丑，宦官劉克明等殺敬宗。

正月丙辰，以前河陽崔弘禮為華州鎮國軍使；元稹為浙東觀察使，牛僧儒罷為武昌軍節度使。令狐楚在汴州宣武軍節度等任上。作《盤鑒圖銘記》。

十月，以中書舍人崔郾為禮部侍郎。（《舊唐書 本紀第十七上 敬宗》）

白居易在蘇州，二月末落馬傷足，臥三旬。本年冬，白居易自蘇州返洛陽，與自和州北還的劉禹錫相遇於揚子津，劉禹錫罷和州刺史任返洛陽。

宋若荀作為提壺使隨皇帝往福昌宮。李商隱《代越公房妓嘲徐公主》：「笑啼俱不敢，幾欲是吞聲。遽遣離琴怨，都由半鏡明。應防啼與笑，微露淺深情。」謂自己與戀人如同徐德言與陳後主叔寶之妹樂昌公主一樣於陳亡之際各持半鏡，隋時樂昌公主入越國公楊素家，楊素知情後還其妻，要注意不能露出你我有情，他日也定能破鏡重圓。以與丈夫分離的樂昌公主口吻說：要知道桃樹「芳條」即使逐東風而去，仍然會回到露井邊；自己如徐德言手持半鏡希望夫妻有破鏡重圓之日，也許是有驚無恐吧！「徐公主」有後來譏諷「徐妃」不守婦道之意。

敬宗由洛陽到宜陽行宮，宋若荀以內道場提壺使身分前往安樂

宮。李商隱《蠅蝶雞麝鸞鳳等成篇》：「韓蝶翻羅幕，曹蠅拂綺窗。鬥雞迴玉勒，融麝暖金釭。瑇瑁明書閣，琉璃冰酒缸。畫樓多有主，鸞鳳各雙雙。」揭露宮廷驕奢淫逸生活。

《河南通志》：「蘭昌宮在宜陽縣西上莊保，唐顯慶初建。」李商隱仿李賀體作《效長吉》：「長長漢殿眉，窄窄楚宮衣。鏡好鸞空舞，簾疏燕誤飛。君王不可問，昨晚約黃歸。」諷刺進宮後宋若荀偷偷與戀人相會。

玉陽宮。李商隱作《宮中曲》：「雲母濾宮月，夜夜白于水。賺得羊車來，低扇遮黃子。水精不覺冷，自刻鴛鴦翅。蠶縷茜香濃，正朝纏左臂。巴箋兩三幅，滿寫承恩字。欲得識青天，昨夜蒼龍是。」

李商隱作《槿花》：「風露淒淒秋景繁，可憐榮落在朝昏。未央宮裡三千女，但保紅顏莫保恩。」以槿花朝開暮落、猶榮一瞬，提醒宋若荀不要被皇帝的恩寵迷惑。

五月，敬宗在魚藻宮組織競渡，在披香殿宴樂。李商隱《歌舞》：「遏雲歌響清，回雪舞腰輕。只要君流盼，君傾國自傾。」描述宋若荀在皇帝面前歌舞邀寵樣子。

敬宗往陳倉寶雞，宋若荀隨行。李商隱《公子》：「一盞新羅酒，凌晨恐易消。歸因衝鼓半，去不待笙調。歌好惟愁和，香濃豈惜飄。春場鋪艾帳，下馬雉媒嬌。」劉峻《廣絕交論》：「弱冠王孫，綺紈公子。」公子即王孫李商隱。戀人在宮中的優裕生活，有沒有演奏笙調呢？「歌好惟愁和，香濃豈惜飄」，因為后妃妒忌，不許宋若荀有接近皇帝唱歌機會；「春場鋪艾帳，下馬雉媒嬌」，以潘安仁《射雉賦》「媒者，少養雉子，長而狎人，能招引野雉，因名曰媒」指宋若荀參與皇家射獵活動；與李賀《艾如帳》中「艾葉綠花誰剪刻，中藏禍機不可測」相應，指以艾葉綠花置之網上，飛鳥以為草叢而近之，則為死地，謂利用同類誘捕，前途險惡，李商隱後來「明朝驚破回鄉夢，

定是陳倉碧野雞」即指此。無獨有偶，白居易詩集中也有《和雉媒》：「豈唯鳥有之，抑亦人復然。張陳刎頸交，竟以勢不完。至今不平氣，塞絕洭水源。趙襄骨肉親，亦以利相殘。至今不善名，高于磨笄山。況此籠中雉，志在飲啄間。稻糧暫入口，性已隨人遷。身苦亦自忘，同族何足言。但恨為媒拙，不足以自全。勸君今日後，養鳥養青鸞。青鸞一失侶，至死守孤單。勸君今日後，結客結任安。主人賓客去，獨住在門闌。」（《全唐詩 卷四百二十五 白居易》）對人與人之間為了利益出賣同伴行為加以譴責，似在告誡以後再不要輕信他人，交友不慎。

九月，敬宗大合宴於宣和殿，陳百戲，數日方罷。李商隱《宮妓》：「珠箔輕明拂玉墀，披香新殿鬥腰肢。不須看盡魚龍戲，終遣君王怒偃師。」君王是一定不會容許宮人與他人來往的，把宋若荀比作周穆王妃子盛姬。

敬宗在咸陽東望賢宮，李商隱作《思賢頓》：「內殿張弦管，中原絕鼓鼙。舞成青海馬，鬥殺汝南雞。不見華胥夢，空聞下蔡迷。宸襟他日淚，薄暮望賢西。」設想宮中遊戲，以何遜「宸襟動時豫」杜甫「叢菊兩開他日淚」想起去年秋天也是菊花盛開時自己送戀人進宮而空自悲傷。

十一月，敬宗遊驪山溫泉。十二月辛丑，帝夜還宮，與中官打球，軍將飲酒，遇弒。乙巳，文宗即位（《舊唐書 本紀十七上 敬宗》）。敬宗被殺，宋若荀去上蘭觀修道。

徐氏姊卒。李商隱會昌三年八月有《祭徐氏姊文》：「追訣慈念，一十八年。」

時李商隱二十八歲。

宋若荀二十二歲。

文宗大和元年（丁未，公元 827 年）

二月乙巳，大赦，改元。免京兆今歲夏課稅半。七月癸酉，葬睿武昭潛孝皇帝（敬宗）于三原莊陵。（《新唐書　本紀八　文宗》）

文宗立，李宗閔當道，屢稱僧孺賢。（《新唐書　列傳第九十九　牛僧孺》六月，淮南節度副大使王播為尚書左僕射、同中書門下平章事。十月，裴度罷度支。（《新唐書　宰相表下》）文宗即位，（薛廷老）入為殿中侍御史。（《舊唐書　列傳一百三　薛廷老》）

正月，以前廣州節度使崔植為戶部尚書。正月甲寅，以前河陽節度使崔弘禮為華州鎮國軍使。以王茂元為邕管經略使。正月戊寅，以前戶部侍郎于敖為宣歙觀察使，崔群為兵部尚書，以京兆尹劉棲楚為桂管觀察使；九月丙戌，以諫議大夫蕭祐為桂管，大和二年八月卒於官。正月庚申，以虔州刺史韓約為安南都護。四月壬午，以前亳州刺史張遵為邕管經略使，以邕管經略使王茂元為容管。七月辛巳，敕今年（進士考試）權于東都置舉。（《舊唐書　本紀十七上　文宗》）

十月十日，文宗誕日，詔白居易與安國寺沙門義林、太清宮道士楊弘元於麟德殿設儒、釋、道三教教義。

王璠為河南。

史載宋若昭卒於唐敬宗寶曆初年（825年），「將葬，詔所司供鹵簿。敬宗復令若憲代司宮簿。」（《舊唐書　列傳第二　后妃下　女學士宋氏尚宮》）宋氏若憲、若倫、若荀三姊妹正式作為內廷女學士進入唐宮。（2014年長安區宋若昭墓志銘云其葬於大和二年（828），封梁國夫人，享年六十七歲，生於公元761年。）文宗好文，以若憲善屬文，能議論奏對，尤重之。（《舊唐書　列傳第二　后妃下　女學士宋氏尚宮》。

李商隱《小桃園》：「競日小桃園，休寒亦為喧。坐鶯當酒重，送

客出牆繁。啼久豔粉薄，舞多香雪翻。猶憐未圓月，先出照黃昏。」謂宋氏姊妹送往迎來，十分忙碌。

李商隱來到曲江邊宋氏姊妹別宅，李商隱《垂柳　娉婷小苑中》：「娉婷小苑中，婀娜曲池東。朝佩皆垂地，仙衣盡帶風。七賢寧占竹，三品且饒松。腸斷靈和殿，先皇玉座空。」

宋宅靠近章臺街，李商隱《柳　動春何限葉》：「動春何限葉，撼曉幾多枝？解無相思否？應無不舞時。絮飛藏皓蝶，帶弱露黃鸝。傾國宜通體，誰來獨賞眉？」抒發自己的相思之苦。

李商隱《贈柳　章臺從掩映》：「章臺從掩映，郢路更參差。見說風流極，來當婀娜時。橋回行欲斷，堤遠意相隨。忍放花如雪，青樓撲酒旗。」以章臺柳想起當年在郢州軍營邊的柳，但是現在戀人卻在皇宮「青樓」中陪皇帝飲酒。

宋若荀父親不認可李商隱人品，不同意自己女兒與白丁李商隱結婚，藉口無合適媒人，與李商隱後來《別令狐拾遺書》中涉及聘禮之事相關。李商隱《贈勾芒種》：「佳期不定春期睹，春物夭閼與諮嗟。願得勾芒索青女，不叫容易損年華。」李商隱希望宋若荀正式與自己成婚，李商隱《宮詞》：「君恩如水向東流，得寵憂移失寵愁。莫向花前奏花落，涼風只在殿西頭。」

李商隱與宋若荀澤州相會，李商隱作《石城》：「石城誇窈窕，花縣更風流。箪冰將飄枕，簾哄不映鉤。玉童收夜鑰，金狄守更籌。共笑鴛鴦綺，鴛鴦兩白頭。」該詩又名《陽城》，屬澤州，即《石城》所謂「石城誇窈窕，花縣更風流」和《無題　白道縈回》「春風自共何人笑，枉破陽城十萬家」中所謂「惑陽城、迷下蔡」事。

文宗為太后祝壽，往大同避暑。古代婚禮，新婦行禮時以扇障面，交拜後去扇，稱卻扇。李商隱《代董秀才卻扇》：「莫將畫扇出帷來，遮掩春山滯上才。若道團團似明月，此中須放桂花開。」以《資

治通鑑 景龍三年》中宗李哲將皇后老乳母嫁給竇從一「令頌卻扇詩」，希望長眉善文的戀人董雙成有可能成為自己的新娘。

李商隱《清夜怨》：「含淚坐春宵，聞君欲度遼。綠池荷葉嫩，紅砌杏花嬌。曙月當窗滿，征雲出塞遙。畫樓終日閉，清管為誰調。」設想宋若荀愁悶而唱戌婦思夫之曲。

十月，令狐楚推薦李商隱在洛陽參加鄉試。大和元年秋與杜牧、劉蕡、許渾等以「鄉貢」身分應舉，河南放榜，李商隱未能得到中舉。

時李商隱二十九歲。

宋若荀二十三歲。

大和二年（戊申，公元 828 年）

二年正月壬申，地震。是夏，河溢，壞隸州城；越州海溢。(《新唐書 本紀八 文宗》)

十月暌癸酉，竇易直檢校尚書左僕射、平章事、山南東道節度使。十二月壬申，韋處厚薨。戊寅，兵部侍郎、翰林學士路隋守中書侍郎、同中書門下平章事。(《新唐書 宰相表下》)

二月丁亥，以韋弘景韋尚書左丞，兵部侍郎王起為陝虢觀察使。壬午，以邕管經略使王茂元為容管經略使。四月，以前亳州刺史張遵為邕管經略使。五月十一日，丁公著自吏部侍郎為禮部尚書。六月乙酉，以前邠寧節度使柳公綽檢校左僕射，兼刑部尚書；辛巳，以靈武節度使李進誠為邠寧節度使，天德軍李文悅為靈鹽。十月丙寅，嶺南節度使胡證卒。

正月壬申，以右散騎常侍孔戢為京兆尹。三年正月，孔戢卒。(《舊唐書 文宗紀》)劉禹錫徵入為主客郎中，因作《重游玄都觀》詩，出分司東都。二月丁亥，以韋弘景韋尚書左丞，兵部侍郎王起為陝虢觀察使。壬午，以邕管經略使王茂元為容管經略使。四月，以前

亳州刺史張邁為邕管經略使。五月十一日，丁公著自吏部侍郎為禮部
尚書。六月乙酉，以前邠寧節度使柳公綽檢校左僕射，兼刑部尚書；
辛巳，以靈武節度使李進誠為邠寧節度使，天德軍李文悅為靈鹽。十
月丙寅，嶺南節度使胡證卒，辛未，以江西觀察使李憲為嶺南節度
使；癸酉，右丞沈傳師為江西。九月甲午，以右金吾大將軍李祐為橫
海節度使；丁亥，以新除橫海節度使李寰為夏州節度使；十一月乙
酉，以右今吾大將軍李祐為橫海。十月，以逢吉為宣武軍節度使，代
令狐楚，以楚為戶部尚書。竇易直檢校尚書左僕射、平章事、山南東
道節度使。冬十月，以戶部尚書崔植為華州刺史。十月辛未，李憲為
嶺南，右丞沈傳師為江西觀察使。（《舊唐書　本紀第十七上　文宗》）
十月己卯，以左散騎常侍馮宿為河南尹。十二月丙寅，以前河南尹馮
宿為工部侍郎。（《舊唐書　文宗紀下》）五月七日，崔鄲三遷考功郎
中。鹽鐵使王播自淮南入朝，力圖大用，所獻銀器以千計，綾絹以十
萬計。六月，癸巳，以播為左僕射、同平章事。（《資治通鑑　大和二
年》）

　　三月，上親試制策舉人，以左散常侍馮宿、太常少卿賈餗、庫部
郎中龐嚴為考制策官。視劉蕡條對，嘆服嗟悒，中官當途，不敢留蕡
在籍中。（《舊唐書　本紀第十七上　文宗》）大和二年第試賢良，⋯⋯
惟（劉）蕡切論黃門太橫，將危宗社稷⋯⋯而中官當途，考官不敢留
蕡在籍中，物論喧然不平之，守道正人傳讀其文，至有相對垂泣者。
《劉蕡傳》于時，被選者二十有三人，所言皆冗齪常務，類得優調。
河南府參軍李郃曰：「蕡逐我留，吾顏其後邪！」乃上書曰：「陛下御
正殿直言，使人得自奮，臣才志懦劣，不能質今古是非，使陛下聞未
聞之言，行未行之事，忽忽內思，愧羞神明。今蕡所對，敢空臆盡
言，至皇王之成敗，陛下所防閑，時政之安危，不私所料，又引春秋
為據，漢魏以來，無與蕡比。」李郃字子玄，後歷賀州刺史。（《新唐

書 列傳一百三 劉蕡》)

文宗立,(白居易)以祕書監召,遷刑部侍郎,封晉陽縣男。
(《舊唐書 列傳一百十六 白居易》)

十月,令狐楚徵為戶部尚書。劉禹錫入長安為主客郎中、集賢殿
學士。

杜牧進士及第。十月,沈傳師為江西,表杜牧為江西團練巡官、
試大理評事,赴洪州。

宋若憲、宋若荀姊妹被作為女學士。李商隱《譴柳》:「已帶黃金
縷,仍飛白玉花。長時須拂馬,密處少藏鴉。眉細從他斂,腰輕莫自
斜。玳梁誰道好,偏擬映盧家。」以杜甫「隔戶楊柳弱嫋嫋,恰似十
五女兒腰」告誡戀人要自尊自重,以沈佺期《古意》中「盧家少婦鬱
金堂,海燕雙棲玳瑁梁」指莫愁──宋若荀被盧家(皇帝)看中。

李商隱隨令狐楚在長安府第。曲江杏園杏花盛開,令狐楚邀請劉
禹錫、白居易等作杏花會(白居易《曲江有感》、《杏園花下贈劉郎
中》、《花前有感兼呈崔相公劉郎中》,見《全唐詩 卷四百四十八》)。
李商隱參與其事,「每至因事寄情,寓物成命,無不捏管興嘆,伏紙
多慚」(李商隱《上令狐相公狀二》)。正月,杜牧等京師就禮部試。
二月,進士發榜,三十三人及第,杜牧中韋籌榜進士,以第四等及
第。三月與裴休、鄭亞一起應制舉賢良方正能言極諫科,韋籌率杜牧
等接受皇帝復試,以第五名中舉。「大和二年,崔郾侍郎東都放榜,
西都過堂,杜牧有詩云:『東都放榜花未開,三十三人走馬回。秦地
少年多釀酒,卻將春色入關來。』」(《唐摭言》卷三《慈恩寺題名遊
賞賦詠雜記》)三月,杜牧、裴休、裴素、李郃、李甘、馬植、鄭
亞、崔嶼、崔讜、王式、羅紹京、崔渠、苗愔、韋昶、崔慎由等二十
二人應制舉賢良方正能言直諫科,皆除官(《冊府元龜》卷六百四十

四《貢舉》），杜牧為弘文館校書郎，沈傳師表為江西團練副巡官，李商隱未免失意。杜牧等宴集曲江南塘，李商隱作《南潭上亭宴集，以疾後至，因而抒情》，因未中舉而後至「馬卿聊應召，謝傅已登山」在「歌發百花外，樂調深竹間。鷁舟縈遠岸，魚鑰啟重關。鶯蝶如相迎，煙蘿不暇攀。佳人啟玉齒，上客頷朱顏」的氣氛中，李商隱只能發出「肯念沉屙士，俱期倒載還」感嘆，誰還會想到我這個倒黴的生病人呢？

牡丹花開，李商隱《偶題二首》：「小亭閑眠微醉銷，山榴海柏枝相交。水文簟上琥珀枕，旁有墮釵雙翠翹。」為不勝酒力宋若荀醉臥園中亭子情態；「清月依微香露輕，曲房小院多逢迎。春叢定是饒棲鳥，飲罷莫持紅燭行。」謂宋若荀白天未能細細欣賞，晚上還拿著蠟燭觀賞。

韓琮，字成封，長慶四年，（公元八二四年）登進士第。初為陳許節度判官。李商隱《和韓（琮）錄事送宮人入道》：「星使追還不自由，雙童捧上綠瓊輈。九枝燈下朝金殿，三素雲中侍玉樓。鳳女顛狂成久別，月娥孀孀好同遊。當時若愛韓公子，埋骨成灰恨未休。」李商隱十分失望，你執意修道，我也無法攔阻，但當時若像吳王夫差女兒紫玉一樣真是愛上了韓重的話，那麼也要像她一樣到死也消不去心頭怨恨的。

宋若荀被皇帝派往川中監督玉作，到成都唐睿宗女玉真公主儲福宮，又去青城山。宋若荀為尚功局「司珍」，李商隱《韓翃舍人即事》：「萱草含丹粉，荷花抱綠房。鳥應悲蜀帝，蟬是怨齊王。通內藏珠府，應官解玉坊。橋南荀令過，十里送衣香。」謂初夏宋若荀負責監管內玉作坊而往川中，很可能被皇帝玩弄。

宋若荀經洛陽、南陽由長江往川中，李商隱《可嘆》：「幸會東城宴未回，年華憂共水相催。梁家宅裡秦宮入，趙后樓中赤鳳來。冰簟

且眠金縷枕，瓊宴不醉玉交盃。宓妃愁坐芝田館，用盡陳王八斗才。」為在洛城東宴會上遇見宋若荀，我即使有曹子建那樣的才華也想不出什麼辦法來與你相會啊！

宋若荀到蜀中監督玉作，李商隱《句》：「巴西夜搗紅守宮。後房點臂斑斑紅。」（端午，《歲時廣記 二三》，《全唐詩外編 續補遺卷十李商隱》中華書局，1982年版，第491頁。）萬分焦慮。

經南充、武關、岐山、南山回長安。初秋，宋若荀回到長安。

七月七日，相傳牛郎織女一年一度相會之時，宋氏姊妹曲江別宅附近章臺街柳樹繁茂，號稱「柳衙」。李商隱《代贈 楊柳路盡處》：「楊柳路盡處，芙蓉湖上頭。雖同錦步障，獨映鈿箜篌。鴛鴦可羨頭俱白，飛去飛來煙雨秋。」謂戀人居處環境雖優裕，然形單影隻獨映箜篌，如今又往潞州，我們還不如這池塘中的鴛鴦，它們還能一起雙飛雙宿呢！

杜牧《秋夕》：「紅燭秋光冷畫屏，輕羅小扇撲流螢。瑤階夜色涼如水，坐看牽牛織女星。」又作李商隱詩。

西臺附近池塘荷花開放，如同穿了紅裙子的女子翩翩起舞。李商隱《秋月》：「樓上與池邊，難忘復可憐。簾開最明夜，簟卷已涼天。流處水花急，吐時雲葉鮮。姮娥無粉黛，只是逞嬋娟。」

時李商隱三十歲。

宋若荀二十四歲。

大和三年（己酉，公元 829 年）

順宗女潯陽公主大和三年與平恩、邵陽公主並為道士。（《新唐書列傳八 諸帝公主》。

八月甲戌，吏部侍郎李宗閔同中書門下平章事。十二月己酉，杜元穎貶邵州刺史。（《新唐書 宰相表下》）八月，召李德裕為兵部侍

郎，裴度薦才堪宰相，而李宗閔以中人功先秉政，且得君，出德裕為鄭滑節度使，引僧孺協力，具度政事，二怨相濟，凡德裕所善，盡逐之。於是（李、牛）二人權震天下，黨人牢不可破也。（《新唐書 列傳第一百零五 李德裕》）宗閔為吏部侍郎時，因駙馬都尉沈羲結託女學士宋若憲及知樞密楊承和，二人屢稱之于上前，故獲徵用。（《舊唐書 列傳第一百二十六 李宗閔》）七月，拜（賈餗）中書舍人。（《舊唐書 列傳一百十九 賈餗》）

三月辛巳朔，以戶部尚書令狐楚檢校兵部尚書、東都留守、東畿汝都防禦使。十一月，進位檢校右僕射、鄆州刺史、天平軍節度、鄆曹濮觀察等使。十二月己丑，以東都留守令狐楚檢校右僕射、天平軍節度使。代崔弘禮。（《舊唐書 列傳第一百二十二 令狐楚》）崔弘禮為東都留守（《舊唐書 文宗紀上》）十月，馮宿自左散騎拜河南尹，大和四年入為工部侍郎。（《舊唐書 文宗紀下》）

（大和三年）李同捷叛，窮蹙求降。耆既宣諭訖，與節度使李祐謀，耆乃率數百騎入滄州，取同捷赴京，諸將害耆邀功，上表論列，文宗不獲已，貶循州司戶，判官沈亞之貶虔州南康尉。《舊唐書 柏耆傳》

大和三年，崔鄲以本官充翰林學士。八月十二日，加知制誥。（岑仲勉：《郎官石柱題名新考訂》，上海古籍出版社1984年5月第一版，第289頁。）劉禹錫《崔公神道碑》：「崔氏之門六人，……二翰林學士。」

元稹得到皇帝寵信，「寵榮其身，一日之中，三加新令。」（《白居易集》卷五十）張祜擅長樂府宮詞，令狐楚向有關方面推薦張祜，元稹向穆宗皇帝進言：「祜雕蟲小技，壯夫恥而不為者，或獎激者，恐變陛下之數。」

　　牡丹盛開，紅、黃、紫、白、粉紅開滿小苑。李商隱作《牡丹　錦帷初卷》：「錦帷初卷衛夫人，繡被猶堆越鄂君。垂手亂翻雕玉佩，折腰爭舞鬱金裙。石家蠟燭何曾剪，荀令香爐可待熏？我是夢中傳彩筆，欲書花雲寄朝雲。」

　　宋若荀被納入興慶宮。李商隱《碧瓦》：「碧瓦銜珠樹，紅綸結綺寮。無雙漢殿鬢，第一楚宮腰。霧唾香難盡，珠啼冷易銷。歌從雍門學，酒是蜀城燒。柳暗將翻巷，荷倚正抱橋。鈿轅開道入，金管隔鄰調。夢到飛魂急，書成即席遙。河流衝柱轉，海沫近槎漂。吳市蠨螻甲，巴寶翡翠翹。他時未知意，重迭贈嬌嬈。」

　　李商隱作《柳　曾逐東風》：「曾逐東風拂舞宴，樂遊春苑斷腸天。如何肯到清秋日，已帶斜陽又帶蟬。」回憶在樂遊原一起賦詩情景，可是現在你又寄希望於皇帝，是不是可以既忠於王事又不放棄個人幸福呢？

　　玉宸觀看花，李商隱《花下醉》：「尋芳不覺醉流霞，倚樹沉眠日已斜。客散酒醒深夜後，莫持紅燭賞殘花。」

　　三年正月，王涯自山南西道節度使入為太常卿，為大用張本，白居易江州之謫涯有力焉。白居易因不能與之同立於朝，春，「稱病東歸，求為分司官，除太子賓客。」（《舊唐書　白居易傳》）「乞官分司，得太子賓客，除河南尹，復為舊官。」（李商隱：《刑部尚書致仕贈尚書右僕射太原白公墓碑銘並序》）進爵為馮翊縣開國侯。李商隱經李賀宜陽昌谷北園，借食筍發洩不滿。作《初食筍呈座中》：「嫩籜香苞初出林，於陵（山東鄒平）論價重如金。皇都陸海應無數，忍剪凌雲一寸心。」

　　經宜陽三鄉聖女祠。李商隱《聖女祠　松篁臺殿》：「松篁臺殿蕙香幃，龍護瑤窗鳳掩扉。無質易迷三里霧，不寒常著五銖衣。人間定有崔羅什，天上應無劉武威。寄問釵頭雙白燕，每朝珠館幾時歸？」

謂戀人如杜蘭香才嫁給張碩就離去，自己是不是也如崔羅什那樣與吳質之女相識十年之後死去呢？你是不是要再嫁劉武威呢？皇帝賜你玉燕釵，是不是會成為如趙婕妤一樣的后妃呢？你每天什麼時候回到綴珠為簾的殿裡呢？

李商隱《襪》：「嘗聞宓妃襪，渡水欲生塵。好借嫦娥著，清秋踏月輪。」

李商隱《宮辭》：「君恩如水向東流，得寵憂移失寵愁。莫向花前奏花落，涼風只在殿西頭。」皇帝的寵倖是不可靠的，隨時會變，你如今不是像秋扇那樣被拋在旁邊了嗎？

大和三年十一月，「令狐楚徙天平、宣武，皆表署巡官，歲具資裝使隨計。」（《新唐書　列傳第一百二十八　文藝下　李商隱》）十二月，令狐楚進位檢校右僕射，為鄆州（今山東東平西北）刺史、天平軍節度使（駐節鄆州）、鄆、曹、濮觀察等使。至而均富贍貧，使無流亡，饒有治績。詩《坐中聞　思帝鄉有感》　約作於是年或次年。令狐楚「為尹洛，禮陳商；為天平，薦蔡京」，直到大和三年十一月才辟李商隱為天平巡官。李商隱在令狐楚天平軍節度使治所（山東鄆城），「從為巡官」，節度判官為韋正貫，與蔡京為同事。宋若荀在鄆州令狐楚軍中勞軍。《天平公座中呈令狐令公，時蔡京在座，京曾為僧徒，故有第五句》：「罷執霓旌上醮臺，慢妝嬌樹水晶盤。更深欲訴蛾眉斂，衣薄臨醒玉豔寒。白足禪僧思敗道，青袍御史擬休官。雖然同是將軍客，不敢公然仔細看。」謂見到宋若荀，不敢公然仔細看，同事蔡京為宋若荀舞蹈所迷，直勾勾地盯著宋若荀。

滄州用兵，宋若荀隨皇帝北征，再往淄青東巡，安撫新附橫海軍，結識德州宣慰柏耆判官。順道江南到揚州和潤州，時李德裕為浙西觀察使。十月，李德裕為義成軍節度，李商隱隨令狐楚經鄭驛、滑州往兗州。李商隱作《夜思》：「銀箭耿寒漏，金釭凝夜光。彩鸞空自

舞，別雁不相將。寄恨一尺素，含情雙玉璫。會前猶月在，去後宵始長。往年經春物，前期託報章。永令虛粲枕，常不掩蘭房。覺動迎猜影，疑來浪認香。鶴應悲露警，蜂亦為花忙。古有陽臺夢，今多下蔡倡。何為薄冰雪，消瘦滯非鄉。」謂原來還可以通過報章知道你的消息，如今是音訊全無；「永令虛粲枕，常不掩蘭房」以王粲《七哀詩》中「獨夜不能寐，攝衣起撫琴」思念宋若荀。

李商隱從為巡官，歲給資裝，令隨計上都（《舊唐書 李商隱傳》），往來與長安、洛陽、開封、東鄆之間。馮浩《玉谿生年譜》引朱閬歸解《書彭陽公碑陰》云：「公尹洛，禮陳商；為鄆，薦蔡京；蒞京，辟李商隱。」可為旁證。「商隱能為古文，不喜偶對。從事令狐楚幕，楚能章奏，遂以其道授商隱，自是始為今體章奏。博學強記，下筆不能自休，尤善為誄奠之辭。」（《舊唐書 列傳第一百四十下 文苑下 李商隱》）李商隱《上令狐相公狀一》中「徒以四丈東平，方將尊隗，是許依劉」謂令狐楚開幕府禮聘賢才，自己如王粲依劉表到令狐楚天平軍中；因令狐楚推薦蔡京為御史，而自己尚未中舉，因而有「天平之年，大刀常戟，將軍樽旁，一人衣白」（李商隱《奠相國令狐公文》）之說。

時李商隱年三十一歲。

宋若荀二十五歲。

大和四年（庚戌，公元 830 年）

上患宦官強盛，憲宗、敬宗弒逆之黨猶有在左右者。中尉王守澄尤專橫，招權納賄，上不能制。嘗與翰林學士宋申錫言之，申錫請漸除其逼。上以申錫沈厚忠謹，可倚以事，擢為尚書右丞。秋，七月，以申錫同平章事。（《資治通鑑 大和四年》）

正月甲午，守左僕射、同平章事、諸道鹽鐵轉運使王播卒，贈太

尉。(《舊唐書 本紀第十七上 文宗》)正月辛卯,牛僧孺為兵部尚書、同中書門下平章事。六月丁未,裴度平章軍國重事。巳酉,路隋為門下侍郎,李宗閔為中書侍郎。七月癸未,尚書右丞宋申錫同中書門下平章事。九月,裴度罷,為司徒兼侍中、山南東道節度使。(《新唐書 宰相表下》)裴度以高年多疾,懇辭機政。六月,以度為司徒,平章軍國重事,俟疾損,三五日一入中書。(《資治通鑑 大和四年》)

　　大和四年正月辛卯,以武昌節度使、鄂岳蘄黃安申觀察處置等使、金紫光祿大夫、檢校吏部尚書、同中書門下平章事牛僧孺為兵部尚書、同中書門下平章事。(舊唐書 本紀十七下 文宗)正月,元稹出為武昌軍節度使。(《舊唐書 列傳一百十六 元稹》)正月,元稹移鎮武昌,竇鞏亦由浙東副使為行軍司馬。(白居易《戲和微之答竇七行軍之作》)正月丙戌,以左神策大將軍郎直方為鄜坊。正月壬辰,以兵部侍郎崔鄲為陝虢觀察使,以王起為左丞。癸巳,以前邠寧節度使劉遵古為劍南東川節度使。李宗閔引薦牛僧孺,正月辛卯,以僧孺為兵部尚書、同平章事,于是二人相與排擯李德裕之黨,稍稍逐之。(《資治通鑑 大和四年》)

　　三月,乙亥朔,以刑部尚書柳公綽為河東節度使。先是,回鶻入貢及互市,所過恐其為變,常嚴兵迎送防衛之,公綽至鎮,回鶻遣梅錄李暢以馬萬匹互市,公綽但遣牙將迎勞于境,至則大辟牙門,受其禮謁。暢感泣,戒其下,在路不敢馳騁,無所侵擾。陘北沙陀素驍勇,為九姓、六州胡所畏伏。公綽奏以其酋長朱邪執誼為陰山都督,代北行營招撫使,使居雲朔塞下,捍禦北邊。執誼與諸酋長入謁,公綽與之宴。執誼神采嚴整,進退有禮。公綽謂僚佐曰:「執誼外嚴而內寬,言徐而理當,福祿人也。執誼母妻入見,公綽使夫人與之飲酒,饋遺之,執誼感激恩,為之盡力。塞下舊有廢府十一,執誼修之,使其部落三千人分守之,自是雜虜不敢犯塞。(《資治通鑑 大和四年》)

西川節度使郭釗以疾求代，冬十月戊申，以義成節度使李德裕為
西川節度使，蜀自南詔入寇，一方殘弊，郭釗多病，未暇完補。德裕
至鎮，作籌邊樓，圖蜀地形，南入南詔，西達吐蕃，日召老于軍旅、
習邊事者，雖走卒蠻夷無所間，訪以山川、城邑、道路險易廣狹遠
近，未逾月，皆若身嘗涉歷。上命德裕修塞清溪關以斷南詔入寇之
路，或無土，則以石壘之。德裕上言：「通蠻細路至多，不可塞，惟
重兵鎮守，可保無虞。但黎、雅以來得萬人，成都得二萬人，精加訓
練，則蠻不敢動矣，邊兵又不宜多，須力可臨制。……臣訪之蜀中老
將，清溪之旁，大路有三，自餘小徑無數，皆東蠻臨時為之開通，若
言可塞，則是欺罔朝廷，要須大度水北更築一城，迤邐接黎州，以大
兵守之方可。況聞南詔以所掠蜀人二千及金帛賂遺吐蕃，若使二虜知
蜀虛實，連兵入寇，誠可深憂。其朝廷建言者，蓋由禍不在身，望人
責一狀，留入堂案，他日敗事，不可令臣獨當國憲。」朝廷皆從其
請。德裕乃練士卒，葺堡障，積糧儲以備邊，蜀人粗安。（《資治通鑑
大和四年》）

九月十六日，崔鄲轉中書舍人。（《舊唐書 列傳一百五 崔鄲》）
十一月，薛廷老以本官充翰林學士。（岑仲勉：《郎官石柱題名新考
訂》，上海古籍出版社1984年5月第一版，第291頁。）

令狐楚在鄆州天平軍節度等任上。七月以前已封彭城縣公。七
月，作《刻蘇公太守二文記》。作有詩《寄禮部劉郎中》。劉禹錫有
《酬令狐相公見寄》。白居易有《和令狐相公寄劉郎中兼見示長句》。

九月，賈餗權知禮部貢舉。（《舊唐書 列傳一百十九 賈餗》）劉
禹錫在禮部郎中、集賢學士任。

（令狐）綯登進士第，釋褐弘文館校書郎。（《舊唐書 列傳一百
二十二 令狐楚》）

皇甫湜卒。

　　宋氏姊妹再次成為皇帝近旁女官，李商隱《春日》：「欲入盧家白玉堂，新春催破舞衣裳。蝶銜紅蕊蜂銜粉，共助青樓一日忙。」以燕比喻戀人宋若荀經常要在宮中應酬。

　　李商隱《追代盧家人嘲堂內》：「道卻橫波字，人前莫謾羞。只應同淮水，長短入淮流。」謂宋若荀以「昭儀」名義隨駕，就像蕭道成建「齊」時妃子從渭水經淮水到揚州，諷刺她又投入另一皇帝懷抱，指長慶年間已經為穆宗所褻，寶曆年間為敬宗所玩弄。

　　李商隱《鸞鳳》詩：「舊鏡鸞何處，衰桐鳳不棲。金錢饒孔雀，錦段落山雞。王子調清管，天人降紫泥。豈無雲路分，相望不應疑。」相約互不懷疑，希望如徐德言與樂昌公主一樣終會破鏡重圓。

　　大和四年，（令狐）綯登進士第，釋褐弘文館校書郎。（《舊唐書列傳第一百二十二　令狐楚》）李商隱《贈子直花下》：「池光忽隱牆，花氣亂侵房。屏緣蝶留粉，窗油蜂印黃。官書推小吏，侍史從清郎。並馬更吟去，尋思有底忙？」

　　過洛陽時槿花開放，李商隱作《朱槿花二首》：「蓮後紅何患，梅先白莫誇。才飛建章火，又落赤城霞。不卷錦步障，未登油壁車。日西相對罷，休沐向天涯。勇多侵露去，恨有礙燈還。嗅自微微白，看成遝遝殷。坐來疑物外，歸去有簾間。君問傷春句，千詞不可刪。」謂你三月剛從姑射回來，七月就杯派往天臺山；等不到牡丹花開，你又乘車去了蘇小小墓蘇州；如今剛過盛夏，你又去了南粵，你我真是天涯相望，離多聚少；我寫給你的情詩，其中多是傷春思念詞句啊！

　　李商隱《無題二首　鳳尾香羅》一：「鳳尾香羅薄幾重，碧紋圓帳夜深縫。扇裁月魄羞難掩，車走雷聲語未通。曾是寂寥金燼暗，斷無消息石榴紅。斑騅只繫垂楊岸，何處西南任好風。」李商隱在車騎經過之處等候，希望能見到宋若荀，想像宋氏小妹深夜縫結婚用的百子帳的情形，表達自己與宋若荀結為夫妻的願望。

　　李商隱《鳳尾香羅 二》「重帷深下莫愁堂，臥後秋霄細細長。神
女生涯原是夢，小姑居處本無郎。風波不信菱枝弱，月露誰教桂葉
香。直道相思了無益，未妨惆悵是清狂。」皇帝不許宋若荀嫁人，因
此無比鬱悶，「重帷深下莫愁堂，臥後秋霄細細長」，自己也被人說成
是癡情。他勸告宋若荀關注自己的幸福，下定決心離開皇宮，千萬不
要再錯過這次機會啊！

　　杜牧為宣歙沈傳師幕僚。

　　時李商隱年三十二歲。

　　宋若荀二十六歲。

大和五年（辛亥，公元 831 年）

　　文宗與宋申錫謀誅宦官，申錫引吏部侍郎王璠為京兆尹，以密旨
諭之。璠泄其謀，王守澄、鄭注知之，陰為之備。上弟漳王湊賢，有
人望，注令神策都虞侯豆盧著誣告宋申錫謀立漳王，上以為信然，甚
怒。守澄即遣二百騎屠申錫家，飛龍使馬存亮固爭曰：「如此，則京
城自亂矣！宜召他相與議其事。」守澄乃止。是日，旬休，遣中使悉
召宰相至中書東門。中使曰：「所召無宋公事。」申錫知獲罪，望延
英，以笏叩頭而退。宰相至延英，上示以守澄所奏，相顧愕貽。上命
守澄捕豆盧著所告十六宅宮市品官晏敬則及申錫親事王師文等，于禁
中鞫之；師文亡命。（《資治通鑑 大和五年》）三月庚子，宋申錫罷為
太子右庶子，後又貶宋申錫為開州司馬。

　　牛僧孺為中書侍郎。九月壬申，（裴度）以守司徒、平章事軍國
重事、晉國公裴度守司徒、兼侍中，充山南東道節度使。（《新唐書
宰相表下》）九月甲辰，翰林學士薛廷老、李讓夷皆罷職守本官，廷
老在翰林，中日酣醉無儀檢，故罷。李宗閔、牛僧孺為相，與（李）
鈺親厚，改度支郎中知制誥，遂入翰林院充學士。（《舊唐書 列傳一
百二十三 李珏》）

　　大和中，王守澄構陷宰相宋申錫，文宗怒，欲加極法。（王）質
與常侍崔玄亮雨泣切諫，請付外推，申錫方從輕典。質為中人側目，
執政出為虢州刺史……尋召為給事中、河南尹。八年，為宣州刺史、
兼御史中丞、宣歙團練觀察使。（《舊唐書　王質傳》）盧鈞遷左補闕，
與同職理宋申錫之枉，由是知名。（《舊唐書　列傳一百二十七　盧
鈞》）

　　五月，丙辰，西川節度使李德裕奏遣使者詣南詔索掠百姓，得四
千人而還。九月，吐蕃維州守將悉怛謀請降。西川節度使李德裕派兵
入據其城，「九月，成都尹劍南西川副大使知節度事李德裕收復吐
蕃。」宰相牛僧孺持反對態度，詔德裕以其城歸吐，縛還悉怛謀及其
跟從者，悉怛謀等全遭殘酷殺害。（《舊唐書　本紀十七下　文宗》）十
一月丙申，西川奏南詔蠻入寇。十二月丁未朔，南蠻逼戎州，遣使起
荊南、鄂岳、襄鄧、陳許之兵赴援蜀川。（《舊唐書　本紀十七下　文
宗》）

　　七月，元稹急症卒于武昌軍節度使任上。

　　秋，八月，戊寅，以陝虢觀察使崔郾為鄂岳觀察使。鄂岳地囊山
帶江，處百越、巴、蜀、荊、漢之會，土多群盜，剽行舟，無老幼必
殺盡乃已。郾至，訓卒治兵，作蒙衝追討，歲中，盡誅之。郾在陝，
以寬仁為治，或經月不笞一人，及至鄂，嚴峻刑罰，或問其故，郾
曰：「陝土瘠民貧，吾撫之不暇，尚恐其驚；鄂地險民雜夷俗剽狡為
姦，非用威刑，不能致治。政貴知變，蓋謂此也。」（《資治通鑑　大
和五年》）

　　八月，李逢吉檢校司徒，兼太子太師，充東都留守。

　　裴度罷相。十月十二日，劉禹錫自禮部郎中、集賢學士除蘇州刺
史。六年二月抵任。

李商隱長安計諧，科舉考試為賈餗所斥。據《舊唐書 列傳一百十九 賈餗傳》：「（大和）五年榜出後徵拜禮部侍郎，凡典禮闈三歲，……七年五月轉兵部侍郎。」李商隱求貢舉不果，未被錄取；「自叨從歲貢，求試春官……然猶摧頹不遷，拔剌未化」（《上令狐相公狀一》）。

宋若荀為中書省侍史，李商隱《為有》：「為有雲屏無限嬌，鳳城寒盡怕春霄。無端嫁得金龜婿，辜負香衾事早朝。」謂宋若荀如屏風上周昉所畫美人，「無端」嫁給了自己，但清晨必須到朝中值應。

宋若荀承值，李商隱作《如有》：「如有瑤臺客，相難復索歸。芭蕉開綠扇，菡萏薦紅衣。浦外傳光遠，煙中結響微。良宵一寸焰，回首是重帷。」李商隱《向晚》：「當風橫去幰，臨水卷空帷。北土秋千罷，南朝祓禊歸。花情羞脈脈，柳意悵微微。莫嘆佳期晚，佳期自古稀。」以三月三日士女洛河邊祓禊儀式、宮中蕩秋千遊戲，希望宋若荀早日下決心與自己正式結婚。

李商隱《細雨 帷飄白玉堂》：「帷飄白玉堂，簟卷碧牙床。楚女當時意，蕭蕭髮彩涼。」以《春秋公羊傳 西宮災注》：「僖公以齊媵為適，楚女廢在西宮，而不見恤。」

陝西寶雞岐山縣鳳鳴鎮孝子陵村，又稱太子村。附近有周公廟、倉頡廟、五丈原諸葛亮廟等。唐貞元中姚栖筠廬於父墓側終身哀慕，河東尹渾瑊上表旌其為孝子事，有姚孝子莊。在寶雞孝子嶺村作《過姚孝子廬偶書》：「拱木臨周道，荒廬積古苔。魚因感姜出，鶴為吊陶來。兩鬢常蓬亂，雙眸血不開。聖朝敦爾類，非獨路人哀。」

李商隱《九成宮》：「十二層城閬苑西，平時避暑拂虹霓。雲隨夏後雙龍尾，風逐周王八駿蹄。吳岳曉光連翠巘，甘泉晚景上丹梯。荔枝蘆橘沾恩幸，鸞鵲天書濕紫泥。」

李商隱看望宋若荀。李商隱《日高》：「度環故錦靡輕拖，玉匙不

動便門鎖。水精眠夢是何人？欄藥日高紅髮鬆。飛香上雲春訴天，雲梯十二門九關。輕身滅影何可望？粉蛾帖死屏風上。」表現他們的情感生活。

大和四年三月，以刑部尚書柳公綽檢校左僕射、太原尹、北都留守、河東節度使。令狐楚批評李商隱沉溺於個人情感，不務正業，李商隱負氣離開令狐楚去太原柳公綽幕。有《獻寄舊府開封公》：「幕府三年遠，春秋一字褒。書論秦逐客，賦續楚離騷。地理南溟闊，天文北極高。酬恩撫身世，未決勝鴻毛。」《杜預春秋序》：「春秋雖以一字為褒貶，然皆以數句以成言。」自己曾追隨被貶令狐楚到南方，又往遼州出差，可是如今落得個「幕府三年遠，春秋一字褒」下場，當然比起你開封公對我的恩典，還是有泰山鴻毛之差啊！對令狐楚的批評埋怨情緒十分明顯。

宋若荀再次往修道之處。

宋若荀降級為尚功局「司制」，即宮廷裁縫。

十月，李賀卒。沈子明（沈傳師弟述師）書云李賀已亡，請杜牧為其詩集作序，杜牧再三推託。

李商隱《效徐陵體贈更衣》，「楚腰知便寵，宮眉正鬥強」，將宋若荀比作南朝出仕梁東宮學士、上虞令等職，歸陳後任散騎長侍、尚書左僕射的徐陵，又如漢武帝時衛子夫，但沒有衛子夫好運，「清寒衣省夜，金斗熨沈香」謂戀人雖然居處華麗，但只能默默在尚衣處工作，心中不服氣那些僅靠姿色得寵宮妃。

李商隱作《代應二首 溝水分流》一：「溝水分流西復東，九秋霜月五更風。離鸞別鳳今何在？十二玉樓空更空。昨夜雙鉤敗，今朝百草輸。關西狂小吏，惟喝繞床盧。」你總是推託，總是各自東西，難以會合。我和你宋若荀如卓文君《白頭吟》中所言：「今日斗酒會，明日溝水頭。蹀躞御溝上，溝水更東流。」

　　因令狐楚不肯舉薦，李商隱心中苦悶，每天如東方朔那樣與朋友喝得爛醉回來，還不忘諷刺宋若荀。

　　政治形勢險惡，宋若荀認為李商隱太不體諒她處境，兩人發生爭執而失手打碎了鏡子，李商隱譴責她脾氣太大，作《破鏡》：「玉匣清光不復持，菱花散亂月輪虧。秦臺一照山雞後，便是孤鸞罷舞時。」指自從宋若荀往陳倉後自己就知道夫妻再也難以諧合，更何況如今你親手把鏡子打破了呢！宋若荀去元積鄂岳軍中。

　　時李商隱三十三歲。

　　宋若荀二十七歲。

大和六年（壬子，公元 832 年）

　　正月，降死罪以下。二月，蘇州地震，生白毛。五月庚申，給民疫死者棺，十歲以下不能自存者二月糧。（《新唐書　本紀八　文宗》）

　　十二月乙丑，牛僧孺檢校尚書右僕射、平章事、淮南節度使。十二月，李德裕以兵部侍郎召，俄拜中書門下平章事。（《舊唐書　本紀十七下　文宗》）六月，杜悰兼御史大夫。七月，以御史中丞宇文鼎為戶部侍郎。八月，以駕部郎中、知制誥李漢為御史中丞。（《舊唐書　本紀十七下　文宗下》）崔鄲以疾病陳請，罷學士。（岑仲勉：《郎官石柱題名新考訂》，第290頁。）杜元穎卒於循州貶所。

　　大和五年起韋溫為右補闕，曾因率同僚為宋申錫冤案廷爭而知名，又為文宗罰內使修太廟不力罪不當而直言，尤其上疏停上尊號更顯忠直，改侍御使。俄兼太子侍讀。韋溫每晨至少陽院，見莊恪太子，規勸其早起。

　　初，李宗閔與德裕有隙，及德裕還自西川，上注意甚厚，朝夕且為相，宗閔百方阻之而不能。京兆尹杜悰，宗閔黨也，見其有憂色，曰：「得非以大戎乎？」宗閔曰：「然。何以相救？」悰曰：「德裕有

文學而不由科第，常用此為慊慊，若使之知舉，必喜矣。」宗閔默然有間，曰：「更思其次。」惊曰：「不則用為御史大夫。」宗閔曰：「此則可矣。」惊再三與約，乃詣德裕。德裕迎揖曰：「公何為訪此寂寥？」惊曰：「靖安相公令惊達意。」即以大夫之命告之。德裕驚喜泣下，曰：「此大門官，小子何足以當之！」寄謝重沓。宗閔復與給事中楊虞卿謀之，事遂中止。虞卿，汝士之從弟也。（《資治通鑑大和六年》）

二月，以天平軍節度檢校右僕射，改太原尹、北都留守、河東節度使。《舊唐書 令狐楚傳》：「楚久在并州練其風俗，因人所利而利之，雖屬歲旱。人無轉徙。楚始自書生，隨計成名，皆在太原，實如故里。及是秉旄作鎮，邑老歡迎。楚綏撫有方，軍民胥悅。」其秋，作《遊晉祠上李逢吉相公》。

許渾、杜顗登進士第，禮部侍郎賈餗知貢舉。（徐松：《登科記考》，卷二十一）

大和六年三月，以河東節度使柳公綽為兵部尚書，李商隱《為尚書河東公涇原加兵部尚書表》。《新唐書 宰相世系表》：「秦並天下，柳氏遷於河東。」柳公綽曾為戶部和刑部尚書，因此稱「尚書河東公」。「涇原讓加兵部尚書」為大和四年三月至大和六年「以刑部尚書柳公綽檢校左僕射、太原尹、北都留守、河東節度使」，涇原屬於北都留守範圍，大和六年以病求代，三月授兵部尚書，因之前已經有擔任尚書而有「讓加」之詞。文中「芸香補吏」指柳公綽貞元元年「舉賢良方正直言極諫，補校書郎」，貞元四年再登賢良方正科，時年二十一，為渭南尉。「象魏獻書」指元和五年為憲宗出遊畋而作《太醫箴》事。「因緣蔭第，齒列州班」，指柳氏禮法之家；「出征海嶠，再撫蠻取」指貞元四年冬任開州刺史和元和六年為湖南觀察使，元和七

年四月「甲申，以御史中丞柳公綽為湖南」，《柳河東集　武岡銘》：
「元和七年四月，黔巫東鄙，蠻獠雜擾。盜弄庫兵，賊脅守帥。潭部
戎帥、御史中丞柳公綽提卒五百屯于武岡，告天子威命，明白信順，
亂人大恐，投刃頓伏，願完父子，卒為忠信，奉職叔賦。進比華人，
凶渠同惡。革命向化，公為藥石，俾復其性。詔書顯異，進臨江
漢。」八年「十月，以湖南觀察使柳公綽為鄂岳觀察使」(《舊唐書
本紀十五　憲宗紀》)，兼鄂州刺史，領鄂、嶽、蘄、黃、安、申六
州。即文中「黔巫東鄙，蠻獠雜擾」。至十一年「入為給事中。李師
道歸朝，遣公綽往郫州宣諭，使還，十一月拜京兆尹。以母憂免。十
四年起為刑部侍郎、兼御史大夫，領鹽鐵轉運使。長慶元年三月，復
為京兆尹，十月改吏部尚書，俄檢戶部尚書。」三年「五月壬申，以
尚書右丞柳公綽為山南東道節度使」(《資治通鑑　長慶元年》)，兼襄
州刺史。「寶曆元年，就遷檢校左僕射，牛僧孺罷政事，為武昌節度
使」(《新唐書　列傳八十八　柳公綽》)。二年「十二月丙辰，以山南東
道節度使柳公綽為刑部尚書」(《舊唐書　本紀第十七上　敬宗》)。「大
和元年八月壬寅，以刑部尚書柳公綽檢校左僕射，充邠寧節度使，兼
邠州刺史。」二年「六月乙酉，以前邠寧節度使柳公綽檢校左僕射，
兼刑部尚書」。大和四年「三月乙亥，以刑部尚書柳公綽檢校左僕
射、太原尹、北都留守、河東節度使。」即文中「才望京華，又分旄
節。擁戎馬於涇上，護田穀於回中」。史載：「大和四年，為河東節
度。遭歲惡，撙節用度」，「北虜遣梅祿將軍李暢以馬萬匹來市，所過
皆厚勞，飭兵以防襲奪。至太原，公綽獨使牙將單騎勞問，待以至
意，辟牙門，令譯官引謁，宴不加常。暢德之，出涕，徐趨道中，不
妄馳獵。」(《新唐書　列傳第八十八　柳公綽》)相合；「四頒堯曆，一
別漢庭。蔥嶺猶膻，雪山未復」，謂大和四年奉詔出守，至今尚未收
復安史之亂以來安西、北庭都護府吐蕃所占之地，不敢接受皇帝酬勞

之恩。指柳公綽元和八年為鄂岳觀察使、元和九年王師討伐蔡州吳元
濟，「詔公綽以鄂岳兵五千隸安州刺史李聽，率赴行營」；長慶三年，
檢校戶部尚書、襄州刺史、山南東道節度使，殺當地奸惡之吏。寶曆
二年「十二月丙辰，以山南東道節度使柳公綽為刑部尚書」，大和元
年「八月壬寅，以刑部尚書柳公綽檢校左僕射，充邠寧節度使」，大
和二年「六月乙酉，以前邠寧節度使柳公綽檢校左僕射，兼刑部尚
書」，大和四年「三月乙亥，以刑部尚書柳公綽檢校左僕射、太原
尹、北都留守、河東節度使」（《舊唐書 本紀十七上 敬宗紀》）。因而
《為尚書河東公涇原加兵部尚書表》中有「罷講艨艟，學燒烽燧」，
謂其數度入京、數度出鎮邊境，由山南東道又邠寧涇原，文武全才。
又作《為河東公官後上中書門下狀》陳述讓加兵部尚書理由，其中
「早慕修途，獻書試吏。晚存遠略，傳劍論兵。自擁節旄，頻移星
歲。常虞屍曠，或抵彝章。往在番禺，已分風憲；及臨安定，遊假動
卿。善政蔑聞，奇勳莫建。而有不循階陛，超授班資。且《周禮》設
官，邦政莫先于司馬；漢史解詁，士貴莫貴于尚書。外顧輩流，內量
涯分，遜而不免，居亦何安？蔡氏歷遷，楊公累代，方茲尊顯，殊曰
寂寥。此皆相公假借軍聲，讚揚聖澤，感而益懼，榮以宏憂。謹當切
戒滿盈，遙加率勵。」與柳公綽品格相合。而《為河東公附送官告中
使回狀》中「南犯瘴煙，遠提龍戶；西當爐火，密控犬戎。臨長萬
人，董齊千乘可以專殺，未嘗負租。況又榮加冬卿，顯分霜憲，軍前
列秦時御史，幕下辟漢日郎官。」刑部屬陰殺而為「冬卿」，指兼刑
部尚書為涇原、北都。尤其「紫泥猶濕，黃紙未乾」，指貞元年間與
裴度同為武元衡西蜀判官時，尤相善，柳公綽「先度入為吏部郎中，
度以詩餞別，有『兩人同日事征西，今日君先捧紫泥』之句。」（《舊
唐書 列傳第一百一十五 柳公綽》）可見李商隱確曾在柳公綽幕中任
事，否則不會如此清楚柳公綽為人和生平事蹟。

　　柳公綽長安宅第在長安升平坊，柳公綽問起李商隱與宋若荀關
係，李商隱作《細雨成詠獻尚書河東公》：「灑砌聽來響，捲簾看已
迷。江間風暫定，雲外日應西。稍稍落蝶粉，斑斑融燕泥。飄萍初過
沼，重柳更綠堤。必擬和殘漏，寧無晦暝鼙。半將花漠漠，全共草萋
萋。猿別方長嘯，鳥驚始獨棲。府公能八詠，聊且續新題。」柳公綽
三月征還京師，授兵部尚書，四月卒，贈太子太保，諡曰成。

　　大和五年七月，元稹去世，大和六年春，宋若荀回到長安，為太
子東宮宮人，在翠微宮承值。

　　李商隱《房中曲》：「薔薇泣幽素，翠帶花錢小。嬌郎癡若雲，抱
日西簾曉。枕是龍宮石，割得秋波色。玉簟失柔膚，但見蒙羅碧。憶
得前年春，未語含悲辛。歸來已不見，錦瑟長於人。今日澗底松，明
日山頭蘗。愁到天池翻，相看不相識。」是宋若荀生病，李商隱回憶
起宋若荀被貶往江陵，總是不能相聚。

　　李商隱將自己的感情生活袒露給令狐綯，謂已經不容易見到宋若
荀，以為有意疏遠他，希望有機會互相溝通。李商隱《和令狐八綯戲
題二首》：「東望花樓會不同，西來雙燕新休通。仙人掌冷三霄露，玉
女窗虛五夜風。翠袖自隨迴雪轉，燭房尋類外庭空。殷勤莫使清香
透，牢合金魚鎖桂叢。迢遞青門有幾關？柳梢樓角見南山。明珠可貫
須為佩，白璧裁成且作環。子夜休歌團扇掩，新正未破剪刀閒。猿啼
鶴怨終年事，未抵熏爐一夕間。」我早就知道皇帝的恩寵是不會長久
的，如今不是如秋天的團扇一樣被棄在一邊了麼？

　　李商隱《題二首後重有戲贈任秀才》：「一丈紅薔擁翠筠，羅窗不
織繞街塵。峽中尋覓常逢雨，月裡依稀更有人。虛為錯刀留遠客，枉
緣書札損文鱗。遙知小閣還斜照，羨殺烏龍臥錦茵。」謂一外地來任
姓秀才也屬意宋若荀，送很多禮物給她，但宋若荀只是與之虛與委蛇。

　　李商隱與令狐綯一起看望宋若荀，《子直晉昌李花》：「吳館何時

熨，秦臺幾夜熏？綃輕誰解卷，香異自先聞。月裡誰無姊，雲中亦有君。樽前見飄蕩，愁極客襟分。」指宋氏姊妹在晉昌坊附近居住，如天上的嫦娥、織女那樣難以接近。

李商隱與宋若荀在中牟板橋告別，作《別薛岊賓》：「曙爽行將拂，晨清坐欲凌。別離真不那，風物真相仍。漫水清誰照，衰花淺自矜。還將兩袖淚，同向一窗燈。桂樹乖真隱，芸香是小懲。清規無以況，且用玉壺冰。」安慰宋若荀，你是清白的，不要自責。

立冬，宋氏姊妹到王屋山。白居易大和六年《早冬遊王屋山自靈都抵陽臺上方望天壇偶吟成章寄溫谷周尊師中書李相公》詩中「嘗聞此遊者，隱客與損之。各抱貴仙骨，俱非泥垢資。二人相顧言，彼此稱男兒。若不為松喬，即須作皋夔。」（《全唐詩 卷四百四十六 白居易》）謂李宗閔與宋氏姊妹都為宦官所恨，在皇帝面前說他們的壞話。

李商隱作《上令狐相公狀一》，寫信給已到太原令狐楚，希望得到他的推薦參加進士考試，文中云「不審近日尊體如何？太原風景恬和，水土深厚，伏計調和，當保和平。……某才乏出群，類非拔俗。攻文當就傅之歲，識謝奇童；獻賦近加冠之年，號非才子。……徒以四丈東平，方將尊隗，是許依劉。每水檻花朝，菊亭雪夜，篇什率微於繼和，盅觴曲賜其盡歡。委屈款言，綢繆顧遇。自叨從歲貢，求試春官，前達開懷，後來慕義。不由所自，安得及此？然猶摧頹不遷，拔刺未化。仰塵栽鑒，有負吹噓。倘蒙識之以愚，知其不佞，俾之樂道，使得諱窮，必當刷理羽毛，遠謝雞鳥之列；脫遺鱗鬣，高辭鱣鮪之群。逶迤波濤，沖唤霄漢。伏惟始終憐察。」回憶感激令狐楚的知遇，希望他再次推薦禮部春試。大和六年秋賈餗再知貢舉，李商隱「病不試」，許渾及第，與韋澳為同榜進士。《上令狐相公狀二》中「某者雖傾有志，晚無成功，雅當畫虎之譏，徒有登龍之忝。」令狐楚太原來信批評李商隱不思進取，認為李商隱考試不利是因為沉溺詩

賦，李商隱表示：「豈可思當作賦，任竊言詩？……謹當附于經史，置彼縑緗。永觀大匠之宏規，長作私門之祕寶。」表面上同意以經史和令狐楚「章奏」為學習正務，然而內心並不以為然。

不久，李商隱到王屋山。李商隱《無題 白道縈回》：「白道縈回入暮霞，斑騅嘶斷七香車。春風自共何人笑，枉破陽城十萬家。」早知「伴君如伴虎」，你桃葉當年又何必非要進宮並且唱歌引起皇帝注意呢！

時李商隱三十四歲。

宋若荀二十八歲。

大和七年（癸丑，公元 833 年）

正月壬辰，罷吳、蜀冬貢茶。七月，出宮女千人，縱五坊鷹犬。

二月丙戌，兵部尚書李德裕守本官、同中書門下平章事。三月，（李珏）正拜中書舍人。（《舊唐書 卷一百七十三 李珏》）六月乙亥，李宗閔檢校禮部尚書、平章事、興元節度使。七月丁酉，李德裕為中書侍郎。壬寅，尚書右僕射、諸道鹽鐵轉運使王涯守右僕射、同中書門下平章事。是年，路隋為太子太師。（《新唐書 宰相表下》）五月，（賈餗）轉兵部侍郎。（《舊唐書 列傳一百十九 賈餗》）

正月乙亥，以太府卿崔琪為廣州刺史、嶺南節度使；正月壬子，以新除嶺南節度使崔琪檢校工部尚書，充武寧軍節度使，以右金吾衛將軍王茂元為嶺南節度使；二月甲子，令狐楚檢校右僕射、兼太原尹、北都留守、河東節度使。三月癸卯，杜悰為鳳翔隴右節度使；四月，崔鄲以鄂岳觀察使兼宣歙池。三月癸卯，以京兆尹、駙馬都尉杜悰檢校禮部尚書，充鳳翔隴右節度。以太府卿韋長為京兆尹。（《舊唐書 本紀十七下 文宗》）閏七月戊戌，亦給事中崔戎為華州刺史。（《舊唐書 本紀十七下 文宗》）四月癸亥，前鳳翔節度使竇易直卒，

五月丁酉，以李聽為鳳翔隴右節度，依前檢校司徒、兼太子太保。三月丙辰（二十九日），以散騎常侍嚴休復為河南尹；山南東道節度使裴度充東都留守，依前守司徒兼侍中。（舊唐書 本紀十七下 文宗）四月壬子，以河南尹白居易為太子賓客，分司東都；夏四月甲申，以江西觀察使裴誼為宣歙觀察使，代沈傳師，以傳師為吏部侍郎；閏七月戊戌，以陸亙為宣歙；六月乙酉，以前河東節度使令狐楚檢校右僕射，兼吏部尚書；六月乙亥，以中書侍郎、平章事李宗閔檢校禮部尚書、同平章事，兼興元尹、山南西道節度使。李翱由桂管改授潭州刺史、湖南觀察使；六月丁丑，以左金吾衛將軍李從易為桂管觀察使。六月癸未，涇原節度使張惟清卒；七月丁亥，以右龍武統軍康志睦為涇原。七月乙巳，以左丞楊嗣復檢校禮部尚書，充劍南東川節度使。閏七月癸未，陸亙由浙東觀察使移宣州；以太子賓客李紳檢校左散騎常侍、兼越州刺史，充浙東觀察使代陸亙。閏七月乙丑，以前宣武節度楊元卿為太子太保；癸丑，以左僕射李程檢校司空、兼汴州刺史、宣武節度使。閏七月戊戌，以給事中崔戎為華州刺史。八月戊申，以京兆尹韋長為荊南，代入為兵部侍郎的崔琯。王起為兵部尚書。

二月，丙戌，以兵部尚書李德裕同平章事。德裕入謝，上與之論朋黨事，對曰：「方今朝士三分之一為朋黨。」時給事中楊虞卿與從兄中書舍人汝士、弟戶部郎中漢公、中書舍人張元夫、給事中蕭浣等善交結，依附權要，上干執政，下擾有司，為士人求官及科第，無不如志，上聞而惡之，故與德裕言首及之。德裕因得以排其所不悅者。初，左散騎長侍張仲方嘗駁李吉甫諡，及德裕為相，仲方稱疾不出，三月，以仲方為賓客分司。庚戌，以楊虞卿為常州刺史。張元夫為汝州刺史。他日，上復言及朋黨，李宗閔曰：「臣素知之，故虞卿輩臣皆不與美官。」李德裕曰：「給，舍非美官而何！」宗閔失色。丁巳，以蕭浣為鄭州刺史。（《資治通鑑 大和七年》）

　　杜牧憤河朔三鎮之桀驁，而朝廷議者專事姑息，乃作書，名曰
《罪言》。……又傷府兵廢壞，作《原十六衛》。……又作《守
論》……注《孫子》……。（《資治通鑑　大和七年》）

　　二月，令狐楚在太原，劉禹錫在蘇州，編《彭陽唱和集引》云：
「雖窮達異趣，而音英同域，故相遇甚歡。其會面必抒懷，其離居必
寄興。重酬累贈，體備今古，好事者多傳布之。……於是輯綴，凡百
有餘篇，以《彭陽唱和集》為目，勒成兩軸。爾後繼賦，附于左方。
大和七年二月五日，中山劉禹錫述。」六月，令狐楚入為吏部尚書。
（《舊唐書　列傳第一百二十二　令狐楚》）

　　前邠寧行軍司馬鄭注，依倚王守澄，權勢熏灼，上深惡之。守澄
匿注於右軍，左軍中尉韋元素，樞密使楊承和、王踐言皆惡注。……
注至……佞辭泉湧。元素不覺執手款曲，諦聽忘倦。（《資治通鑑　大
和七年》）十二月，庚子，上始得風疾，不能言。於是王守澄薦昭義
行軍司馬鄭注善醫。上徵注至京師，飲其藥，頗有驗，遂有寵。（《資
治通鑑　大和七年》）

　　六月，令狐楚檢校右僕射，兼吏部尚書、太常卿。

　　李福、魏謩登進士第，禮部侍郎賈餗知貢舉。（徐松：《登科記
考》卷二十一）

　　新昌里北即長安朱雀門街東第五街靜恭里，靖恭坊楊虞卿宅中南
亭。當年楊汝士與其弟虞卿、漢公、魯士同居於此，號「靖恭楊
家」。《續談助　卷三　劉軻　牛羊日曆》：「僧孺新昌里第，與虞卿夾街
對門。虞卿別起高榭於僧孺之牆東，謂之南亭。列燭往來，里人謂之
半夜客，亦號此亭為『行中書』。」《南部新書》云：「大和中，人指
楊虞卿宅南亭為『行中書』，蓋朋黨聚議於此耳。」

　　柳仲郢，元和十三年進士及第，釋褐祕書省校書郎。寶曆中牛僧

孺鎮江夏，辟為從事。入為監察御史。大和五年為侍御史，為宦官庇富平人李秀才專殺案上奏執法，朝廷嘉其守法。大和七年春，李德裕為相，李商隱為柳仲郢作《為河東公上李（德裕）相公狀一》，文中「三刀之占，已聞于為郡；萬里之相，復起于封侯」為恭維之詞，而「極力訓齊，悉心董正」與執法有關，謂不負李相期望，「亦既思維，莫能負荷。但當驅羊而鞭其最後，牧馬而去其害群」。

李商隱《代贈二首》：「樓上黃昏欲望休，玉梯橫絕月中鉤。芭蕉不展丁香結，同向春風各自愁。東南日出照高樓，樓上離人唱《石州》。總把春山掃眉黛，不知供得幾多愁。」以丈夫從軍的羅敷比宋若荀，表現兩人愁悶情緒。

王守澄與鄭注勾結，連連打擊朝臣和宮中官吏，宋若荀顧慮宦官陷害、黨爭牽連。李商隱《牡丹 壓徑復緣溝》：「壓徑復緣溝，當窗又映樓。終銷一國破，不啻萬金求。應憐萱草淡，卻得號忘憂。」謂御溝附近樓窗中人名為「莫愁」卻憂愁不斷。

大和七年三月，蕭浣由給事中出為鄭州刺史，李商隱往洛陽，「余初謁于鄭舍」（《哭遂州蕭侍郎二十四韻自注》），李商隱《上鄭州蕭給事狀》中有「辱倒履于蔡伯喈，合先王粲；枉開樽于孔文舉，宜在禰衡。」指受到蕭浣的延納，經蕭浣「曲賜褒稱」將李商隱推薦給崔戎。

李商隱「病不試」，整天與人飲酒作樂，不務正業被稱作「狂夫」，每天很晚才回到家，就像東方朔那樣不負責任，宋若荀本身心中不痛快。

華陽觀在長安朱雀門街東第三街永崇里，為大曆十二年華陽公主故宅。李商隱作《月夜重寄宋華陽姊妹》：「偷桃竊藥事難兼，十二城中鎖彩蟾。應共三英同夜賞，玉樓仍是水精簾。」謂宋若荀孤獨地度過中秋。

　　李商隱《哀箏》：「延頸全同鶴，柔腸素怯猿。湘波無限淚，蜀魄有餘冤。輕幰長無道，哀箏不出門。何由問香炷，翠幕自黃昏。」

　　李商隱在長者崔戎和蕭浣勸解下意識到自己錯誤，「竊當負氣，因感大言」（李商隱《上崔大夫狀》）。七月，李商隱作《上崔華州書》，謂從大和二年應進士試五年，「始為故賈相國所憎；明年，病不試；又明年，復為今崔宣州所不取。居五年間，未曾衣袖文章，謁人求知。」謂大和二年崔鄲不取，大和五六年為賈餗「所憎」，大和七年「復為今崔宣州所不取」。李商隱感嘆：「嗚呼！吾之道可謂強矣，可謂窮矣，寧濟其魂魄，安養其氣志，成其強，拂其窮，惟閣下可望。」（《上崔華州書》）謁見後受到崔戎憐愛，「便垂延納，朱門才入，歡席既陪」。唐代風俗，「長安舉子，自六月以後，落第者不出京，謂之過夏。多借靜坊廊院及閒宅居住，作新文章，謂之『夏課』」，也叫「習業」，為當時一般習氣。（嚴耕望：《唐人習業山林寺院之風尚》，《唐史研究叢稿》，香港新亞研究所，1969年，367-380頁。）

　　鄭注發宋若憲賄選李宗閔宰相案，李商隱以為她們姊妹確與此事有關，作《明神》：「明神司過豈能冤，暗室由來有禍門。莫為無人欺一物，他時須慮石能言。」在宋氏姊妹最為困難時，李商隱不僅沒有安慰和幫助，反而站在旁觀甚至對立立場上說話，使她們雪上加霜。十月，李商隱作文並行書《太倉箴》，以賈誼《鵩鳥賦》中「貪夫殉財兮，烈士殉名」，「敢告君子，身可殺，道不可渝」，「需防蒼蠅，變白為黑」，告誡貪污之可惡、可怕、可悲。昔在漢家，倉令淳于，致令少女，上訴無辜，陷身致是，不亦悲乎？」影射宋若憲為李宗閔請託、宋若荀為皇家珠寶管庫事。

　　十月，令狐楚守尚書左僕射，進封彭陽郡開國公。李聽大和七年五月至大和九年為鳳翔節度使，李商隱為令狐楚作《為彭陽公上鳳翔李司徒狀》，謂「朝廷慮切河湟，每難節制，非洞知軍志，夙練武

經，則無以完輯師人，撫安戎落。自承鎮定，大治聲謠。雲臺議功，煙閣畫像，必留殊渥，以俟元勳。伏惟為國自愛。某方抵遠役，未獲拜塵，瞻戀之狀，翰墨無喻。到任須更有狀。」

冬，李商隱到華州崔戎幕下，《上崔大夫狀》云：「今早七弟遠沖風雪，特迂車馬，伏蒙榮示，兼重有恤齎，謹依命捧受迄。某才不足取，行無可取。徒以四丈，傾因中外，最賜知憐，極力提攜，悉心指教……豈謂今又獲一門牆，備預賓客，禮優前席，既重承筐。欲推讓而不能，顧負荷而何力？倘或神知孔禱，師恕柴愚，玉真而三獻不疑，女貞而十年乃字，鹿朋率勵，異寶恩知。」辟為幕僚並接受崔戎贈送的行資。

時李商隱三十五歲。

宋若荀二十九歲。

大和八年（甲寅，公元 834 年）

正月丁巳，聖體痊平，甲子，御太和殿見群臣。(《舊唐書 本紀十七下 文宗》)

三月戊午，王涯檢校司空兼門下侍郎。十月甲午，李德裕檢校兵部尚書、同平章事、山南西道節度使。丙午，留為兵部尚書。十月庚申，以山南西道節度使、檢校禮部尚書、同平章事、上柱國、襄武縣開國侯李宗閔可中書侍郎、同中書門下平章事。(《新唐書 宰相表下》)甲午，李德裕罷。(《新唐書 本紀八 文宗》)令狐楚檢校右僕射，為吏部尚書。五月，以吏部尚書攝太尉。

三月上巳，賜群臣宴于曲江亭。丙子，以右丞李固言為華州刺史，代崔戎；三月癸酉，李文悅卒，以崔戎為兗海觀察使。六月庚子，兗海觀察使崔戎卒；戊申，以將作監、駙馬都尉崔杞為兗、海、沂觀察使。三月庚午，以山南東道節度使裴度充東都留守、依前守司

徒、兼侍中；王起檢校右僕射、充山南東道節度使。六月，陳許節度
使高瑀卒，杜悰為忠武軍節度使。崔琯入為兵部侍郎，以京兆尹韋長
兼御史大夫，為荆南。七月丙辰，以工部侍郎楊汝士為同州刺史。九
月乙亥，宣歙觀察使陸亙卒，閏辛酉，權知河南尹王質為宣歙觀察
使。十月庚寅，山南西道節度使李宗閔為中書侍郎、同中書門下平章
事，十月甲午，李德裕檢校兵部尚書、同平章事、興元尹、充山南西
道節度使；丙午，留為兵部尚書。十一月乙亥，王璠為李訓所薦為右
丞，李德裕自兵部尚書、檢校右僕射充浙西觀察使。德裕至鎮，奉詔
安排宮人杜仲陽于道觀，與之供給。仲陽者，漳王養母，王得罪，放
仲陽于潤州。癸丑，成德節度使王庭湊卒，軍中奉其子都知兵馬使王
元達為留後。十一月癸丑，成德軍節度使王廷湊卒，其子元達自稱權
當節度事。(《新唐書 本紀八 文宗》)

七月間劉禹錫自蘇州遷汝州刺史。(《姑蘇志 古今守令表》)

十一月，賈餗遷京兆尹，兼御史大夫。(《舊唐書 列傳一百十九
賈餗傳》)

三月丙子（二十五日），任崔戎為兗海觀察使，李商隱隨崔戎往
兗海，李商隱得到崔戎器重，在華州幕中為其草寫章奏。大和七年十
二月，文宗幸望春宮，聖體不康，八年正月御太和殿見內臣，李商隱
為崔戎作《代安平公華州賀聖躬痊復表》、《為安平公賀聖躬痊復上門
下狀》、《為安平公華州進賀皇躬痊復物狀》等章奏。

五月，至兗海任，李商隱為崔戎作《為安平公謝除兗海觀察使
表》、《為安平公兗州奏杜勝等四人充判官狀》（杜勝、趙哲、李潘、
盧逕）。四月二日隨崔戎離開華州，五月五日抵達兗州，掌章奏，作
《為安平公赴兗海在道進端午馬狀》、《為安平公兗州謝上表》、《為安
平公祭城隍神文》、《為大夫博陵公兗海署盧鄩巡官牒》、《為安平公謝

端午賜物狀》，將崔戎比作築燕臺禮聘賢才的燕昭王。

李商隱與同幕杜勝、李潘、盧涇，即後來《安平公詩》中「府中從事杜與李」等前往郊外遊宴，「公時載酒領從事，踴躍鞍馬來相過。仰看樓殿攝清漢，坐視世界如恒沙。」（《安平公詩》）謂與同事關係融洽，心情舒暢。

六月，崔戎急病死於鎮所，年五十五，李商隱為作《代安平公遺表》。

崔戎去世後，順宗女東陽公主駙馬崔杞繼為兗、海、沂觀察使，白居易有《送兗州崔大夫駙馬赴鎮》：「戚里誇為賢駙馬，儒家認作好詩人。魯侯不得辜風景，沂水年年有暮春。」（《全唐詩　卷四百五十五　白居易》）

七月，宋申錫在開州去世。杜牧《聞開江相國宋下世二首》：「月落清湘棹不喧，玉杯瑤瑟奠萍蘩。誰令力制乘軒鶴，自取機沉在檻猿。位及乾坤三事貴，謗起華夏一夫冤。宵衣旰食明天子，日伏青蒲不為言。權門陰進奪移才，驛騎如星墮峽來。晁是有恩忠作禍，賈生無罪直作災。貞魂誤向崇山沒，冤氣疑從湘水回。畢竟成功何處是，五湖雲月一帆開。」（《全唐詩　卷五百二十六　杜牧》）

李商隱又向鄭州刺史蕭浣求助，作《上鄭州蕭（俛）給事狀》，感謝蒙推薦「兗海大夫，時因中外，賞賜知憐；給事又曲賜褒稱，便垂延納。朱門才入，歡席幾陪。辱倒履于蔡伯喈，合先王粲；枉開撙于孔文舉，宜在彌衡。豈伊庸虛，便此叨幸？今有方牽行役，遽又違離。」崔戎去世，希望再次得到幫助。李商隱失去幕職，前途渺茫，作《贈宇文中丞》：「欲構中天正急材，自緣煙水戀平臺。人間只有稽延祖，最望山公啟事來。」詩下自注：「盛嘆」，以《後漢書　孔融傳》：「文舉盛嘆鴻豫名實相符。」《列子》：「西極化人見周穆王，王為改築宮室，其高千仞，臨終南之上，名曰中天之臺。」謂皇帝信任

宇文鼎，當年受梁王令狐恩不欲他往，而今正像宋若荀所說我還是名
實相符的，希望如嵇康之子嵇紹那樣為山濤推薦而為祕書郎，總之，
請御史中丞宇文鼎援引。

　　大和八年九月，河南尹王質為宣歙觀察使，聘崔向、劉蕡、裴夷
直、趙晳為從事。歲暮，李商隱作《贈趙協律晳》為其贈行，其中
「俱識孫公與謝公，二年歌哭處還同。已叨鄒馬聲華末，更共劉盧族
望通。」以鄒陽、司馬相如俱為梁孝王賓客，《史記　司馬相如傳》：
「梁孝王來朝，從鄒陽、枚乘、莊忌之徒，相如見而悅之。因病免，
客遊梁，梁孝王令與諸生同舍。」原注：「愚與趙俱出今吏部相公
（令狐楚）門下，又同為故尚書安平公（崔戎）所知，復皆是安平公
表姪。」「南省恩深賓館在，東山事往妓館空。」唐人以尚書省在大
明宮之南，故謂之「南省」，戀人姊妹為內尚書，如今人去樓空；我
與你當年曾隨令狐楚往南方會稽，參與當年雪夜賦梅盛會，宋若荀也
在其中。詩中「我欲西征君又東」，謂令狐楚推薦他為劉禹錫同州
幕；但劉禹錫不久有病，改太子賓客，分司東都，因而未能成行。

　　宋若荀被派往淮南監軍。十月，杜牧在淮南牛僧孺幕中，應宋若
荀所請作《淮南監軍使院廳壁記》文中云：「某繆為相國奇章公幕府
掌書記。曾有事于越，見韓乂君于鏡湖。」大和六年十二月乙丑，以
中書侍郎同平章事牛僧孺檢校右僕射、同平章事、揚州大都督府長
史，充淮南節度。大和七年四月，杜牧應牛僧孺之辟赴揚州為淮南節
度推官、監察御史裡行，轉掌書記。大和八年擢監察御史，分司東
都。可見大和八年杜牧在揚州。宋若荀受大和五年宋申錫貶開州牽
連，以內侍身分往淮南為監軍。杜牧應監軍內侍命為《淮南監軍使院
廳壁記》：「淮南軍西蔽蔡，壁壽春，有團練使；北蔽齊，壁山陽，有
團練使。節度使為軍三萬五千人，居中統制二處，一千里，三十八
城，護天下餉道，為諸道府軍事最重。然倚海塹江淮，深津橫岡，備

守堅險，自艱難已來，未嘗受兵，故命節度使，皆以道德儒學，來罷宰相，去登宰相。命監軍使皆以賢良勤勞，內外有功，來自禁軍中尉、樞密使，去為禁軍中尉、樞密使。自貞元、元和已來大抵多如此。今上即位六年，命內侍宋公出監淮南，諸開府將軍皆以內侍賢良有材，不宜使居外。上以為內侍自元和已來，誅齊誅蔡，再伐趙，前年誅滄，旁擊趙、魏，且征師，且撫師，且詰且諭，勤勞危險，終日馬上。往監青州新附，臥未嘗安，復監滑州，邊魏，窮狹多事，今監淮南是且使之休息，亦不久之，故內侍至焉。監軍四年，如始至日，簡約寬泰，明白清潔，恕悉軍吏，禮愛賓客，舉止作動，無非典故，暇日唯召儒生講書，道士治藥而已。內侍舊部將校，多禁兵子弟，京師少俠，出入閭里間，免首唯唯，受吏約束。故上至相國奇章公，下至於百姓，無不道說內侍，稱為賢人，此不虛也，宜其侍衛六朝，聲光富貴。某謬為相國奇章公幕府掌書記，奉內侍命為廳壁記，某再謝不才，不足記序，內侍曰：『掌書記為監軍使廳壁記，宜也。』某慚惶而書，時大和八年十月二十一日記。」「宋公」指宋若荀，謂其「暇日惟招儒生講書，道士治藥而已。」

在嵩縣天池山，李商隱《謝書》詩：「微意何曾有一毫，空攜筆硯奉龍韜。自蒙半夜傳衣後，不羨王祥得佩刀。」對科舉和仕途失利有所釋懷。

十一月，以太常卿令狐楚領鹽鐵轉運等使，李商隱隨之往各地，「方牽行役」（《上鄭州蕭給事狀》），過東兗，作《過故崔兗海宅與崔明秀才話舊，因寄舊僚杜（勝）趙（晳）李（潘）三掾》：「絳帳恩如昨，烏衣事莫尋。諸生空會葬，舊掾已華簪。共入留賓驛，俱分市駿金。莫憑無鬼論，終負托孤心。」，紀念在恩公崔戎幕中之事。

李商隱經過崔戎長安宅第，作《安平公詩》：「丈人博陵王名家，憐我總角稱才華。華州留語曉至暮，高聲喝吏放兩衙。明朝騎馬出城

外，送我習業南山阿。仲子延岳年十六，面如白玉欹烏紗。其弟炳章猶兩丱，瑤林瓊樹含奇花。陳留阮家諸姪秀，邐迤出拜何駢羅。府中從事杜與李，麟角虎翅相過摩。清詞孤韻有歌響，擊觸鐘磬鳴環珂。三月石堤凍銷釋，東風開花滿陽坡。時禽得伴戲新木，其聲尖咽如鳴梭。公時載酒領從事，踴躍鞍馬來相過。仰看樓殿撮清漢，坐視世界如恒沙。面熱腳掉互登陟，青雲表柱白雲崖。一百八句在貝葉，三十三天長雨花。長者子來輒獻蓋，辟支佛去空留靴。公時受詔鎮東魯，遣我草詔隨車牙。顧我下筆即千字，疑我讀書傾五車。嗚呼大賢苦不壽，時世方士無靈砂。五月至止六月病，遽頹泰山驚逝波。明年徒步吊京國，宅破子毀哀如何。西風衝戶捲素帳，隙光斜照舊燕窠。古人常嘆知己少，況我淪賤艱虞多。如公之德世一二，豈得無淚如黃河。瀝膽咒願天有眼，君子之澤方滂沱。」詩下注：「故贈尚書諱氏。」中回顧大和七年來崔戎對自己的幫助，「府中從事杜與李，麟角虎翅相過摩。……公時載酒領從事，踴躍鞍馬來相過」，謂與杜勝、李潘一起情境；「明年徒步吊京國，宅破子毀哀如何。西風衝戶捲素帳，隙光斜照舊燕巢。」見到宅第淒涼情景。

　　時李商隱三十六歲。

　　宋若荀三十歲。

大和九年（乙卯，公元 835 年）

　　正月，鄭注上言秦地有災，宜興役以禳之。辛卯，發左右神策軍千五百人浚曲江及昆明池。（《資治通鑑 大和九年》秋七月戊申，填龍首池為馬球場，曲江修紫雲樓。

　　初，宋申錫獲罪，宦官益橫。上外雖包容，內不能堪。李訓、鄭注既得幸，揣知上意，訓因進講，數以微言動上。上見其才辯，意訓可與謀大事，且以訓、注皆因王守澄以進，冀宦官之不疑。遂密以誠

告之。訓、注遂以誅宦官為己任，二人向挾，朝夕計議，所言上無不從，聲勢旦赫。注多在禁中，或時休沐，賓客填門，賂山積。外人但知訓、注倚宦官擅作威福，不知其與上有密謀也。

三月，（德裕）入見帝，自陳願留闕下，復拜兵部侍郎，為王璠、李漢所譏，論德裕在鎮厚賄仲陽，結託漳王，圖為不軌。路隋極力為德裕作證而被罷相。四月，貶太子賓客，分司東都。其月，以浙西觀察使李德裕再貶袁州刺史。

四月辛卯，以工部侍郎楊虞卿為京兆尹，仍賜金紫。六月，京兆楊虞卿家人出妖言，下御史臺。虞卿弟司封郎中楊漢公並男知進等八人嗚鼓稱冤，敕虞卿歸私第。秋七月甲申朔，貶京兆尹楊虞卿為虔州司馬同正。七月甲申，貶京兆尹楊虞卿為虔州司馬。李宗閔坐救楊虞卿妖言案，貶虔州長史。貶吏部侍郎李漢汾州刺史。刑部侍郎蕭浣遂州刺史。（《舊唐書　本紀第十七下　文宗》）

七月，鄭注發沈羲、宋若憲事，內官楊承和、韋元素、沈羲及若憲姻黨坐貶者十餘人。（《舊唐書　列傳第一百二十六　李宗閔》）訓、注惡宰相李宗閔、李德裕，構宗閔險邪，為吏部侍郎時令駙馬都尉沈羲通賄于若憲，求為宰相。文宗怒，貶宗閔為潮州司戶，羲柳州司馬，幽若憲于外第，賜死。若憲弟姪女婿等連坐者十三人，皆流嶺表。（《舊唐書　列傳第二　后妃下　女學士宋氏尚宮》）大和九年八月丙申，內官楊承和於驩州安置，韋元素象州安置，王踐言思州安置，仰錮身遞送。言李宗閔為吏部侍郎時，託駙馬沈羲于宮人宋若憲處求宰相，承和、踐言、元素居中導達故也。（《舊唐書　本紀十七下　文宗》）貶金吾大將軍沈羲為邵州刺史，八月，又貶李宗閔潮州司戶，賜宋若憲死。（《資治通鑑　大和九年》）

九月，杖殺宦官陳弘志。以鄭注為風翔節度使，舒元輿、李訓並同平章事。……九月，奸臣李訓、鄭注用事，不附己者，實時貶黜，

朝廷震動，人不自安。……十月，酖殺宦官王守澄。冬十月，浚昆明、曲江二池。(《舊唐書 本紀第十七下 文宗》)十月辛巳，殺觀軍容使王守澄。十一月乙巳，殺武寧軍監使王守涓。(《新唐書 本紀八 文宗》)十一月，李訓兆亂，京師大擾。(《舊唐書 列傳第一百二十二 令狐楚》)李訓謀誅宦官，不克，十一月壬西，中尉仇士良率兵誅宰相王涯、賈餗、舒元輿、新除太原節度使王璠、郭行餘、鄭注、羅立言、李孝本、韓約等十餘家，皆族誅。(《舊唐書 本紀第十七下 文宗下》)李訓逃亡途中被擒斬首。十一月戊辰，晝晦，鳳翔監軍使張仲清殺其節度使鄭注。己巳，仇士良殺右金吾大將軍韓約。十一月甲子，李訓被斬首于昆明池。乙丑，舒元輿、賈餗為仇士良所殺。十二月壬申，善左金吾將軍李貞素、翰林學士顧師邕。(《新唐書 本紀八 文宗》)十二月，時禁軍衡暴，張仲方不敢治，鄭覃為相，以薛元賞代張仲方為京兆尹，治神策軍有方，其勢稍戢。

六月，以吏部尚書令狐楚為太常卿。十月，令狐楚守尚書左僕射，進封彭陽郡開國公。十月，以吏部尚書令狐楚為左僕射。十一月癸丑，以左僕射令狐楚判太常卿事。十一月，令狐楚進封為彭陽郡開國公。十一月，以本官領鹽鐵轉運使。(《舊唐書 本紀第十七下 文宗下》)

杜牧轉監察御史。秋七月，侍御史李甘因反對鄭注、李訓，被貶為封州司馬，杜牧作《李甘詩》。

「甘露事變」宋若憲被賜死，宋氏家族被牽連遞送嶺南，李商隱在長安見不到戀人，以為她不想與自己見面，作《柳枝五首》：「花房與蜜脾，蜂雄蛺蝶雌。同時不同類，那復更相思。本是丁香樹，春條結始生。玉作彈棋局，中心亦不平。嘉瓜引蔓長，碧玉冰寒漿。東陵雖五色，不忍值牙香。柳枝井上蟠，蓮葉浦中乾。錦鱗與繡羽，水陸

有傷殘。畫屏繡步障，物物自成雙。如何湖上望，只是見鴛鴦。」韓
翃為大曆十才子之一，在京時得姬柳氏才色雙全，後韓翃為緇青節度
使侯希逸幕僚，值安史之亂未攜柳氏同往，分別三年，寄詞柳氏云：
「章臺柳，章臺柳，往日依依今在否？縱使長條似舊垂，也應攀折他
人手。」柳氏和曰：「楊柳枝，芳菲節，可恨年年贈離別，一葉隨風
忽報秋，縱使君來豈堪折？」柳枝因美貌獨居恐有意外而出家為尼，
不久被蕃將沙吒利劫去，後賴虞侯將許俊用計救出，始得團圓。李商
隱用柳枝事，謂里中柳枝對我有意，你們不要太勢利看不起人。

　　想起當年與戀人相處情景，不禁感想聯翩，寫下《燕臺四首》，
《春》：「風光冉冉東西陌，幾日嬌魂尋不得。蜜房羽客類芳心，冶葉
倡條遍相識。暖藹輝遲桃樹西，高鬟立共桃鬟齊。雄龍雌鳳杳何許，
絮亂絲繁天亦迷。醉起微陽若初曙，映簾夢斷聞殘語。愁將鐵網罥珊
瑚，海闊天翻迷處所。衣帶無情有寬窄，春煙自碧秋霜白。研丹擘石
天不知，願得天牢鎖冤魄。夾羅委篋單綃起，香肌冷襯琤琤珮。今日
東風自不勝，化作幽光入西海。」《夏》：「前閣雨簾愁不卷，後堂芳
樹陰陰見。石城景物類黃泉，夜半行郎空柘彈。綾扇喚風閶闔天，輕
帷翠幕波淵旋。蜀魂寂寞有伴未，幾夜瘴花開木棉。桂宮留影光難
取，嫣薰蘭破輕輕語。直教銀漢墮懷中，未遣星妃鎮來去。濁水清波
何異源，濟河水清黃河渾。安得薄霧起緗裙，手接雲軿呼太君。」
《秋》：「月浪衝天天宇濕，涼蟾落盡疏星入。雲屏不動掩孤嚬，西樓
一夜風箏急。欲織相思花寄遠，終日相思卻相怨。但聞北斗聲回環，
不見長河水清淺。金魚鎖斷紅桂春，古時塵滿鴛鴦茵。堪悲小苑作長
道，玉樹未憐亡國人。瑤琴愔愔藏楚弄，越羅冷薄金泥重。簾鈎鸚鵡
夜驚霜，喚起南雲繞雲夢。雙璫丁丁聯尺素，內記湘川相識處。歌唇
一世銜雨看，可惜馨香手中故。」《冬》：「天東日出天西下，雌鳳孤
飛女龍寡。青溪白石不相望，堂中遠甚蒼梧野。凍壁霜華交隱起，芳

根中斷香心死。浪乘畫舸憶蟾蜍，月娥未必嬋娟子。楚管蠻弦愁一
概，空城舞罷腰支在。當時歡向掌中銷，桃葉桃根雙姊妹。破鬟矮墮
凌朝寒，白玉燕釵黃金蟬。風車雨馬不持去，蠟燭啼紅怨天曙。」表
現相思痛苦。

宋若荀被作為前朝「未出宮人」去咸陽西北三原敬宗陵園守陵。
李商隱探望宋若荀，作《燒香曲》：「鈿雲蟠蟠牙比魚，孔雀翅尾蛟龍
鬚。漳宮舊樣博山爐，楚嬌捧笑開芙蕖。八蠶繭綿小分炷，獸焰微紅
隔雲母。白天月澤寒未冰，金虎含秋向東吐。玉佩呵光銅照昏，簾波
日暮衝斜門。西來欲上茂陵樹，柏梁已失栽桃魂。露庭月井大紅氣，
輕衫薄袖當君意。蜀殿瓊人伴夜深，金鑾不問殘燈事。何當巧吹君懷
度，襟灰為土填清露。」謂既然鄭注等陰謀敗露，宋若憲冤情清楚，
為何皇帝還要把她的妹妹宋若荀作為陵園妾呢？是不是你皇帝心中對
她們還有其他不滿呢？

時李商隱三十七歲。

宋若荀三十一歲。

開成元年（丙辰，公元 836 年）

三月上巳，賜百僚曲江亭宴，（令狐）楚以新誅大臣，不宜賞
宴，獨稱疾不赴，論者美之。

正月甲子，鄭覃兼門下侍郎，李石為中書侍郎，兼鹽鐵使。四月
甲午，李固言守門下侍郎、同中書門下平章事；後改戶部，五月己巳
罷。八月己酉，鄭覃兼國子祭酒。李石罷度支。（《新唐書 宰相表
下》）

裴度分司東都。四月，以河南尹鄭浣為左丞，庚午，以太子賓客
分司東都李紳為河南。六月癸亥，以河南尹李紳檢校禮部尚書、汴州
刺史，充宣武軍節度使。（《舊唐書 本紀第十七下 文宗》）四月，李

珏以太子賓客分司東都，遷河南尹。(《舊唐書 李珏傳》)

四月甲午，以左僕射、諸道鹽鐵轉運使令狐楚檢校左僕射，為山南西道節度使；以前山南西道節度使、檢校兵部尚書李固言為門下侍郎、同中書門下平章事。五月丙寅，以前浙西觀察使李德裕檢校戶部尚書、兼揚州大都督府長史，充淮南節度使；五月辛卯，詔以前淮南節度使牛僧孺為檢校司空、東都留守。五月丁巳，中書舍人唐扶為福建觀察使，代段百倫。以尚書右丞鄭肅為陝虢都防禦觀察使。閏五月甲申，以河中節度使李程為左僕射，太子太保分司李聽為河中。山南東道節度使李翺，卒。(《新唐書》)七月辛卯，刑部尚書殷侑檢校右僕射、充山南東道節度使。六月癸亥，以河南檢校禮部尚書、汴州刺史李紳充宣武據節度使。秋九月丁丑，李石為上言：「宋申錫忠直，為饞人所誣，竄死遐荒，未蒙昭雪。」上俯首長久，既而流涕汍然曰：「茲事朕久知其誤，奸人逼我，為社稷大計，兄弟幾不能保，況申錫，僅及腰領爾。非獨內臣，外廷亦有助之者，旨由朕之不明。向使遇漢昭帝，必無此冤矣。」(《資治通鑑紀事本末 宦官殺逆》)十月二十日，崔鄲薨于浙西治所。(《全唐文 卷七百五十六 杜牧 唐故銀青光祿大夫檢校吏部尚書御史大夫充浙江西道都團練觀察處置等使崔公（鄲）行狀》)十一月庚辰，浙西崔鄲卒，以太子賓客、分司東都李德裕為浙西觀察使。二月辛亥，東川節度使馮宿卒，癸丑，兵部侍郎楊汝士檢校禮部尚書，充劍南東川節度使。十二月己酉，嶺南節度使李從易卒；十二月庚戌，以華州刺史盧鈞為廣州刺史、充嶺南節度使。十二月丙申，京兆尹薛元賞為武寧節度使。(《舊唐書 本紀第十七下 文宗》)十二月庚戌，中書舍人崔龜從為華州防禦使。(《舊唐書 本紀第十七下 文宗》)十二月，王質卒于宣州。(劉禹錫：《唐故宣歙池等州都團練觀察處置使宣州刺史御史中丞贈左散騎長侍王公（質）神道碑》

高鍇開成元年權知貢舉。(《新唐書 列傳一百二 高鍇》)
令狐綯為左拾遺。

文宗意識到宋若憲冤案。「李訓敗，文宗悟其誣構，深惜其才。」
(《舊唐書 列傳第二 后妃下 女學士宋氏尚宮》)李商隱《有感二
首》:「九服歸元化，三靈葉睿圖。如何本初輩，自取屈氂誅。有甚當
車泣，因勞下殿趨。何成奏雲物，直是滅萑苻。證逮符書密，辭連性
命俱。竟緣尊漢相，不早辨胡雛。鬼籙分朝部，軍烽照上都。敢雲堪
慟哭，未免怨洪爐。丹陛猶敷奏，彤庭歘戰爭。臨危對盧植，始悔用
龐萌。御仗收前殿，兵徒劇背城。蒼黃五色棒，掩遏一陽生。古有清
君側，今非乏老成。素心雖未易，此舉太無名。誰暝銜冤目，寧吞欲
絕聲。近聞開壽宴，不廢用咸英。」「如何本初輩，自取屈氂誅」，謂
楊虞卿;「誰暝銜冤目，寧吞欲絕聲？近聞開壽宴，不廢用咸英。」
文宗本擬用令狐楚為相，因宦者所忌而用李訓，導致朝廷殺戮，「今
非乏老成」佩服令狐楚的臨危不亂。

三月，蕭浣卒於遂州。《酉陽雜俎》:「浣初至遂州，造二旛剎，
施於寺，忽暴雷震剎成數十片。來年雷震日，浣卒。」李商隱在榮
陽蕭浣當年所築夕陽樓作《夕陽樓》詩:「花明柳暗繞天愁，上盡重
樓更重樓。欲問孤鴻向何處，不知身世自悠悠。」滿含憂慮，不僅為
蕭浣。

四月甲午(二十五日)令狐楚出為山南西道節度使，赴興元任。
白居易與令狐楚詩文來往不絕，有《洛下閒居寄山南令狐相公》等
詩。河南尹李紳為汴州刺史，立秋，白居易作《立秋夕涼風忽至炎暑
稍消，即事詠懷寄汴州節度使李二十尚書(紳)》詩。白居易有《洛
下雪中頻與劉、李二賓客宴集因寄汴州李尚書》。

八月，宋若荀被派往金華門太子東宮。

八月，令狐楚寫信給同州刺史劉禹錫推薦李商隱，深秋劉禹錫開始有病，遷太子賓客、分司東都。十月，李商隱《上令狐相公狀三》：「前月末，八郎書中附到同州劉中丞書一封。仰戴吹噓，內惟庸薄⋯⋯下情無任佩德感激之至。」「伏思昔日，嘗忝初宴。今者綿隔山川，違奉旌旆。託乘且殊于文學，受辭不及于大夫。」回憶當年在開封、臨漳時參與令狐楚詩會；以魏文帝《與朝歌令吳質書》中「從者鳴笳以啟路，文學託乘于後車」，「彼州風物極佳，節候又早。遠聞漢水，已有梅花。繼兔園賦詠之餘，不由博弈；蹈漳渠宴集之暇，以抱酒漿。優游芳辰，保奉全德。伏思昔日，嘗忝初筵。今者綿隔山川，違奉旌旆。託乘且殊於文物，受辭不及于大夫。仰望嗯暉，伏增攀戀。」

冬，李商隱應舉，感謝令狐楚賜絹，作《上令狐相公狀四》：「退省屢庸，久塵恩熙，致之華館，待以嘉禮。德異顏回，簞瓢不稱于亞聖；行非劉實，薪水每累于主人。束帛是將，千里而還。緼袍十載，方見于改為；大雪丈餘，免虞于僵臥。下情無任捧戴感勵之至。」慚愧同時含有憤激情緒。

宋若荀由太子東宮去宜陽。

時李商隱年三十八歲。

宋若荀三十二歲。

開成二年（丁巳，公元 837 年）

四月戊戌，翰林學士、工部侍郎陳夷行以本官同中書門下平章事。十月戊申，李固言為門下侍郎、同平章事、西川節度使。十一月壬戌，李石罷鹽鐵使。（《新唐書 宰相表下》）

正月丙寅，宣州觀察使王質卒，乙亥，以吏部侍郎崔鄲為宣歙觀察使。正月丁丑，以荊南韋長為河南尹，丙子，以中書侍郎、同平章

事李石為荊南節度使。三月甲申，以山南東道節度使殷侑為太子賓客；甲戌，以左僕射李程為山南東道節度使。五月丙寅，以浙西觀察使李德裕檢校戶部尚書，充揚州大都督府長史、淮南節度使；以蘇州刺史盧商為浙西。辛未，牛僧孺檢校司空、分司東都。六月丁亥，給事中李詡為湖南，兼潭州刺史。十月戊申，以門下侍郎同平章事李固言為劍南西川節度使，依前同門下侍郎平章事；己未，以前西川節度使楊嗣復為戶部尚書，充諸道鹽鐵轉運使。十一月丁丑，興元節度使令狐楚卒，丁亥，以刑部尚書鄭澣為山南西道節度使。十一月壬戌，以太子賓客分司東都殷侑為忠武節度使；十二月壬寅，以前忠武杜悰為工部尚書、判度支。（《舊唐書 本紀十七下 文宗》）

二月，令狐楚在興元府；夢得為作《山南西道節度使廳壁記》，頌楚政績。其春，作《春思寄夢得樂天》。其時，劉禹錫、白居易皆在洛陽。夢得有詩《令狐相公春思見寄》。秋，令狐楚病，《新唐書 令狐楚傳》：「自力為奏謝天子，召門人李商隱曰：「吾氣魄且盡，可助我成之。」十一月十二日，卒於鎮，年七十二，諡號曰「文」。十二月，李商隱送楚喪返長安，作《奠相國令狐公文》。

六月，成德節度使王元逵尚壽安公主。（《舊唐書 本紀十七下 文宗》）

三月，以兵部侍郎裴潾為河南尹。河南尹李道樞除蘇州刺史。

李商隱在崔戎長安宅作《過故崔兗海宅與崔明秀才話舊因寄舊僚杜趙李三掾》：「絳帳恩如昨，烏衣事莫尋。諸生空會葬，舊掾已華簪。共入留賓驛，俱分市駿金。莫憑無鬼論，終負托孤心。」

李商隱接兗海幕同事趙晳來信，詩中談到梁州（興元府）黑水遊宴之樂，和詩《南山趙行軍新詩盛稱遊宴之洽因寄一絕》：「蓮幕遙臨黑水津，羈鞿無事但尋春。梁王司馬非孫武，且免宮中斬美人。」

　　正月二十四日，禮部放榜，李商隱年近四十「方登進士第」。同年有李肱、劉蕡、張棠、沈黃中、王收、柳棠、韓瞻、獨孤雲、韋潘、鄭憲、李定言、曹確、楊戴、牛聚、郭植、楊鴻、鄭茂諶、吳當等。（徐松　：《登科記考》卷二十一）《舊唐書　李商隱傳》：「開成二年高鍇知貢舉，令狐綯雅善鍇，獎譽甚力，故擢進士第。」李商隱作《上令狐相公狀五》感謝令狐家對自己的幫助：「某才非秀異，文謝清華，幸忝科名，皆由獎飾。」二月七日過吏部關試，未取。

　　杏園新進士盛宴，李商隱《飲席戲贈同舍》：「洞中屐履省分攜，不是花迷客自迷。珠行重行憐翡翠，玉樓雙舞羨鵁鶄。蘭彴舊蕊緣屏綠，椒綴新香和壁泥。唱盡《陽關》無限疊，半杯松針凍玻璃。」謂在神禾原蓮花洞宴會上看到同舍與美人分別，聯想到自己與戀人之間離散，感慨徒然自迷的女子豈能長戀故人乎？

　　韓瞻娶王茂元女，往迎妻室，友人們神禾原蓮花洞聚會，李商隱《韓同年新居餞韓西迎家室戲贈》表達羨慕之情：「籍籍征西萬戶侯，新綠貴婿起朱樓。一名我漫居先甲，千騎君翻在上頭。雲路招邀回彩鳳，天河迢遞笑牽牛。南朝禁臠無人近，瘦盡瓊枝詠《四愁》」，謂友人嘲笑自己如牛郎盼望與織女團圓，因相思而消瘦。

　　李商隱《寄惱韓同年二首》中「簾外辛夷定已開，開時莫放豔陽回。年華若到經風雨，便是胡僧話劫灰。」指經過大和年間風雨；「龍山晴雪鳳樓霞，洞裡迷人有幾家？」謂宋若荀又去了晉中，「我為傷春心自醉，不勞君勸石榴花」，友人勸也難以改變她的去意。

　　李商隱《上令狐相公狀六》：「前月七日，過關試訖」，「伏思自依門館，行將十年，久負梯媒，方沾一第。仍世之徽音免墮，平生之志業無虧。信其自強，亦未臻此。原言丹愫，實誓朝暾。雖濟上漢中，風煙特異，而恩門故國，道里斯同。北堂之戀方深，東閣之知未謝。夙有感激，去往彷徨。」言從大和三年從為幕中接近十年；以《詩經

王風 大車》中「謂予不信，有如皦日。」指日為誓，不至於辱沒家風，為自己辯解。濟上、即濟源，表達「今月二十七日東下」探望母親，「至中秋方遂專往」推託不往興元。

李商隱回滎陽省親，與韓瞻在灞橋分別時作詩《及第東歸次灞上卻寄同年》：「芳桂當年各一枝，行期未分壓春期。江魚朔雁長相憶，秦樹嵩雲自不知。下苑經過勞想像，東門送餞又差池。灞陵柳色無離恨，莫枉長條贈所思。」

經平陽，李商隱《當句有對》：「密邇平陽接上蘭，秦樓鴛瓦漢宮盤。池光不定花光亂，日氣初涵露氣乾。但覺遊蜂繞舞蝶，豈知孤鳳憶離鸞。三星自轉三山遠，紫府城遙碧落寬。」你從宮中又到了平陽宮，你我互相思念；《毛詩 綢繆》中說「三星在天，可以嫁娶矣」，可是你我卻沒有這樣機會，只能夜夜望著銀河。

三月經壽安到洛陽，李商隱作《壽安公主出降》：「溈水聞貞媛，常山索銳師。昔猶迷帝力，今分送王姬。事等和強虜，恩殊睦本枝。四鄰多壘在，此禮恐無時。」朝廷既要應付「強虜」，又要協調「本枝」間矛盾，恐怕難以應付，「此禮恐非時」，是朝廷和卿大夫的莫大恥辱。開成二年六月，以成德軍節度王元逵為駙馬都尉。

大和九年歲暮，楊虞卿卒於虔州，開成二年歸葬洛陽邙山，白居易《哭師皋》作於此時，李商隱有《哭虔州楊侍郎虞卿》：「漢網疏仍漏，齊民困未蘇。如何大丞相，翻作弛刑徒。中憲方外易，尹京終就拘。本矜能弭謗，先議取非辜。巧有凝脂密，功無一柱扶。深知獄吏貴，幾迫季冬誅。叫帝青天闊，辭家白日晡。流亡誠不弔，神理若為誣。在昔恩知忝，諸生禮秩殊。入韓非劍客，過趙受鉗奴。楚水招魂遠，邙山卜宅孤。甘心親垤蟻，旋踵戮城狐。陰騭今如此，天災未可無。莫憑牲玉請，便望救焦枯。」

開成二年四月戊戌，翰林學士、工部侍郎陳夷行以本官同中書門

下平章事。王茂元為涇原節度使，李商隱王茂元作《為濮陽公上陳（夷行）相公狀一》。

李商隱作《槿花二首》：「燕體傷風力，雞香積露文。殷鮮一相雜，啼笑兩難分。月裡寧無姊，雲中亦有君。三清與仙島，何事亦離群。珠館熏燃久，玉房梳掃餘。燒蘭才作燭，襞錦不成書。本以亭亭遠，翻嫌脈脈疏。回頭問殘照，殘照更空虛。」

夏秋間，令狐楚病重，急召長子國子博士令狐緒到興元，李商隱寫信賀令狐緒風痺之疾有所痊癒，「某頃在東，久陪文會，嘗嘆美疹，滯此全材。今則拜慶之初，累歲之拘攣頓釋。承歡之始，一朝而跪起如常。理絕言詮，道符神用。」可見當年在東都洛陽時就與令狐緒交好，而「相如消渴，不聞中愈」（李商隱《上令狐相公狀七》），再次推託有病不往漢中。「此皆四丈德契誠明，七郎行敦孝敬。才當撫覲，並愈疲羸。某深受恩私，不任抃賀。」

李執方是王茂元妻兄弟，開成二年六月為河陽三城懷州節度使，李商隱為好友韓瞻作《為韓同年瞻上河陽李（執方）大夫啟》，其中「李琢侍御北來，又蒙降以重言，將之厚意。望輝光而便同簪履，在負荷而鶴督丘山。況某婚姻，早聯門館，外舅之列公藩之故，家人延自出之恩。」李琢是西平王孫、李聽子，時為河陽從事；謂李執方有意招韓瞻為幕。

開成二年六月，崔珙為京兆尹，李商隱《代李玄為崔京兆祭蕭侍郎文》，其中「漢朝輔相之流輝，梁室帝王之遺懿」指漢功臣蕭何後代，丹陽梁武帝蕭衍後代，可見崔統與蕭俛是親戚，在丹陽時宋若荀曾得到崔大夫照應。「上蔽聰明，內求進媒近。故鴻道不得而協贊，睿化莫可以輔成。藐是流離，有窘陰雨。嗚呼！令惟逐客，誰復上書？獄以黨人，但求俱死。銜冤遽往，吞恨孤居。目斷而不見長安，形留而遠托異國。屈平忠而獲罪，賈誼壽之不長。」是以當年宋氏姊

妹冤案，希冀皇帝開恩，如屈原忠而見罪，在長沙如賈誼忠而見斥。
「粵自東蜀，言旋上京。郭泰墓邊，空多會葬；鄧攸身後，不見遺
孤。」

秋，杜牧入崔鄲宣州幕，帶京銜殿中侍御史內供奉。

十月，令狐楚病篤，李商隱往興元為令狐楚作《為彭陽公興元請
尋醫表》，十一月十二日，令狐楚卒於鎮，年七十二。「（令狐楚）未
終前三日，猶吟詠自若，……前一日，招從事李商隱曰：『吾氣魄已
殫，情思具盡。然所懷未已，欲強自寫聞天；恐辭語乖舛，子當助我
成之。』（《舊唐書 列傳一百二十二 令狐楚》）李商隱為其作《代彭
陽公遺表》。李商隱作《為令狐博士緒補闕絢謝宣祭表》。

李商隱與友人許渾等護送令狐楚靈柩由漢中回長安。經寶雞大散
關往長安，李商隱《聖女祠 杳藹逢仙跡》：「杳藹逢仙跡，蒼茫滯客
途。何年歸碧落，此路向皇都。消息期青雀，逢迎異紫姑。腸回楚國
夢，心斷漢宮巫。從騎裁寒竹，行車蔭白榆。星娥一去後，月姊更來
無。寡鵠迷蒼壑，羈鳳怨翠梧。為應碧桃下，方朔是狂夫。」回憶當
年鄆州相識，紅樓幽會，戀人一再執意修道，離開自己，是因為自己
心中苦悶，與放浪形骸的「狂夫」東方朔一樣，不能怪她。

龍堂在勤政務本樓東北，宋若荀懷孕，李商隱《藥轉》：「鬱金堂
北畫樓東，換骨神方上藥通。露起暗連青桂苑，風聲偏獵紫蘭叢。長
籌未必輸孫皓，香棗何勞問石崇。憶事懷人兼得句，翠衾歸臥繡簾
中。」要她把胎打掉。

時李商隱三十九歲。

宋若荀三十三歲。

開成三年（戊午，公元 838 年）

太子永好遊宴，楊賢妃又加饞毀。六月辛酉，出宮人四百八十，

送兩街寺觀安置。八月，文宗以旱放繫囚，出宮人劉好奴等五百餘
人，送兩街寺觀，任歸親戚。李珏、鄭覃賀。（《舊唐書　列傳一百二
十三　鄭覃》）九月壬戌，上以太子慢又敗度，欲廢之。移太子于少陽
院，殺太子宮人數十人。十月庚子，太子暴卒于少陽院，諡曰莊恪。
牛僧孺入朝，會莊恪太子薨，既見，陳父子君臣人倫大經，以悟帝
意，帝泫然流涕。以足疾不任謁，檢校司空、平章事，為山南東道節
度使。

　　二月，翰林學士承旨、駕部郎中、知制誥柳璟遷中書舍人。八月
十四日，丁居晦遷中書舍人。十一月十六日拜御史中丞。（《翰苑群書
重修承旨學士壁記》）三月，崔龜從入為戶部侍郎、判本司事。（《舊
唐書　列傳第一百二十六　崔龜從》）。十一月庚午，以翰林學士丁居晦
為御史中丞。十六日，周墀加職方郎中。（《重修承旨學士壁記》）

　　正月戊辰，戶部尚書、諸道鹽鐵轉運使楊嗣復，戶部侍郎、判戶
部李珏，並同中書門下平章事。正月，仇士良使人暗殺李石未成，石
懼，辭去相位，出為荊南節度使。楊嗣復、李珏並同平章事，二人與
鄭覃、陳夷行不協，每議政，是非蜂起，文宗不能決。二月九日，柳
璟遷中書舍人。三月庚午，鄭覃為太子太師。四月丙申，李珏罷戶
部。七月戊辰，楊嗣復罷鹽鐵使。九月己巳，陳夷行為門下侍郎。李
珏、楊嗣復為中書侍郎。戊寅，以東都留守牛僧孺為尚書左僕射。十
二月辛丑，裴度守司徒兼中書令。丙午，守太子少師、尚書左僕射、
門下侍郎、國子祭酒、同平章事鄭覃罷太子太師，仍三、五日一入中
書。（《新唐書　宰相表下》）李固言罷相，歸融為兵部侍郎。

　　正月丁丑，以前荊南節度使韋長為河南尹。二月丁未，以同州刺
史孫簡為陝虢觀察使，盧行術為福王傅。三月，孫簡為陝虢觀察使。
五月癸未，高鍇為岳鄂觀察使，代高重。七月甲子，右金吾大將軍史
孝章為邠寧節度使；十月乙巳，以左金吾大將軍郭旼為邠寧節度使。

七月壬戌，陳許節度使殷侑卒，七月甲子，以衛卿王彥威檢校禮部尚書、充忠武軍節度使。九月辛未，義武節度張璠卒，十一月壬申，以蔡州刺史韓威為定州刺史、義武軍節度使。十月丁酉，夏綏銀節度劉源卒；壬辰，以右金吾將軍高霞寓為夏綏。十月，少府監張沼為黔中，代李玭。十一月癸亥，以宋州刺史唐弘實為邕管經略使。十二月辛丑，河東節度裴度守司徒、中書令，辛丑，以兵部侍郎狄兼謨為河東節度使。（《舊唐書 本紀十七下 文宗》）開成三年二月丁未，以同州刺史孫簡為陝虢觀察使。（《舊唐書 文宗紀下》）李景讓為虢州刺史。（《新唐書 李景讓傳》）

（杜）悰為工部尚書、判度支，河中奏縗虞見，百官稱賀。嘗謂悰曰：「李訓、鄭注皆因瑞以售其亂，乃知瑞物非國之慶。卿前在鳳翔，不奏白兔，真先覺也。」（《資治通鑑 開成三年》）

開成二年六月，「以右金吾大將軍崔珙為京兆尹。」（《舊唐書 文宗紀下》）三年正月，盜發親仁里，欲殺宰相李石。其賊出于禁軍，珙坐捕盜不獲，罰俸料。（《舊唐書 崔珙傳》）盧弘宣為京兆尹。《全唐文 卷七百二十八 封敖 授李執方陳許節度使、盧弘宣易定節度使制》：「檢校工部尚書兼祕書監賜紫金魚袋盧弘宣……或執金吾而勤晝巡夜警之績，或尹京兆而著擒奸撻伏之命。」

冬，杜牧遷左補闕、史館修撰。

周墀開成二年十二月二十五日，自考功員外郎、知制誥充翰林學士（《重修承旨學士壁記》），李商隱為王茂元作《為濮陽公與周（墀）學士狀》。

開成三年正月，楊嗣復為相，戶部侍郎、判戶部李珏，並同中書門下平章事，李商隱為王茂元作《為濮陽公上楊（嗣復）相公狀一》，文中「某少乏高標，本無遠韻。徒以堅同匪石，直慕如弦，遂

忝人曹，乃行官牒。略無淺效，以答明時。」又為王茂元作《為濮陽公上鄭（覃）相公狀》、《為濮陽公上陳（夷行）相公狀》、《為濮陽公上淮南李（珏）相公狀一》。

楊敬之，字茂孝，楊凌子。元和二年登進士第，平判入等，遷右衛胄曹參軍，元和十年在吉州司戶任，累遷屯田、戶部郎中。大和中楊敬之為澤州刺史、鳳翔副使，大和九年七月戊午，貶戶部郎中楊敬之為連州刺史，大中元年轉大理卿，檢校工部尚書，兼祭酒。卒。文宗尚儒術，以宰相鄭覃兼國子祭酒，俄以敬之代。未幾，兼太常少卿。是日，二子戎、戴登科，時號「楊家三喜」。（《新唐書 列傳八十五 楊憑》）李商隱《奉和太原公送前楊秀才戴兼招楊正字戎》：「潼關地接古弘農，萬里高飛雁與鴻。桂樹一枝當白日，芸香三代繼清風。仙舟尚惜乖雙美，彩服何由得盡同。誰憚士龍多笑疾，美髯終類晉司空。」謂楊家世居形勝之地，弟兄聯翩及第，李商隱為王茂元招致楊氏兄弟，可見此時李商隱已經與王茂元有較多聯繫。

宋若荀在華山腳下昇平公主舊第發願「小靜」一百日，從正月初閉戶至四月。（參見《無名氏詩》）牡丹盛花後凋謝，李商隱《殘花》：「殘花啼露莫留春，尖髮誰非怨別人。若但掩關勞獨夢，寶釵何日不生塵。」「尖髮」以秦嘉《與婦徐淑書》：「今致寶釵一雙，價值千金，可以耀首。淑答曰：『未奉光儀，則寶釵不設。』」隱指宋若荀為不遵婦道「徐妃」，謂其用道家「掩關」懷孕流產休息，但所懷不知是誰的孩子。

令狐綯宴請裴十四，李商隱作《令狐八拾遺綯見招送裴十四歸華州》：「二十中郎未足希，驪駒先自有光輝。蘭亭宴罷方回去，雪夜詩成道蘊歸。漢苑風煙吹客夢，雲臺洞穴接郊扉。嗟余久抱臨邛渴，便欲因君問釣磯。」裴十四很可能就是「二十中郎」裴儔，談到他們當年會稽聯詩，其中也包括善詩的「道蘊」宋若荀；如今她在華山、雲

臺山一帶，希望友人見到時代他問候宋若荀。

　　四月，李商隱試博學宏詞科，先為考官周墀、李回所取，復審時被某「中書長者」以「此人不堪」抹去。李商隱仕途、感情均受挫折，內心痛苦，友人不理解他，對其行為有所批評，令狐綯有所規勸，李商隱作《別令狐拾遺書》：「子直足下：行日已定，昨幸得少展寫。足下去後，憮然不怡。今早垂致葛衣，書辭委屈，惻惻無已。自昔非有故舊援拔，卒然于稠人中相望，見其表得所以類君子者，一日相從，百年見肺肝。爾來足下仕益達，僕困不動，固不能有常合而有常離。足下觀人與物，共此天地耳，錯行雜居蟄蟄哉。不幸天能恣物之生，而不能與物慨然量其欲，牙齒者恨不得翅羽，角者又恨不得牙齒，此意人與物略同耳。有所趨，故不能無爭，有所爭，故不能不於同中而有各異耳。足下觀此世，其同異如何哉？」(《全唐書》卷七百七十六) 此書應在令狐綯為左補闕之前，書中「僕困不動」指雖然進士登第，但吏部關試未能通過，因而不能成為正式官吏。令狐綯譴責李商隱既不負責任又誣衊宋若荀人格，李商隱辯解謂父親不知兒子將來發展，母親難以保證女兒貞污，你作為朋友又怎麼可能為他人行為擔保呢？其中有「蛆吾之白，擯置譏誹，襲出不意。」以《詩經》中「營營青蠅，止于棘。」蒼蠅作比喻，可見朋友輩中有污白使黑，污黑使白佞人。信中對於那些以門第、財禮為女兒婚姻基礎的「母婦」，「但當誓不羞市道而又不為忘其素恨之母婦耳！」似乎涉及媒妁聘禮之事。「當為女子時，誰不恨？及為母婦，則亦然。彼父子男女，天性豈有大於此者耶？今尚如此，況他舍外人，燕生越養，而相望相救，抵死不相販賣哉？紬紬而繹之，真令人不愛此世，而欲狂走遠颺耳。果不知足下與僕之守，是耶非耶？」李商隱《別令狐拾遺書》中「千百年下，生人之權，不在富貴，而在直筆者。得有此人，足下與僕當有所用意，其他復何云云。」不願再顧忌社會評價。

　　李商隱贈古劍一把，作《端午日上所知劍啟》：「敢因五日，仰續千齡。廁玉玦于君侯，擬象環于夫子。所冀更蒙千濯，重許三鄉。使武士讓鋒，佞臣傷魄。無荊王之遇敵，手以麾城；有漢相之策勳，腰而上殿。」以張九齡《奉和聖制登封禮畢洛城酺宴》詩：「運與千齡合，歡將萬國同。」《禮記》：「孔子佩象環五寸。」希望宋若荀長壽，能因此劍而「君子避三端：文士筆端，武士鋒端，辨士舌端。」（《韓詩外傳》）如持皇帝所賜「上方斬馬劍，斬佞臣一人頭以厲其餘」（《漢書 朱雲傳》）之劍，使奸臣心驚膽戰；亦如楚王解晉、鄭三軍之圍的太阿之劍「登城而麾之，三軍破敗，士卒迷惑，流血千里，晉、鄭之頭畢白」（《越絕書》），又如帶劍上殿漢相蕭何，運籌於帷幄，建不朽之功（《漢書 蕭何傳》）。詩中所言古劍與白居易詩《李都尉古劍》：「古劍寒黯黯，鑄來幾千秋。白光納日月，紫氣排斗牛。有客借一觀，愛之不敢求。湛然玉匣中，秋水澄不流。至寶有本性，精鋼無與儔。可使寸寸折，不能繞指柔。願快直士心，將斷佞臣頭。不願報小怨，夜半刺私仇。勸君慎所用，無作神兵羞。」（《全唐詩 卷四百二十四 白居易》）相應，可見為李商隱寶愛之物。又，《端午日上所知衣服啟》中有「伏願永延松壽，長慶蕤賓。遠比召公，三十六年當國。近同郭令，二十四考中書。」與溫庭筠句：「遠比召公，三十六年宰輔。近同郭令，二十四考中書。」（孫光憲：《北夢瑣言卷四溫李齊名》，中華書局2002年版，第89頁。）相同，謂李德裕父子前後在相位三十六年，李德裕為御史中丞至罷相二十四年。

　　六月二十九日李商隱作《奠相國令狐公文》，有「嗚呼昔夢飛塵，從公車輪今夢山阿，送公哀歌。古有從死，今無奈何。天平之年，大刀長戟。將軍蹲旁，一人衣白。十年忽然，綢宣甲化。人譽公憐，人譖公罵。公高如天，愚卑如地。脫擅如蛇，如氣之易。愚調京下，公病梁山。絕崖飛梁，山行一千。草奏天子，鐫辭墓門。臨絕叮

嚀，託爾而存。公此去邪，禁不時歸。……故山峨峨，玉溪在中。送
公而歸，一世篙蓬。嗚呼哀哉！」表達哀思。詩《撰彭陽公志文畢有
感》：「延陵留表墓，峴首送沉碑。敢伐不加點，猶當無愧辭。百生終
莫報，九死諒難追。待得生金後，川原亦幾移。」自比文不加點的彌
衡，其人以所作碑文為傳，託之以不朽。

九月己巳，李珏由戶部侍郎本官同平章事進位中書侍郎，李商隱
為王茂元作《為濮陽公上李（珏）相公狀二》，其中「伏承相公假道
版圖，正位機密」，《唐闕史》：「近世逢掖恥呼本字，南省官局曰版圖
小績、春闈秋曹。」戶部掌天下土地、人民、錢穀之政，貢賦之差，
謂李珏由戶部侍郎本官同平章事進為中書侍郎。「某早被蔭麻，常聞
唾咳。今者適從亭幛，方事鼓鼙，不敢擅棄虎符，輒趨鳳闕。」謂不
能擅離前線回長安慶賀。

牛僧孺由東都留守為左僕射。九月，楊嗣復由守戶部尚書本官同
平章事，進位中書侍郎，李商隱為王茂元作《為濮陽公上楊相公
狀》，有「守朝那之右地，鎮安定之遺封」語，可見在涇原。《為濮陽
公上楊相公狀二》，為其弟請求。作《為張周封上楊（嗣復）相公
啟》。涇川從事張周封，字子望，張惟素子。大和六年前西川節度使
李德裕從事，試協律郎。大和九年三月至開成二年十月楊嗣復為相時
涇川從事，武宗即位楊嗣復罷相後仍在邊幕。又，《為濮陽公賀陳
（夷行）相公送土物狀》、《為濮陽公賀楊相公送土物狀》、《為濮陽公
賀李（珏）相公送土物狀》。

十月，作《為濮陽公賀丁（居晦）學士啟》，賀其轉司封郎中、
知制誥，有「墨丸赤管，豈滯于南宮？黃紙紫泥，聊過于禁掖。鳳池
甚近，雞樹未遙」語。《翰苑群書重修承旨學士壁記》：「丁居晦大和
九年五月三日自起居舍人、集賢院直學士充，十月十九日遷司勳員外
郎。開成二年九月十一日加司封郎中、知制誥。三年八月十四日遷中

書舍人，十一月十六日拜御史中丞，出院。」

在涇原幕為王茂元作公文《為濮陽公上陳（夷行）相公狀三》、《為濮陽公奏臨涇平涼等鎮准式十月一日起燒賊路野草狀》。王茂元欣賞李商隱文才，謂意旨相通。李商隱為王茂元作《為濮陽公涇原謝冬衣狀》、《為濮陽公涇原署營田副使賓牒》等章奏。

李商隱在涇原幕中為王茂元作《為濮陽公論皇太子表》，勸慰文宗，望「陛下濬發慈仁，殷勤指教」。十月十六日，太子暴薨，文宗殺太子宮人左右數十人。李商隱又為王茂元作《為濮陽公奉為皇太子薨表》、《為濮陽公皇太子薨慰宰相表》。

開成三年二月，鄭覃進位太子太師。旱，帝多出宮人，鄭覃美之。十二月，三上章求罷，詔落太子太師，餘如故，仍三五日一入中書，商量政事。李商隱作《為尚書濮陽公賀鄭相公狀》，有「地遊蒙谷，更趨方外之神人；洞入華陽，猶認山中之宰相」句。

李商隱為王茂元作《為濮陽公補保定尉張鴗巡官牒》，又作《上張雜端狀》，「保定賢弟昨至」的「保定賢弟」即《為濮陽公補保定尉張鴗巡官牒》中張鴗。「是觀玉季，如對金昆。陸有機、雲，劉惟繇、岱。豈惟今日，獨有齊名？」《晉書 陸雲傳》：「雲少于兄機齊名，好曰二陸。」《吳志 劉繇傳》：「繇字正禮，兄岱字公山。繇州辟部濟南，平原陶丘洪薦繇，欲令舉茂才，刺史曰：『前年舉公山，奈何復舉正禮乎？』洪曰：『若明使君用公山於前，擢正禮於後，所謂御二龍于長塗，騁騏驥于千里，不亦可乎？』」謂張氏兄弟如陸機、陸雲那樣為人稱道。「況不羞于小官，無辭委吏。一枝桂即經在手，五斗米安可折腰？侯館屈才，固難維繫；前籌竹美，即議轉遷。端公厚賜眷知，又聯姻好，今茲折簡，復輟吹篪。此日感曰恩門，他日便圍世故。」《孟子 萬章下》：「孔子嘗為委吏矣，曰：『會計當而已矣。』」《晉書 郤詵傳》：「武帝問詵曰：『卿自以為如何？』詵曰：

『臣舉賢良對策，為天下第一，猶桂林之一枝，昆山之片玉。』」《晉書 陶潛傳》：「潛為彭澤令，郡遣督郵至縣，吏白應束帶見之，潛嘆曰：『吾不能為五斗米折腰，拳拳事鄉里小人邪？』解印去縣。」《詩 小雅 白駒》：「皎皎白駒，食我場苗。縶之維之，以永今朝。」王粲《爵論》：「爵自一級轉登十級，而為列侯，譬猶秩自百石，轉遷而至於公也。」可見張雜端與兄均為進士出身，此時雖江陵小吏，將來必有升遷。《通典》：「始御史號為臺端，他人稱之曰端公。其知雜事者，稱為雜端。」書信為尊敬起見將書簡折為二折為「拜見」，折三者為「跪拜」，「二折」可見為同輩。

王茂元有將女兒嫁他意思，但李商隱用鄭大子忽的話「晉霸可託，齊大寧畏？」加以婉謝。

時楊賢妃在文宗面前說太子壞話，白居易在宗正卿周仍叔宅中南池作《櫻桃花下有感而作》中「藹藹美周宅，櫻繁春日斜」自注：「開成三年春季，美周賓客南池者。」（《全唐詩 卷四百五十九 白居易》）除慶倖未捲入外也為在朝大臣和宋若荀擔心。楊賢妃誣讒太子，九月壬戌，上以皇太子慢遊敗走，欲廢之。移太子于少陽院，殺太子宮人左右數十人。李播開成三年春至五年為蘄州，白居易開成三年有《送蘄春李十九（播）使君赴郡》詩：「可憐官職好文章，五十專城未是遲。曉日鏡前無白髮，春風門外有紅旗。郡中何處堪攜酒，席上誰人解和詩。唯共交親開口笑，知君不及洛陽時。」（《白氏文集》卷三十四）

時李商隱年四十。

宋若荀三十四歲。

開成四年（己未，公元 839 年）

十月丙寅，立陳王成美（敬宗第六男）為太子。十二月乙卯，乾

陵寢宮火。(《新唐書 本紀八 文宗》)十月，楊賢妃請立皇弟安王溶
（穆宗第八子）為嗣，李珏反對，謂文宗已立敬宗少子陳王成美為皇
太子。十一月辛己，上崩於太和殿，以楊嗣復攝塚宰。癸未，仇士良
說太弟賜楊賢妃、安王溶、陳王成美死。(《資治通鑑紀事本末 宦官
殺逆》)

閏正月己亥，裴度來朝。三月丙申，裴度卒。五月丙申，鄭覃罷
為尚書左僕射，夷行罷為吏部侍郎。七月甲辰，太常卿崔鄲同中書門
下平章事。十一月壬午，楊嗣復為門下侍郎，太常卿崔鄲同中書門下
平章事。(《新唐書 宰相表下》)閏正月，御史中丞丁居晦改中書舍
人。諫議大夫高元裕為御史中丞。(《翰苑群書重修承旨學士壁記》)
四月，檢校李德裕尚書左僕射。九月，楊汝士入為吏部侍郎，位至尚
書。(《舊唐書 卷一百七十六 楊汝士》)

閏正月甲申朔，以吏部侍郎鄭肅檢校禮部尚書、河中晉絳慈隰等
州節度使，李聽為太子少保。閏正月甲申朔，以蘇州刺史李道樞為浙
東觀察使，三月癸酉，卒；楚州刺史蕭俶為浙東。閏正月丁未，興元
節度使鄭瀚卒；二月辛酉，以吏部侍郎歸融檢校禮部尚書，充山南西
道節度使。三月癸酉，戶部侍郎崔龜從為宣歙觀察使，代崔鄲，至會
昌四年；以鄲為太常卿。四月壬子，以右羽林同軍李昌言為鄜坊。八
月癸亥，以左僕射牛僧孺檢校司空、同平章事，兼襄州刺史、充山南
東道節度使。九月，以劍南東川節度使楊汝士為吏部侍郎；甲辰，以
京兆尹鄭復為劍南東川節度使。二月庚申，以華州刺史盧鈞為廣州刺
史，充嶺南節度使；八月庚戌朔，以給事中姚合為陝虢，代孫簡。九
月辛丑，吏部侍郎陳夷行為華州鎮國軍防禦使，以蘇州刺史李款為江
西觀察使。八月庚午朔，以給事中姚合代孫簡為陝虢。(《舊唐書 文
宗紀下》)十一月，唐扶卒于鎮，閏月辛丑，司農卿李坦為福建，諫
官論不可，罷之。丙午，大理卿盧貞為福建觀察使。崔珙分司東都。

七月壬寅，以河南尹韋長為平盧軍節度使。以刑部侍郎高銖為河南
尹。(《舊唐書 文宗紀下》)

十一月，裴夷直因未在武宗即位冊牒上簽名，出為杭州刺史。
(《新唐書 裴夷直傳》)

令狐綯服闋，為左補闕。

閏正月，丁居晦自御史中丞改中書舍人，李商隱為王茂元作《為
濮陽公與丁學士狀》，文中「自學士罷領南臺，復還內署」，謂其再為
中書舍人，而王茂元「弊廬仍在，白首未歸」。丁居晦開成五年二月
二日賜紫，其年三月十三日遷戶部侍郎、知制誥，其月二十三日卒
官，贈吏部侍郎。

春，白居易有詩《寄李蘄州》云「下車書奏龔黃課，動筆詩傳鮑
謝風」，涉及宋若荀。《和楊六尚書（汝士）喜兩弟漢公轉吳興，魯士
賜章服，命賓開宴，用慶恩榮賦長句見示》、《得楊湖州書，頗為撫
民，接賓縱酒題詩，因以絕句戲之》中「豈獨愛民兼愛客，不惟能飲
又能文，白萍洲上春傳語，柳使君輸楊使君。」(《白氏文集》卷三十
四)謂楊漢公在湖州。

《舊唐書 高元裕傳》：「開成四年閏正月，高元裕為御史中丞。
藍田縣人賀蘭進興與里內五十餘人相聚念佛，神策鎮將皆捕之。以為
謀逆，當大辟。元裕疑其冤，請出進等付臺覆問，然後行刑，從
之。」魏暮亦上言，帝停決，詔神策軍以官兵留仗內，餘付御史臺。
有司憚仇士良，不敢異，卒皆誅死。高元裕亦被罰俸，李商隱為其作
《為其渤海公謝罰俸狀》。又為大和五年節度河陽、加司空，改汴宋
亳觀察使的楊元卿子延宗（開成中磁州刺史，以罪誅）作《為楊贊善
奏請東都灑掃狀》。

李商隱再試吏部書判拔萃科，方釋褐為祕書省校書郎（正九品上

階），李商隱《獻舍人彭城公啟》中：「三試于宗伯，始忝一名；三選于天官，方階九品。」謂試於崔鄲、賈餗、高鍇，共應「三宗伯」之試；開成二年吏部試未通過，開成三年參加博學弘詞考試，周墀、李石已經錄取而被中書駁下；四年再試書判拔萃科方釋褐授祕書郎校書郎（正九品上階）。

李商隱作《為濮陽公上漢南李（程）相公狀》，「當時鈞軸，已相推于弟瘦兄肥；此日藩方，復共慶于家齊國理」，指李程于敬宗即位之五月為平章事，弟李石大和九年為平章事；李程開成二年二月出為襄州刺史、山南東道節度使，李石開成三年拜章辭位為江陵尹、荊南節度使。山南、荊南壤地相接，李程、李石同為山南、荊南至開成四年，開成五年牛僧孺為荊南，因此此文當在開成五年前作。「某爰初筮仕，即奉光塵。接班固于蘭臺，陪束晳于東觀。悲歡三紀，契闊四朝。」應該指元和十三年進士及第後釋褐祕書省校書郎開始憲宗、穆宗、敬宗、文宗四朝。

李商隱在桂宮東樓堂參加宴會時遇見宋若荀，作《無題 昨夜星辰》：「昨夜星辰昨夜風，畫樓西畔桂堂東。身無彩鳳雙飛翼，心有靈犀一點通。隔座送鈎春酒暖，分曹射復蠟燈紅。嗟余聽鼓應官去，走馬蘭臺類轉蓬。聞道閶門萼綠華，昔年相望抵天涯。豈知一夜秦樓客，偷看吳王苑內花。」以九疑山得道女羅郁與羊權屍解藥，隱形化形而去。李、宋祕密不久被人所知，廣宣《寺中賞花應制》：「東風萬里送香來，上界千花向日開。卻笑霞漏紫芝侶，桃源深洞訪仙才。」（《全唐詩》卷八百二十二）透露有宮人夜出與人相會玉宸觀事。李商隱與宋若荀事傳到皇帝耳中，李商隱官職僅三、四個月即被解除，由九品被貶至從九品「調補弘農尉」。

弘農屬虢州，弘農期間李商隱對自己詩才自負，《縣中惱離席》：「晚醉題詩贈物華，罷吟還醉忘歸家。若無江氏五色筆，爭奈河陽一

縣花。」李商隱「以活獄忤觀察使孫簡,將罷去」。弘農與河中相隔不遠,李商隱寫信給開成四年四月以吏部侍郎檢校禮部尚書、河中節度使鄭肅,《上河中鄭尚書狀》中「蓋以德水明郡,條山巨鎮,北控并、代,東接周、韓,作皇都之股肱,擁朔方之兵甲。是以暫勞大斾,惠此一方。浹以仁聲,先之和氣。」「某早獲趨承,常深獎眷。末由抵謁,無任弛誠。」可見早就認識鄭肅,並非大和六年鄭肅以太常卿為太子魯王府長史,與王茂元「叨相青宮」同事之故。八月,「會姚合代簡,諭使還官」。(《新唐書 李商隱傳》)

宋若荀被押往洛陽,得知宋若荀被押往東都上陽宮,李商隱趨往洛陽。在穀水邊眺望宮內,李商隱《天津西望》:「虜馬崩騰忽一狂,翠華無日到東方。天津西望腸真斷,滿眼秋波出苑牆。」禁閉在龍門西山金寨村一帶上林苑廣化寺,亦即武則天當年為尼寺院。廣化寺為「樓臺十二重」山寺,劉禹錫《樓上》:「江上樓高二十梯,梯梯登遍與雲齊。人從別浦經年去,天向平蕪盡處低。」(《全唐詩 卷三百六十五 劉禹錫》)

為弘農楊元卿子楊延宗作《為楊贊善奏請東都灑掃狀》,楊元卿,於吳元濟叛時詭詞離蔡,毀家效順而官於朝,大和五年節度河陽。加司空,改汴宋亳觀察使,大和七年年七十,寢疾歸洛陽,詔授太子太保、卒贈司徒。子延宗,開成中磁州刺史,以罪誅。

十月,為王茂元作《為濮陽公陳情表》,表中歷敘「久處炎荒。備熏瘴毒,內搖心力,外耗筋骸」,謂自大和九年至開成四年為涇原,「一去闕庭,五罹寒燠」,「自思已熟,求退為宜」,請求調回長安供職。王茂元又提起嫁女事,李商隱以門戶不當為謝,「雖飼田以甚恭,念販春而增愧。」謂即使你們不嫌貧愛富,我也會自卑。

開成三年十一月,以蔡州刺史韓威為定州刺史、義武軍節度使。(《舊唐書 文宗紀》)易定軍亂,韓威因母病不赴。其母為商隱族

姑，因而作《祭韓氏老姑文》。

開成四年九月楊汝士入為吏部侍郎，位至尚書，白居易有《楊六尚書留太湖石在洛下借置庭中因對舉杯寄贈絕句》，為「索居」之人思念慕巢而作。開成四年冬十月甲寅旦，白居易得中風疾，有《病中詩十五首》，謂「若問樂天憂病否，樂天知命了無憂」（《枕上作》），有《答閒上人來問因何風疾》，可見得病突然。從此開始《在家出家》：「衣食支吾婚嫁畢，從今家事不相仍。夜眠身是投林鳥，朝飯心同乞食僧。清唳數聲松下鶴，寒光一點竹間燈。中宵入定跏趺坐，女喚妻呼多不應。」

時李商隱四十一歲。

宋若荀三十五歲。

開成五年（庚申，公元 840 年）

正月，帝疾甚，中尉仇士良、魚弘志矯詔立穎王炎（穆宗第五子）為帝。陳王成美、安王溶及楊賢妃皆遇害。（《新唐書 本紀八 文宗》）

二月癸卯，李珏兼戶部尚書，楊嗣復兼吏部尚書，崔鄲兼吏部尚書。四月，召淮南節度使檢校尚書左僕射李德裕，既至，以為吏部尚書同中書門下平章事，尋兼門下侍郎。五月己卯，李珏為門下侍郎。嗣復罷，守吏部尚書、刑部尚書。諸道鹽鐵轉運使、刑部尚書崔珙同中書門下平章事。八月庚午，李珏貶太常卿、江西觀察使。九月丁丑，淮南節度副大使、檢校右僕射李德裕為門下侍郎、同中書門下平章事。庚辰，崔珙為中書侍郎。（《新唐書 宰相表下》）

六月，王茂元自涇原入為朝官；楊鎮為仇士良開府擢用，累遷至軍使，除涇州節度使。（《太平廣記》引《錄異記》）冬十月，王茂元再調忠武節度使、陳許觀察使。六月戊申，以左金吾將軍李執方為河

陽三城懷州節度使。七月，檢校禮部尚書、華州刺史陳夷行復為中書
侍郎同平章事；九月，楊汝士去世，陳夷行出為華州刺史。八月，李
光顏嗣子昌元檢校戶部尚書、兼御史大夫，為鄜坊節度使。(《金石錄
李光顏碑》) 八月，義武軍亂，逐節度使陳君賞，君賞募勇士數百人
復入軍城，誅亂者。王彥威為宣武。十月，王茂元出鎮陳許。高銖為
義成。李彥佐接替薛元賞為武寧節度使。邠寧節度使符澈接替狄兼謨
為河東；王宰為邠寧。吏部侍郎高鍇出為鄂岳觀察使，卒。崔蠡接
任，於十月到任。九月，以淮南節度使、檢校尚書左僕射李德裕為吏
部尚書、同中書門下平章事，尋兼門下侍郎；以宣武軍節度使、檢校
吏部尚書、汴州刺史李紳代德裕鎮淮南；忠武節度使（王俊季子）王
彥威檢校禮部尚書，充汴宋亳等州節度觀察處置等使。(《全唐文　卷
六百零九　劉禹錫　唐故監察御史贈尚書右僕射王公（俊）神道碑》)
十一月，魏博節度使何進滔卒，三軍推其子何重順魏留後，後為魏
博，改名弘敬。鄂岳觀察使高鍇卒。(《新唐書　高鍇傳》) 崔蠡接任。
李石為荊南觀察使。(《舊唐書　本紀十七下　文宗》) 開成五年至會昌
三年，韋溫為陝虢。(《舊唐書　列傳一百十八　韋溫傳》)

　　楊漢公開成三年三月自舒州刺史遷湖州刺史，五年為亳州。(《嘉
泰吳興志》)

　　八月，御史中丞裴夷直出為杭州刺史，皆坐列張逸、薛季稜黨
也。(《舊唐書　本紀第十八　武宗》)

　　令狐綯服喪期滿，為左補闕史館修撰。

　　白居易六十九歲，為太子少傅分司，春，風疾稍痊。詩「風癉宜
和暖，春來腳較輕」(《春暖》)，「策杖強行過里巷，引盃開酌伴親
賓」(《殘春晚起伴客談笑》)，《喜裴儔使君攜詩見訪醉中戲贈》：「忽
聞扣戶醉吟聲，不覺停杯倒履迎。共放詩狂同酒癖，與君別是一親

情。」裴儔出裴度東眷房，為裴休兄、杜牧姊夫，開成五年由和州轉滁州刺史，此時帶來的很可能是宋若荀消息。有《病中辱崔宣城長句見寄，兼有觥綺之贈，因以四韻總而酬之》，有「科第門生滿霄漢，歲寒少得似君心。」崔宣城為崔龜從，字玄吉，清河人，開成四年三月自戶部侍郎出為宣歙觀察使，代崔鄲。（見朱金城《白居易年譜》上海古籍出版社1982年6月版第304頁）

　　武宗即位後追究擁立陳王和安王的內人和朝臣。朋友們為宮廷政變和宋若荀擔心，白居易與香山高僧聯合行動，實施營救計劃。開成五年春，白居易等安排宋若荀在某次宴會後化妝為僧人從山上離宮出逃，對外宣布「仙去」。「無名鬼」詩《示宋善威》：「月落三株樹，日映九重天。良夜歡宴罷，暫別庚申年。」謂開成五年逃出皇宮。白居易和友人安排宋若荀先到四川果州，然後沿長江到荊南段文昌故居，再到蘄州李播、滁州裴儔處，向許渾故居潤州。

　　李商隱又向開成五年七月接替李景讓為虢州刺史的楊汝士族子楊倞上書，希望他向中書省申明自己，「但當課其錢鎛，督以杼機」，表示以後一定恪守縣尉職責，因楊倞元和末注《荀子》文中有「因緣儒術」語。《為弘農公上虢州後上中書狀》中：「遘驕陽積潦之患，困苗螟葉之災。」與《新唐書 五行志》：「開成五年夏，幽、魏、博、鄆、曹、濮、滄、齊、德、淄、青、兗、海、河陽、淮南、虢、陳、許、汝等州螟蝗害稼。」「開成五年七月，霖雨。」相合。又，《為弘農公上虢州後上三相公（楊嗣復、李珏、崔鄲）狀》中「使渤海田中，永無佩犢；平原境內，盡死飛蝗」，與前文相關。

　　六月，王茂元自涇原回京擔任司農卿，《為濮陽公上淮南李（德裕）相公狀》，文中有「請田」、「投香」語，符合王茂元履歷。不久調陳許，李商隱作《為濮陽公上華州陳（夷行）相公狀》（陳夷行開成四年九月出為華州刺史）。又作《為濮陽公祭太常崔丞文》，紀念行軍司

馬博陵崔瑨，崔瑨由涇原為京兆掾，王茂元入朝為太常，仍選為丞。

又作《為汝南公與蘄州李郎中狀》（錢校改作「濮陽公」），「汝南公」周墀。李播，字子烈，元和進士第，以郎中典蘄州。文中「時逼藏弓」，開成五年八月壬戌文宗葬章陵前不久，「山公醉時，謝守吟罷，茗芽含露，涼簟迎風。遠想音容，杳動心素。惟珍重珍重！」是知道宋若荀到蘄州之後所作。

弘農離華州很近。開成五年七月，陳夷行以檢校禮部尚書、華州刺史召入，復同平章事。李商隱謁見開成三年試博學宏詞時座師，今華州刺史、鎮國軍潼關防御使周墀，為周墀作《為侍郎汝南公華州謝加階表》。周墀，字德升。汝南人。長慶二年擢進士第，開成四年拜中書舍人，武宗即位，出為華州刺史、鎮國軍潼關防禦等使。改鄂岳觀察使、遷江南西道觀察使。大中初，檢校禮部尚書、義成軍節度、鄭滑觀察等使，汝南男。李商隱《上華州周侍郎狀》中：「竊思頃者，伏謁于遊梁之際，受知于入洛之初。彭羊自媒，率多徑進；禰衡懷刺，幸不虛投。而後以地隔仙凡，位殊貴賤，十鑽槐燧，一拜蓮峰。眄睞未忘，吹噓尚切。已吟棄席，忽詠歸荑。倘或求忠信于十室之間，感意氣于一言之會，聖人門下，不聞互鄉；童子車中，非輕壯士。則猶希薄技，或蔭清光。雖曠闕於門牆，長彷彿于旌棨。驥疲吳阪，已逢伯樂而鳴；蝶過漆園，願入莊周之夢。」謂早在開封、洛陽期間就受到周墀知遇之恩，大和五年至今十年一再遭遇坎坷，與宋若荀關係也分分合合，本來以為自己已經像當年晉文公返國後捐棄的破席子，可是忽然又收到信息，如得到《詩經 邶風 靜女》靜女手中「自牧歸荑，洵美且異」可供祭祀彤草，「猶貞女在窈窕之處，媒氏達之，可以配人君」（鄭箋），我希望自己在她心目中還屬忠信之士，不會因為言語不合而斤斤計較，為此下決心前往探望，希望能彌合感情。

　　《翰苑群書　重修承旨學士壁記》云：柳「璟開成二年七月十九日自庫部員外郎知制誥充。三年二月九日，遷中書舍人；五年十月，改禮部侍郎，出院。」柳璟「為人寬信，好接士，稱人之長，遊其門者它日皆顯于事。」《舊唐書　柳璟傳》云「武宗朝轉禮部侍郎，再司貢籍，時號得人。」會昌二年再主貢部，可見之前主持過貢籍，開成五年十月轉禮部侍郎，李商隱投書柳璟，請求幫助。《獻舍人河東公啟》中云「前月十日，輒以舊文一軸上獻，即日補闕令狐子直至，伏知猥賜批閱。」並對河東公「榮示」「終慚且驚」，恭維「閣下文為史師，行為人範，廓至公之路，優接下之誠。」「是當延望，實在深誠。倘蒙一使御車，與之下座，雖不足丹青時輩，領袖諸生，冀獲預于游談，庶少賢于博弈。伏惟念錄，謹啟。」為請求柳璟錄用之信。文中有「舉非高第，仕怯上農。虞寄為官，何嘗滿秩；王華處世，寧願異人？況在下僚，獨無誰語，一至于此，欲罷不能。每念大漢之興，好文為最，悅《洞簫》之制，則諷在後庭；美《子虛》之文，則恨不同世。然猶揚雄以草《玄》見誚，馬卿亦以貲為郎。何賓實之紛綸，而名義之乖爽！況乎志異數子，事非當時。司寇棲棲，反嘆為佞；嗇夫喋喋，誰為非賢？又安可坐榮于寒谷之中，自致于剛氣之上？」為自己有才能而無用武之地且被人詆毀申辯。

　　九月初，李商隱作《任弘農尉獻州刺史乞假還京》詩：「黃昏封印點刑徒，愧負荊山入座隅。卻羨卞和雙刖足，一生無覆沒階趨。」毅然辭去尉任。開成二年六月至會昌三年四月，李執方為河陽節度使。七月，李商隱「赴召京下，移家關中。」（《寄小姪女寄寄文》）謂王茂元姻親李執方派人員借騾馬等，為李商隱將母親從濟源移家長安。李執方自開成二年「六月戊申，以左金吾將軍李執方為河陽三城懷州節度使。」（《舊唐書　本紀十七上　文宗下》）李商隱《上河陽李大夫狀一》中：「而又梁園竹苑，素多詞賦之賓；淮南桂叢，廣集神

仙之客。以思柔之旨酒，用順氣之和聲。初筵有儀，一石不亂。某才
非擲地，辯乏談天。著撰不工，王隱文以代意；懶慢相會，嵇康志有
所安。」以淮南小山《招隱士》：「桂樹叢生兮山之幽，偃蹇連蜷兮枝
相繚。山氣巃嵸兮石嵯峨，溪谷嶄巖兮水曾波。猿狖群嘯兮虎豹嗥，
攀援桂枝兮聊淹留。」將令狐楚比作淮南王，可見當年在令狐楚門下
就已與李執方熟識，「曲蒙賞會，略過輩流。況拔自州人，升為座
客，將何以詠歌頌德，祗奉深恩。早預宗盟，又連姻媾。」「近以親
屬相依，友朋見處，卜鄰上國，移貫長安。」「始議聚糧，俄沾厚
賜。」謂其時「白露初凝」，雖「朱門漸遠。西園公子，恨軒蓋之難
攀；東道主人，仰館谷而猶在。丹霄不眠，白首知歸。」自己往江東
看望宋若荀，明知難以諧合，因而必如潘岳《金谷集作詩》中所言會
與其「白首同所歸」。

　　搬家完畢八月十日《上河陽李大夫狀二》：「將遠燕昭之臺，猶入
鄭莊之館，退自循揣，實逾津涯。況又恤以長途假之駿足。一日而
至……」，其中「憐賈生之少，恕禰衡之狂」，《上華州周侍郎狀》
中：「彭羊自媒，率多徑進；禰衡懷刺，幸不虛投。」以禰衡自稱，
為感謝借騾馬人員幫助搬家。李商隱《上李尚書狀》表示感謝：「以
今月十日到上都迄。」「某始在弱齡，志惟絕俗每北窗風至，東皋暮
歸，彭澤無弦，不從繁手；漢陰抱甕，寧取機心？巖桂長寒，嶺雲鎮
在。勢將適此，實欲終焉。其後以婚嫁相縈，兄弟未立，陽貨有迷邦
之誚，王華生處世之心。」自己原有陶淵明隱居之志，不慕富貴，沒
有機心，後因婚嫁事宜和兄弟未立緣故，才知道無人援引難以處世，
因而如王華常誦王粲《登樓賦》中「冀王道之一平，假高衢而騁力」
句。「閣下念先市骨，志在采葑，引以從遊，寄之風興，玳筵高敞，
畫舸徐牽。分越加籩，事殊設醴。憐賈生之少，恕禰衡之狂」，謂其
對自己理解愛護有加，「隨王朱邸，方同故掾之心；燕地黃金，更落

他人之手」，以謝朓《拜中書記辭隨王箋》中「唯待青江可望，候歸艭于春渚；朱邸方開，效蓬心于秋實」，指自己即將遠行，可能要明年春天才能回來，即使有好位置也只能留給別人了。

七月，召李德裕於淮南，八月，李德裕回京為文宗送葬。李商隱為王茂元作《為濮陽公上淮南李相公狀二》「竊計軒車，已臻伊洛」，謂八月下旬已到洛陽，恭維李德裕「元侯功大，獨申攀送之哀；伯父為尊，使率駿奔之列」，武宗稱其為「伯父，認為李德裕是能使「庶政絕貪婪之患，大朝無黨比之憂」重臣。《為汝南公上淮南李（德裕）相公狀三》中「始自辛卯，至於庚申。雖號歷四朝，而歲才三紀。淮王堂構，既高大壯之規；漢相家聲，復有急徵之詔。」謂從元和六年到開成五年三十年歷憲、穆、敬、文四朝，如今從淮南節度使急詔入京，「重持政柄，復注皇情」謂李德裕大和七年二月至八年九月再次為相。

白居易香山養病，有《寄題廬山舊草堂兼呈二林寺道侶》：「三十年前草堂主，而今雖在鬢如絲。登山尋水應無力，不似江州司馬時。漸伏酒魔纔放醉，猶殘口業未拋詩。君行過到爐峰下，為報東林長老知。」有往廬山打算。初秋，《五年秋病後獨宿香山寺三絕句》中有「經年不到龍門寺，今夜何人知我情。還向湯師房裡宿，新秋月色舊灘聲。飲徒歌伴今何在，雨散雲飛盡不回。從此香山風月夜，只應長是一身來。石盆泉畔石樓頭，十二年來晝夜遊。更過今年年七十，假如無病亦宜休。」似乎作好準備；數月後下山，有《山下留別佛光和尚》：「勞師送我下山行，此別何人識此情。我已七十師九十，當知後會在他生。」（《全唐詩 卷四百五十八 白居易》）「足疾無加亦不療，綿春歷夏復經秋」，「應須學取陶彭澤，但委心形任去留」（《足疾》），明顯作好遠行準備；「眼漸昏昏耳漸聾，滿頭霜雪半生風。已將心出浮雲外，猶寄形于逆旅中。觴詠罷來賓閣閉，笙歌散後妓房空。世緣

俗念消除盡，別是人間清靜翁」(《老病幽獨偶吟所懷》)，安排好有關事務後準備長途旅行。立秋，白居易作《立秋夕涼風忽至炎暑稍消，即事詠懷寄汴州節度使李二十尚書（紳）》(《全唐詩 卷四百五十九 白居易》)作遠行。

宋若荀在友人護送下離開京城往東都和江南，經白居易好友皇甫曙潤州故居，在茅山見到李德裕，在蘇州得到浙西觀察使盧商保護，又到宣州團練使杜牧處暫住。許渾故居在丹徒丁卯橋，時杜牧為膳部員外郎，乞假往揚州看望病弟杜顗，宋若荀與許渾、趙嘏、張祜等來到李德裕鎮守揚州，九月，李德裕被召進京，李紳為淮南，詩人們相約往羅浮山。

李商隱《與陶進士書》中：「去一月多故，不常在。」謂「得李生于華鄉，為我指引巖谷列視生植，僅得其半。又得謝生于雲臺觀，暮留止宿，但相與去，愈復記熟。後又復得吾子（陶生）于邑中，至其所不至者，于華之山無恨矣。三人力耶？今李生已得第，而又為老貴人從事，雲臺生亦顯然有聞于諸侯之間，吾子之文又粲然成就如是。我不負華之山，而華之山亦將不負吾子之三人。以是思得聚會，話既往探歷之勝。至于切磋善惡，分擘進趨，僕此世固不待學奴婢下人，指誓神佛而後已耳。吾子何所用意耶？」陶進士者，即李商隱《華山尉》中「陶生，有恆人。善養，又善與人遊，又善為官。會昌初，生病骨熱且死。是年長安中進士為陶生誄者數十人。生在時，吾已得之矣；及既死，吾又得之」的華山騎尉、「陶進士」；「陶生」死於會昌初年，「及既死，吾又得之」者「陶山人」「陶七」，居松江陶巷。末云：「明日東去……九月三日，弘農尉李某頓首。」

李商隱在白居易處打聽到宋若荀到潤州，依靠開成五年接任李德裕為浙西觀察使的盧商和淮南節度使李紳。令狐綯以開成五年庚申服闋起為左補闕，李商隱臨行於長安作《酬別令狐補闕》中「惜別夏已

半，回途秋已期」，可見詩作於初秋，「錦段知無報，青萍肯見疑」以張衡《四愁詩》：「美人贈我錦繡段，何以報之青玉案。」《呂氏春秋》：「青萍，豫讓之友也，為趙襄子驂乘。因遇豫讓，退而自殺。」《典論》：「三劍三刀，惜乎不遇薛燭、青萍也。」謂明知追隨宋若荀不一定會有什麼結果，也許還會引起她的煩惱和友人譏笑，但是不放心她身帶古劍容易引起關卡懷疑啊！「警露鶴辭侶，吸風蟬抱枝」我就像那八月白露降下時高鳴相警的鶴，不顧自己窮困也要前去告訴她前途危險啊！「彈冠如不問，又到掃門時」是希望辭官後令狐綯能薦引幫助。

李商隱九月趕到宋若荀茅山，作《贈華陽宋真人兼寄清都劉先生》：「淪謫千年別帝宸，至今猶識蕊珠人。但驚茅許同仙籍，不道劉盧是世親。玉檢賜書迷鳳篆，金華歸駕冷龍麟。不因杖履逢周史，徐甲何曾有此身。」

張籍作《傷歌行》回憶宋氏被驅逐南海時情景，李商隱作《惡馬賦》。

宋若荀投靠開成三年三月自舒州移刺湖州楊漢公，先寄居在湖州吳興沈亞之故宅，後又到吳興荻塘居住。

詩人們往羅浮山，經九江，李商隱《楚吟》：「山上離宮宮上樓，樓前江畔暮江流。楚天長短黃昏雨，宋玉無愁亦自愁。」宋玉《九辨》：「余萎約而被愁。」指宋若荀心情抑鬱。

依靠嶺南節度使盧鈞。經沅湘三閭廟，詩人們為屈原鳴冤，李商隱《楚宮 湘波如淚》：「湘波如淚色渺渺，楚厲迷魂逐恨遙。楓樹夜猿愁自斷，女蘿山鬼語相邀。空歸腐敗猶難復，更困腥臊豈易招。但使故鄉三戶在，彩絲誰惜懼長蛟？」以「楚厲」、「楚雖三戶，亡秦必楚」（《史記 項羽本紀》）表現對冤案的強烈不滿，為受迫害的左官流臣鳴冤叫屈，激憤之情溢於言表。

據最近發現劉蕡之子《劉埕墓志》云，劉蕡終於澧州司戶。(見周建國：《評劉若愚先生的名著〈李商隱研究〉》，《安慶師範學院學報》1992年第4期。)澧州即今湖南常德市澧縣。開成五年秋詩人們往嶺南途中在湘江邊遇見從柳州往北的劉蕡，李商隱作《哭劉司戶二首》：「離居星歲易，失望死生分。酒甕凝餘桂，書籤冷舊芸。江風吹雁急，山木帶蟬嘯。一叫千迴首，天高不為開。有美扶皇運，無誰薦直言。已為秦逐客，復作楚冤魂。溢浦應分派，荊江有會源。並將添恨淚，一灑問乾坤。」謂當年宋氏姊妹曾為劉蕡求情，如今自己也落得與屈原一樣在江湖流浪。

到長沙，李商隱《賈生》：「宣室求賢訪逐臣，賈生才調更無倫。可憐夜半虛前席，不問蒼生問鬼神。」但願不要如孝文帝那樣只問鬼神不問蒼生。

楊嗣復已再貶潮州，盧簡辭以刑部侍郎繼楊嗣復為湖南，此時尚未到任。宋若荀與杜牧、趙叚、張祜等一起往嶺南廣州投靠盧鈞，盧鈞開成五年十二月遷戶部尚書，崔龜從接任。「會昌初，鈞為襄州節度」(《舊唐書 盧鈞傳》)，詩人們轉而到封州，看望李宗閔。詩人們繼續往南。《失猿》：「祝融南去萬重雲，清嘯無因更一聞。莫遣碧江通劍道，不教腸斷憶同群。」是往端州。

詩人們在肇慶溯西江往川中，經巫山，友人們把宋若荀比作來去無跡的雲，李商隱《詠雲》：「捧月三更斷，藏星七夕明。才聞飄回路，旋見隔重城。潭暮隨龍起，河厭壓秋聲。只應惟宋玉，知是楚神名。」謂其如《楚辭》中雲中君，又如被貶的宋玉，來去隱約難尋啊！

到臨邛時大雪泥濘，李商隱《西南行卻寄相送者》：「百里陰雲覆雪泥，行人只在雪雲西。明朝驚破還鄉夢，定是陳倉碧野雞。」先行回中原。

開成五年十月，王茂元出為陳許節度使，李商隱為其作《為濮陽

公陳許謝上表》、《為濮陽公陳許奏韓琮等四人充判官狀》、《為濮陽公
許州請判官上中書狀》、《為濮陽公陳許舉人自代狀》，數狀均為王茂
元十月出為陳許前作。王茂元再次提起嫁女，「誠非國寶之傾險，終
無衛玠之風姿」李商隱對王茂元父女不聽信他人傳言，不嫌棄自己誠
意心動，但沒有馬上答應。

時李商隱年四十二歲。

宋若荀三十六歲。

武宗會昌元年（辛酉，公元 841 年）

正月己卯，朝獻于太清宮。庚辰，朝享于太廟。辛巳，有事于南
郊。大赦，改元。（《新唐書 本紀八 武宗》）三月，造靈符聖應院于
龍首池。六月，以衡山道士劉玄靖為銀青光祿大夫，充崇玄館學士，
賜號廣成先生，令與道士趙歸真于禁中修法籙。（《舊唐書 本紀第八
上 武宗》）

二月壬寅，以淮南節度使李紳為中書侍郎同平章事，監修國史。
李德裕奏改修《憲宗實錄》，所載吉甫不善之跡，鄭亞希旨削之。
（《舊唐書 本紀十八上 武宗》）閏三月，以前山南東道節度使牛僧孺
為太子少師。（《資治通鑑 會昌元年》）三月甲戌，御史大夫陳夷行為
門下侍郎、同中書門下平章事。十一月癸亥，崔鄲檢校吏部尚書、同
平章事、劍南西川節度使，近界諸蠻暨西山八國雲南安撫等使、兼成
都尹。（《新唐書 宰相表下》）

黎植為福建，代盧貞。李師稷中丞為浙東觀察使，代蕭俶。天平
節度使李彥佐與武寧節度使薛元賞互換駐地。三月，遣中使往殺嗣
復、李玨，宰相李德裕、崔珙、崔鄲等極言，乃再貶嗣復潮州刺史，
江西觀察使李玨再貶昭州刺史、端州司馬，裴夷直為驩州刺史。李德
裕惡蔣係，出為桂管觀察使，人安其事，復坐貶唐州。盧簡辭為湖

南，裴休為江西觀察使。李石為荊南觀察使。馬植由安南都護為黔中
經略使。李玭為兗海，(《寶刻類編》：刺史題名：會昌元年李玭
兗。) 李珏裴弘泰接替陳君奕為鳳翔。六月，東川節度使鄭復有疾擅
離本道，歸融由山南西道為東川節度使；以東都留守崔珙為山南西道
節度使，接替歸融。(《舊唐書 崔珙傳》) 孫簡代鄭肅為河中。七月，
漢水溢堤，山南東道牛僧孺罷為太子少師，閏七月，盧鈞由嶺南遷山
南。十月，別任雄武軍使張仲武知盧龍留後。李固言召為右僕射，十
一月癸亥，崔鄲檢校吏部尚書、同平章事、劍南西川節度使。(《舊唐
書 本紀第十八上 武宗》) 會昌元年，李師稷中丞為浙東觀察使。
(《太平廣記》) 裴休會昌元年為江西都團練觀察使，兼洪州刺史。
《玄秘塔碑》：「江南西道都團練觀察處置等使、朝散大夫、兼御史中
丞、上柱國、賜金魚袋裴休撰，會昌元年十二月二十八日建。」

　　三月，再貶楊嗣復貶為潮州司馬。三月，貶李珏昭州刺史(《舊
唐書 本紀第十八上 武宗》)，貶桂管觀察使李珏瑞州司馬(《資治通
鑑》)。又斥(裴夷直) 驩州司戶參軍(《新唐書 裴夷直傳》)。

　　王起徵拜吏部尚書，判太常卿事。(《舊唐書 王起傳》)

　　李商隱在湘陰與再貶為澧州劉蕡分手，李商隱作《贈劉司戶
蕡》：「江風吹浪動雲根，重碇危檣白日昏。已斷燕鴻初起勢，更驚騷
客後歸魂。漢廷急詔誰先入，楚路高歌意欲翻。萬里相逢歡復泣，鳳
巢西隔九重門。」

　　李商隱《宋玉》：「何事荊臺百萬家，惟教宋玉擅才華。楚辭已不
饒唐勒，風賦何曾讓景差！落日渚宮供館閣，開年雲夢送煙花。可憐
庾信尋荒徑，猶得三朝托後車。」

　　李商隱到華州周墀幕。正月壬寅朔，武宗有事於郊廟。禮畢，御
丹鳳樓，大赦改元，李商隱有《為汝南公華州賀赦表》。開成五年末

至會昌三年四月韋溫為陝州，為韋溫作《為京兆公（韋溫）陝州賀南郊赦表》

開成五年十二月盧鈞遷戶部尚書，「會昌初，（盧鈞）遷山南東道節度使」（《舊唐書 列傳一百二十七 盧鈞》）兼襄州刺史，因此宋若荀等隨之到襄陽。

杜牧從兄慆由江州刺史調蘄州，宋若荀等到蘄州。杜牧《上宰相求湖州第二啟》中說到「會昌元年四月，兄慆自江守蘄，某（杜牧）與顗同舟至蘄」，李商隱得到詩人聚會消息，趕到蒲析縣沿江赤壁古蹟，《赤壁》詩中「東風不予周郎便，銅雀春深鎖二喬」，不能忘懷當年宋若荀被作為陵園妾冤案。

詩人們到許渾任縣令太平縣，李商隱有《齊梁晴雲》：「緩逐煙波起，如妒柳綿飄。故臨飛閣度，欲入回波銷。繁歌憐畫扇，敞景弄柔條。更乃天南位，牛渚宿殘宵。」謂在當塗牛渚山。

到金陵，李商隱有《南朝 玄武湖中》：「玄武湖中玉漏催，雞鳴埭口繡襦回。誰言瓊樹朝朝見，不及金蓮步步來。敵國軍營漂木柹，前朝神廟鎖煙煤。滿宮學士皆顏色，江令當年只費才。」陳後主每引賓客對貴妃等遊宴，則使貴人及女學士與狎客共賦新詩，互相贈答，影射宋氏姊妹「女學士」參與皇家宴飲賦詩事，宋若荀不快。

白居易與年輕詩人有蘇州虎丘、女墳湖之遊，李商隱詩《和人題真娘墓》：「虎丘山下劍池邊，長遣遊人嘆逝川。涓樹斷絲悲舞席，出雲清梵想歌宴。柳眉空吐效顰葉，榆莢還飛買笑錢。一自香魂招不得，只應江上獨嬋娟。」謂宋若荀執意離開自己，只能獨居。

宋若荀與友人在閶門皋橋唐衢故居小住，又往石湖和吳江，李商隱作《無題四首 來是空言》：「來是空言去絕蹤，月斜樓上五更鐘。夢為遠別啼難喚，書被催成墨未濃。蠟照半籠金翡翠，麝熏微度繡芙蓉。劉郎已恨蓬山遠，更隔蓬山一萬重。 颯颯東風細雨來，芙蓉塘

外有輕雷。金蟾齧鎖燒香入，玉虎牽絲汲井回。賈氏窺簾韓掾少，宓
妃留枕魏王才。春心莫共花爭發，一寸相思一寸灰。　含情春宛晚，
暫見夜欄杆。樓響將登怯，簾烘欲過難。多羞釵上燕，真愧鏡中鸞。
歸去橫塘晚，華星送寶鞍。　何處哀箏隨管急，櫻花永巷垂楊岸。東
家老女嫁不售，白日當天三月半。溧陽公主年十四，清明暖後同牆
看。歸來輾轉到五更，梁間燕子聞長嘆。」埋怨宋若荀當年進宮，
「春心莫共花共發，一寸相思一寸灰」，「歸去橫塘晚，華星送寶
鞍」，點明時節和地點，「劉郎已恨蓬山遠，更隔蓬山一萬重」與後來
王起詩中「自憐豈是風引舟，如何漸與蓬山遠」（《全唐詩　卷四百六
十四　王起》）相關。

武宗即位，裴夷直出刺杭州，一行到杭州，李商隱有《寄羅劭
興》：「棠棣黃花發，忘憂草碧齊。人間微病酒，燕重遠銜泥。混沌何
由鑿，青冥未有梯。高陽舊徒侶，時復一相攜。」謂友人們在蘇州如
《詩經　棠棣》篇中「如兄如弟」又在蘇州酈季子巷聚會。

詩人由蘇州繼續往南，李商隱因從王茂元幕先行告退，《柳　江南
江北》：「江南江北雪初消，漠漠輕黃惹嫩條。灞岸已牽行客手，楚宮
先騁舞姬腰。清明帶雨臨官道，晚日含風拂野橋。如線如絲正牽恨，
王孫歸路一何遙」即告退時所作，杜牧有「灞上、漢南千萬樹，幾人
遊宦別離中？」（杜牧：《樊川文集》卷三）是對李商隱不顧宋若荀只
顧自己前程的責問。

詩人們回洛陽，李宗閔開成元年量移衡州司馬，開成三年為杭州
刺史。四年冬，遷太子賓客分司東都，時鄭覃、陳夷行罷相，楊嗣復
思再拔之，俄而文宗崩。會昌初李德裕秉政，楊嗣復、李珏皆竄嶺
表。三年，澤潞叛，德裕以李宗閔素與劉稹善，出為封州刺史。又發
其舊事，貶郴州司馬，卒於貶所。李商隱為王茂元作《為濮陽公上賓
客李（宗閔）相公狀一》文，會昌元年李宗閔以朋黨之嫌居於閒散之

地。文中「相公履踐道樞，優游天爵，功無與讓，故勇於退，能不自伐，故葆其光。自罷理陰陽，就安調護……用而無喜，成則不居，求之古今，實煥緗素。」

白居易七十歲，百日長假告滿，停少傅官。宅中新茸水齋落成，雍陶等作詩賀喜，懷念川中、江南山水，白居易作《會昌元年春五絕句》，其中有《病後喜過劉家》、《贈舉之僕射》、《盧尹賀夢得會中作》、《題朗之槐亭》、《勸夢得酒》，是與劉禹錫、王起、盧真、皇甫曙友人聚會。《偶吟》：「人生變改故無窮，昔是朝官今野翁。久寄形于朱紫內，漸抽身入蕙荷中。（荷衣、蕙帶皆楚詞也。）無情水任方圓器，不繫舟歲去往風。猶有鱸魚蒪菜興，來春或擬往江東。」詩人們在洛陽白居易宅中聚會，南卓《羯鼓錄》：「會昌元年卓為洛陽令，數陪劉賓客、白少傅宴遊。」隔壁崇讓舊宅不禁回想起過去的事情，李商隱《閒遊》「危亭題竹粉，曲沼嗅荷花。數日同攜酒，平明不在家。尋幽殊未極，得句總堪誇。強下西樓去，西樓倚暮霞。」謂當年經常到此。

宋氏姊妹以前居住小苑，合歡花開時節，李商隱將往涇原前線，作《相思》：「相思樹上合歡枝，紫鳳青鸞並羽儀。腸斷秦臺吹管客，日西春盡到來遲。」以蕭史自比。

李商隱作《蜂》詩：「小苑華池爛漫通，後門前檻思無窮。宓妃腰細才勝露，趙後身輕欲倚風。紅壁寂寥崖蜜盡，碧簾迢遞霧巢空。青陵粉蝶休遺恨，長定相逢二月中。」約好以後每年二月相見。

同年韓瞻瞭解宋若荀與李商隱之間感情經過，且李商隱已經四十三歲，一直沒有正式婚姻，極力促成與其妻妹婚姻，友人詩中透露出王茂元有把女兒嫁給李商隱意圖，李商隱也有所考慮。李商隱詩《戲贈張書記》：「別館君孤枕，空庭我閉關。池光不受月，野氣欲沉山。星漢秋方會，關河夢幾還。危弦傷遠道，明鏡借紅顏。古木含風久，

平蕪盡日閒。心知兩愁絕，不斷若尋環。」謂自己如牛郎思念織女、東方朔（曼倩）不能忘記阿環似的不能忘記宋若荀。

李商隱在王茂元涇原幕，又到牡丹花開季節，當年詠牡丹情景似在眼前，作《回中牡丹為風雨所敗二首》：「下苑他年未可追，西州今日忽相期。水亭暮雨寒猶在，羅薦春香暖不知。舞蝶殷勤收落蕊，有人惆悵臥遙帷。章臺街裡芳菲伴，且問宮腰損幾枝。浪笑榴花不及春，先期零落更愁人。玉盤迸淚傷心數，錦瑟驚弦破夢頻。萬里重陰非舊圃，一年生意屬流塵。《前溪》舞罷君回顧，併覺今朝粉態新。」仍有責怪宋若荀留戀唐宮、當年流產不知是誰的孩子意思。又作《安定城樓》：「賈生年少虛垂淚，王粲春來更遠遊。永憶江湖歸白髮，欲回天地入扁舟。」用王粲《從軍行》：「從軍有苦樂，但問所從誰。所從神且武，焉得久勞師？」像賈誼一樣縱有為國之心卻沒有積極行動是沒有意義的，文人也可以如王粲那樣在國家危急之時投筆從戎；等到年紀大了、天地清明了我會象你們一樣隱居江湖。「不知腐鼠成滋味，猜意鵷雛竟未休。」請不要以自己的理解對我說長道短吧！

王茂元七女二男，「茂元愛其才，以子妻之」（《舊唐書 李商隱傳》）。會昌元年四月二十日，李商隱為王茂元長女婿張五審禮祭奠並作《祭張書記文》云：「某等早承餘眷，晚獲聯姻。或感極外家，延自出之念；或恩深猶子，多引進之仁；或敬屬丈人之行，或情兼內妹之親。」可見為聯姻後所作；張審禮，江陵人，大和九年十月為鳳翔節度使幕僚，開成四年鄭肅為河中時為幕吏。「楚魂一散而難招」，謂其楚人；「未歸下國，且寓皇都。江淮惟哭，天高但呼。」可見張書記靈柩尚未回到江淮故鄉。其時，「隴西公、榮陽鄭某、隴西李某、安定張某、昌黎韓某、樊南李某」已是連襟關係。

宋若荀不知道李商隱已和王茂元女兒結婚，還在苦苦等待，甚至和友人一起往前線陣地看望李商隱，友人們不忍告訴她李商隱已經與

王氏成婚，李商隱《閨情》：「紅露花房白蜜脾，黃蜂紫蝶兩參差。春窗一覺風流夢，卻是同袍不得知。」謂友人對宋若荀才藝也十分欽佩。在長安修行里楊汝士宅，她還為李商隱縫製征衣。

隨盧貞回洛陽，李商隱接到王茂元書信，辟其從陳許幕，如《祭外舅贈司徒公文》中所云：「公在東藩，愚當再調，賣帛資費，銜書見召。」李商隱作《西亭》：「此夜西亭月正圓，疏簾相伴宿風煙。梧桐莫更翻清露，孤鶴從來不得眠。」自己並沒有忘記宋若荀。

會昌元年李紳由淮南節度使入為兵部侍郎、同平章事，監修國史，杜悰接替為淮南。宋若荀知道實況後深受刺激，往江南。

李商隱到揚州作《隋宮 紫泉宮殿》：「紫泉宮殿鎖煙霞，欲取蕪城作帝家。玉璽不緣歸日角，錦帆應是到天涯。于今腐草無螢火，終古垂楊有暮鴉。地下若逢陳後主，豈宜重問後庭花。」

在新郭魚城作《吳宮》：「龍檻沉沉水殿清，禁門深掩斷人聲。吳王宴罷滿宮醉，日暮水漂花出城。」又到吳江黎里語兒蕩。

在蘇州，作《又效江南曲》：「郎船安兩槳，儂舸動雙橈。掃黛開宮額，裁裙約楚腰。乖期方積思，臨酒欲拌嬌。莫以採菱唱，欲羨秦臺簫。」想起當年宋若荀在洛陽履道坊白居易宅中西池採菱事。

到杭州西溪，有《西溪 近郭西溪好》：「近郭西溪好，誰堪共酒壺？苦吟防柳惲，多淚怯楊朱。野鶴隨君子，寒松揖大夫。天涯常病意，岑寂勝歡娛。」謂其無家可歸，到處流浪。

時盧簡辭為衢州刺史，宋若荀寄居在陸贄城西故宅中，陸贄貶忠州別駕後將田千畝給祥符寺飯僧，因而結識僧徹。又到魏暮所貶信州，李商隱有《野菊》：「苦竹園南椒塢旁，微香冉冉淚涓涓。已悲節物同寒燕，忍委芳心與暮蟬。細露獨來當此夕，清樽相伴省他年。紫雲新苑移花處，不取霜栽近御宴。」

經盧貞福建駐地，有《武夷山》：「只得流霞酒一杯，空中簫鼓當

時回。武夷洞裡生毛竹,老盡曾孫更不來。」

在涇州前線李商隱收到宋若荀九江來信,告知劉蕡已經去世,作《哭劉蕡》:「上帝深宮閉九閽,巫咸不下問銜冤。黃陵別後春濤隔,湓浦書來秋雨翻。只有安仁能作誄,何曾宋玉解招魂。平生風義兼師友,不敢同君哭寢門。」謂春末在湘陰分別,怎麼秋天就去世了呢?去年還一起為屈原招魂,如今友人真的蒙冤去世了!可悲的是我們不能為之公開慟哭啊!劉蕡之子《劉埕墓志》云,劉蕡終於澧州司戶。

過巫山,有《楚宮二首》:「十二峰前落照微,高唐宮暗坐歸迷。朝雲暮雨長相見,猶自君王恨見稀。月姊曾逢下彩蟾,傾城消息隔重簾。已聞佩響知腰細,更辨弦聲知指纖。暮雨自歸山峭峭,秋河不動夜懨懨。王昌且在牆東住,未必金堂得免嫌。」(有將李商隱《楚宮十二峰前》與《水天閒話舊事》合為一者)以月中仙女、細腰楚女、會彈箏指戀人,憶及三山島舊事,「金堂」即「盧家鬱金堂」,謂如今即使你不到我這兒來,朋友們也未必不懷疑。

宋若荀等往川中,經黃州、江陵、宜昌,李商隱作《楚宮 復壁交青瑣》:「復壁交青瑣,重簾掛紫繩。如何一柱觀,不礙九枝燈。扇薄常規月,釵斜只鏤冰。歌成猶未唱,秦火入夷陵。」謂從荊州向夷陵。

時劉映任夷陵(宜昌)州吏,白居易有《送劉五司馬赴任硤州(夷陵)兼寄崔使君》(《全唐詩 卷四百五十五 白居易》),李商隱《贈送前劉五經映三十四韻》:「建國宜師古,興邦屬上庠。從來以儒戲,安得振朝綱。叔世何多難,茲基遂已亡。泣麟猶委吏,歌鳳更佯狂。屋壁餘無幾,焚坑逮可傷。挾書秦二世,壞宅漢諸王。草草臨盟誓,區區務富強。微茫金馬署,狼藉鬥雞場。盡欲心無竅,皆如面正牆。驚疑豹文鼠,貪竊虎皮羊。南渡宜終否,西遷冀小康。策非方正士,貢絕孝廉郎。海鳥悲鐘鼓,狙公畏服裳。多岐空擾擾,幽室竟倀

悵。凝邈為時範，虛空作士常。何由羞五霸，直自呰三皇。別派驅楊墨，他鑣並老莊。詩書資破塚，法制困探囊。周禮仍存魯，隋師果禪唐。鼎新麾一舉，革故法三章。星宿森文雅，風雷起退藏。繄囚為學切，掌故受經忙。夫子時之彥，先生跡未荒。褐衣終不召，白首興難忘。感激殊非聖，棲遲到異糧。片辭褒有德，一字貶無良。燕地尊鄒衍，西河重卜商。式閭真道在，擁彗信謙光。獲預青衿列，叨來絳帳旁。雖從各言志，還要大為防。勿謂孤寒棄，深憂訐直妨。叔孫讒易得，盜蹠暴難當。雁下秦雲黑，蟬休隴葉黃。莫逾巾屨念，容許後昇堂。」列舉儒學興衰，希望他看在同為魯儒正統分上收留落難的宋若荀。

因超假失去軍職，到華州周墀幕。會昌元年十一月壬寅，夜大星東北流，彗起于室，十二月辛卯，不見。(《舊唐書　本紀十八　武宗》)李商隱為周墀作《為汝南公以妖星見賀德音表》，五十六日後滅，十二月二十六日又作《為汝南公彗星不復見正殿表》。

時李商隱四十三歲。

宋若荀三十七歲。

會昌二年（壬戌，公元 842 年）

正月，李德裕為司空。乙亥，陳夷行為尚書左僕射，崔珙為尚書右僕射。二月，檢校尚書右僕射、淮南節度使李紳為中書侍郎、平章事。二月，淮南節度使李紳入朝，丁丑，同平章事、判度支。三月丙申，李紳為門下侍郎。六月，陳夷行罷太子太保。七月，尚書左丞兼御史中丞李讓夷為中書侍郎、同中書門下平章事。(《新唐書　宰相表下》)四月乙酉朝，李德裕上章，請加尊號「仁聖文武至神大孝皇帝」。戌寅，御宣殿受冊。(《舊唐書　本紀十八上　武宗》)

杜悰為淮南節度使。三月，以振武劉沔為河東，庚申，以金吾上

將軍李忠順為振武節度使。李固言為河中，代孫簡。四月，昭義節度
使劉從諫卒，其侄劉稹據鎮自立。朝臣多主張姑息，李德裕以澤潞地
近京師，力勸武宗用兵。以忠武節度使王茂元為河陽節度使。(《舊唐
書 本紀十八上 武宗》)十月，武宗子峴命狄兼謨為傅，俄領天平節
度。李石為荊南觀察使。八月，司徒陳夷行為河中。盧簡辭由湖南為
浙西，李景仁為容管經略使。崔元式接任湖南。(《舊唐書 本紀十八
上 武宗》)

　　會昌初，回鶻入寇，連年掠雲、朔、牙、五原塞下，詔雄為天德
軍防禦副使，兼朔州刺史，為朔方靈武定遠等城節度管內觀察處置押
蕃落使管下。《新唐書 石雄傳》云，正月，回鶻寇橫水柵，略天德、
振武軍。二月，河東節度使符澈修把頭峰舊戍，以備回鶻。三月李拭
巡邊還，盛稱劉沔可任大事，時河東節度使符澈疾病，庚申，以劉沔
代之。三月，回鶻溫沒斯以赤心桀黠難知，先告田牟云：赤心謀犯
塞。乃誘赤心並僕固殺之，那頡啜收赤心之眾七千帳東走。河東奏：
「回鶻兵至橫水，殺掠兵民，今退屯釋迦泊東。」(《資治通鑑考
異》)五月，那頡啜率其眾自振武、大同，東因室韋、黑沙，南趣雄
武軍，窺幽州，盧龍節度使張仲武之將兵三萬迎擊，大破之，斬首捕
虜不可勝計。時烏介仲雖衰減，賞號十萬，駐牙于大同軍北閭門山。
楊觀自回鶻還，可汗表求糧食、牛羊，且請執送嗢沒斯等。五月丙
申，回鶻沒斯降。六月，河東節度使劉沔及回鶻戰于雲州，敗績。八
月，回鶻烏介可汗率眾過天德把頭峰，突入大同川，俘掠雲、朔、北
川，趨掠河東牛馬數萬。朝廷籌備兵力，等來春驅逐回鶻。九月，詔
銀州刺史何清朝、蔚州刺史契苾通領沙陀、吐渾六千騎赴天德。八
月，討回鶻，征發許、蔡、汴、滑六鎮之師。(《資治通鑑 會昌二
年》)詔以回紇犯邊，或攻或守，令少師牛僧孺、陳夷行與眾卿集
議。百僚議狀守關防，李德裕議以回紇嗢沒、赤心，今已離叛，擊之

為便，乃征發許、蔡、滑等六鎮之師，九月，以太原節度使劉沔為回
鶻南面招撫使，幽州盧龍節度使張仲武為東面招撫使，右金吾大將軍
李思忠為河西党項都將西南面招討使，皆會軍于太原。（《新唐書 本
紀八 武宗》）時「沙陀（赤心）常深入，冠諸軍」。（《新唐書 列傳第
一百四十三 沙陀》）詔銀州刺史何清朝、蔚州刺史契必通領沙陀、吐
渾六千騎趨天德，李思忠率回紇、党項之師保大柵。達磨贊普死，吐
蕃內亂。會昌二年十月，吐蕃贊普卒，遣使論普熱入朝告哀。詔將作
少監李璟入蕃弔祭。（《舊唐書 本紀十八上 武宗》）

秋七月，漢水溢堤入郭，自漢陽王張柬之一百五十歲後水為最
大，李太尉德裕挾維州事，曰（牛僧孺）修利不至，罷為太子少師。
未幾，檢校司徒兼太子少保。明年，以檢校官兼太子太傅，留守東
都。（杜牧：《唐故太子少師奇章郡開國公贈太尉牛公墓志銘並序》）
劉禎誅，而石雄軍吏得從諫與僧孺、宗閔交結狀，……武宗怒，貶為
太子少保，分司東都，累貶循州長史。（《新唐書 牛僧孺傳》）孫簡為
河南。

七月，劉禹錫卒，年七十五。

韓偓出生。

李商隱在華州，為周墀作《為汝南公賀元日御正殿受朝賀表》、
《為汝南公賀元日朝會上中書狀》。

開成五年冬杜牧在牛僧孺山南東道節度使幕中見到盧簡求。會昌
二年盧簡辭為浙西，《樊川集 與浙西盧大夫書》中：「去年乞假，路
由漢上，員外七官，惠然不疑。」可見當時盧簡求在牛僧孺幕中。

春，宋若荀等隨白居易往江南，詩人們經漢陽往潯陽，途中經江
夏，李商隱《哭劉司戶蕡》：「路有論冤謫，言皆在中興。空聞遷賈
誼，不待相孫弘。江闊惟回首，天高但撫膺。去年相送地，春雪滿黃

陵。」是再次為友人傷情。

　　來到白居易廬山草堂，白居易《戲贈李十三判官》:「垂鞭相送醉醺醺，遙見廬山似指君。想君初覺從軍樂，未愛香爐峰上雲。」(《全唐詩　卷四百三十九　白居易》)是對李商隱委婉批評。

　　到池州李景業處停留，又往吳越。時杜悰為淮南節度使，杜牧攜弟杜顗到揚州求治，詩人們結伴往江南。杜牧《上宰相求湖州第二啟》:「時西川相國兄（悰）始鎮揚州。弟兄謀曰:『揚州大郡，為天下通衢，世稱異人術士多遊其間，今去值有勢力，可為久安之計，冀有所遇。』其年秋，顗遂東下，因家揚州。」宋若荀、李商隱隨為弟治眼病杜牧向揚州，賦詩諷刺隋煬帝、陳後主等荒淫皇帝，感慨古往今來政治得失，即李商隱《與白秀才狀》中所謂「江黃預會，尋列春秋」。李商隱作《定子》:「檀槽一抹廣陵春，定子初開睡臉新。卻笑吃虛隋煬帝，破家亡國為何人。」故意提起當年宋若荀隨皇帝東巡江南事。

　　時盧簡辭為浙西，治蘇州(《樊川集　與浙西盧大夫書》)，宋若荀與白居易等到蘇州，住在閶門皋橋唐衢故居。詩人們到老友丁公著蘇州橫山東故居暫住，弔唁已故友人唐衢，白居易有《長洲苑》:「春入長洲草又生，鷓鴣飛起少人行。年深不辨娃宮處，夜夜蘇臺空月明。」(《全唐詩　卷四百四十二　白居易》)

　　開成五年八月，御史中丞裴夷直為杭州刺史，皆坐劉弘逸、薛季棱黨也。詩人們到杭州，在開元寺賞牡丹。

　　宜興蔣某為荔浦令，詩人們往桂林。李商隱趕到長沙未見宋若荀，作《潭州》:「潭州官舍暮樓空，今古無端人望中。湘淚淺深滋竹色，楚歌重迭怨蘭叢。陶公戰艦空灘雨，賈傅承塵破廟風。目斷故園人不至，松醪一醉與誰同？」謂不見宋若荀等蹤影，但是附近斑竹林中分明有她的淚痕，蘭蕙叢中留下了她與屈原同樣的怨恨；我在湘江

邊只看到晉代陶侃留下戰艦、長沙王太傅賈誼當年住宅改成廟宇現今已破敗不堪。

回洛陽，李商隱在上陽宮賞花作《和張秀才落花有感》：「晴暖感餘芳，紅苞雜絳房。落時猶自舞，掃後更聞香。夢罷收羅薦，仙勒救玉箱。徊腸九回後，猶自剩迴腸。」以《晉書　左貴嬪列傳》中「元楊皇后誄曰：『星陳夙駕，靈輿結駟。其與伊何，金根玉箱。』」蘇彥《詠織女詩》：「時來嘉慶集，整駕巾玉箱。」指「宋玉」身分屬於宮中嬪妃之列，又為「織女」，因此「落花」所指為宋若荀；司馬遷《報任少卿書》：「是以腸一日而九回。」九迴腸者即李商隱自指。

盧商入朝為京兆尹，皇帝下令將白居易宅邊柳移植到長安，宋若荀等隨之往長安。宋若荀回到長安後病倒，李商隱作《垂柳　垂柳碧鬝茸》：「垂柳碧鬝茸，樓昏雨帶容。思量成晝夢，束久發春慵。梳洗憑張敞，乘騎笑稚恭。碧虛隨轉笠，紅燭近高舂。怨目明秋水，愁眉淡遠峰。小欄花盡蝶，靜院醉醒蛩。舊作琴臺鳳，今為藥店龍。寶奩拋擲久，一任景陽鐘。」如今戀人身心受到如此摧殘，我也是愁悶得無以復加。此詩又作唐彥謙詩。

樂遊原，李商隱作《樂遊原　春夢亂不記》：「春夢亂不記，春原登已重。青門弄煙柳，紫閣舞雲松。拂硯輕冰散，開樽綠酎濃。無悰託詩遣，吟罷更無悰。」在興慶宮附近李商隱作《柳　為有橋邊》：「為有橋邊拂面香，何曾自敢占流光。後庭玉樹承恩澤，不信年華有斷腸。」想起當年宋若憲和宋若荀姊妹被召進皇宮，陪侍皇帝飲酒，心中充滿了悲傷，認為自己再娶是因為宋若荀當年投入皇帝懷抱。

在昭國坊洞房，李商隱《公子　外戚封侯》：「外戚封侯自有恩，平明通籍九華門。金唐公主年應小，二十君王未許婚。」為當年宋若荀被封為冀國夫人，不許她出嫁。其實是為自己與王茂元女成婚辯解尋找理由。

臨別長安。李商隱作《流鶯》：「流鶯飄蕩復參差，渡陌臨流不自持。巧囀豈能無本意，良辰未必有佳期。風朝露夜陰晴裡，萬戶千門開閉時。曾苦傷心不忍聽，鳳城何處有花枝。」謂長安建章宮已經沒有宋若荀居留可能。

邊塞不寧，盧商參與伐潞，李商隱從石雄幕。宋若荀等隨白居易回洛陽，經長安東五松驛作《五松驛》：「獨下長亭念過秦，五松不見見輿薪。只應既斬斯高後，尋被樵人用斧斤。」與白居易《自望秦赴五松驛馬上偶睡，睡覺成吟》相應。

李商隱往李德裕推薦的石雄天德軍效勞，《新唐書　地理志》：「天德軍在豐州受降城西二百里大同川。」周墀開成五年七月至會昌三年為華州，李商隱作《獻華州周大夫十三丈啟》中：「大夫以南陽惠化，為東雍先聲。旬日以來，謳歌已洽。今者北誅雜虜，西卻諸戎。蓮岳分憂，雖期于河潤；雲臺佇議，終動于天慈。伏料即時，必降徵詔。某方從羈宦，邈遠深恩。昔日及門，預三千之弟子；今晨及路，隔百二之關河。瞻望清光，不任攀結。」李商隱歸來耽誤時日，故曰「方從羈宦，邈遠深恩」，「北誅雜虜」謂會昌二年五月「那頡啜帥其師自振武、大同，東因室韋、黑沙，南趣雄武軍，窺幽州，盧龍節度使張仲武遣其弟仲至將兵三萬迎擊，大破之。斬首捕虜不可勝計。」（《通鑒　會昌二年》）自己「銜書見召」將往前線，朋友中有人以為他是「蕩子」，拋棄宋若荀，為仕途「從軍樂」，而李商隱則希望自己能在邊境為朝廷出力。辭別詩《華州周大夫宴席》：「郡齋何用酒如泉，飲德先時已醉眠。若共門人推禮分，戴崇爭得及彭宣。」下注：「西銓」，時周墀以工部侍郎為華州。

宋若荀經洛陽回江南，李商隱《獨居有懷》：「麝重愁風逼，羅疏畏月侵。怨魂迷恐斷，嬌喘細疑沉。數急芙蓉帶，頻抽翡翠簪。柔情終不遠，遙妒已先深。浦冷鴛鴦去，園空蛺蝶尋。蠟花長遞淚，箏柱

鎮移心。覓使嵩雲暮，回頭灞岸陰。只聞涼葉院，露井今寒砧。」回
憶之前相會。

到蘇州，李商隱《遊靈迦寺》：「碧煙秋寺泛湖來，水打城根古堞
摧。盡日傷心人不見，石楠花滿舊琴臺。」涉及橫山北靈迦寺和蘇州
靈岩山。

在越州，李商隱有《題鵝》：「眠沙臥水自成群，曲岸殘陽極浦
雲。那解將心憐孔翠，羈雌長共故雄分。」看到水邊「自成群」的
鵝，不禁聯想起自己與宋若荀已經分居長久，不知友人是否能理解他
們之間感情。

李商隱經蘇州、金陵回洛陽，李商隱作《南朝 地險悠悠》：「地
險悠悠天險長，金陵王氣映瑤光。休誇此地分天下，只得徐妃半面
妝。」有污蔑宋若荀婦節不保意。過玄武湖時作《詠史 北湖南埭》：
「北湖南埭水漫漫，一片降旗百尺竿。三百年間同曉夢，鐘山何處有
龍盤。」金陵繁華之地，李商隱以韓非子得國失國常以儉得之、以奢
使之，針對陳、隋奢侈導致亡國，作《詠史 歷覽前賢》：「歷覽前賢
國與家，成由勤儉敗由奢。何須琥珀方為枕，豈得珍珠始是車。運去
不逢青海馬，力窮難拔蜀山蛇。幾人曾預南薰曲，終古蒼梧哭翠
華。」謂唐文宗雖有恭儉之性，豈因琥珀枕、珍珠車之事而亡國，在
缺少判斷、受制於宦官，致使大臣為訓、注之流陷害。總之，一路上
還在怪宋若荀當年不肯結婚，言外之意他如今「別娶」是宋若荀逼得
他如此的。

到洛陽。《舊唐書 劉瑑傳》：「會昌末，累遷尚書郎、知制誥，正
拜中書舍人。」可見此前已有試職。李商隱《上劉舍人狀》：「前月獲
望門牆，值有賓客，吐辭未盡，受顧如初。」文中「因緣一命，羈曳
三年。……內惟庸薄，竊有比方：陳蕃雖貧，未欲掃除一室；孟光雖
醜，已嘗偃蹇數夫。」《左傳 昭公七年》：「三命茲益共。一命而僂，

再命而傴，三命而俯。」《後漢書 梁鴻傳》：「鴻字伯鸞，尚節介，勢家慕其高潔，多欲女之，鴻並絕不娶。同縣孟氏有女，狀肥醜而黑，擇對不嫁，曰：『欲得賢如梁伯鸞者。』鴻聞而聘之。及嫁，始一裝飾入門。七日而鴻不答。妻謂曰：『竊聞夫子高義，簡斥數婦，妾亦偃蹇數夫矣。今而見擇，敢不請罪。』鴻曰：『吾欲裘褐之人，可與俱隱深山者爾。』妻乃更為椎髻，著布衣，操作而前。鴻曰：『此真乃梁鴻妻也。』字之曰德曜，名孟光。」取梁鴻妻意，當年甚至願意如農婦那樣為在田裡幹活丈夫送飯，如梁鴻妻那樣舉案齊眉的王氏妻，如今卻是「已嘗偃蹇數夫」，多次傲視丈夫，可見夫妻感情並不好。「倚望光輝，實在造次」，希望劉瑑能幫助宋若荀。又作《獻舍人彭城公（劉瑑）啟》：「即日補闕（令狐綯會昌二年由補闕為戶部侍郎）令狐子直顧及，伏話恩憐，猥加庸陋，惶惕所至，感激仍深」，李商隱除了感慨身世，希望援引，還希望劉瑑能為宋氏姊妹平反出力，提出「方今聖政維新，朝綱大舉，徵伊、皋為輔佐，用襃、向以論思。大窒澆風，廓開雅道。繆因為學，重見崔生；掌固受經，復聞寵子。」以《後漢書 崔瑗傳》：「以事繫東郡發于獄，獄掾善為《禮》，瑗間考訊時，輒問以《禮說》。」《漢書 黃霸傳》：「坐公卿大議庭中，知長信少府夏候勝非議詔書大不敬，霸阿從不舉劾，皆下廷尉，繫獄當死，霸因從勝受《尚書》獄中。」不妨從犯有死罪人中尋找能用人才，希望劉某代向皇帝求情，使「沉淪者延頸，逃散者動心。是敢竊假菲詞，仰於哲匠，果蒙咳唾，以及泥途。王遜之遙舉董聯，方斯未逮；蔡邕之迎王粲，與此非同。」如果因您的推薦而為皇帝所知，「倘或不吝鑄人，必令附驥，雖不足深窺閫奧，遠及幾微，然比于鼠識吉凶，燕知戊己，既殊異類，蓋有深誠」，她雖不如顏淵學問德行，也說不上學問深奧、知微見著，但比那些見識淺薄的人好，可以為朝廷所用。

　　李商隱《深宮》：「金殿銷香閉綺籠，玉壺傳點咽銅龍。狂飆不惜羅陰薄，清露偏知桂葉濃。斑竹嶺外無限淚，景陽宮裡及時鐘。豈知為雲為雨處，只有高唐十二峰。」本來楚襄王和朝雲相會也只有在巫峽才有可能，充滿了對宋若荀怨恨。

　　宋若荀氣憤之極，與友人回江南，杜牧在潤州作《杜秋娘》詩。李商隱利用假期到江南探望，作《戲題友人壁》：「花徑迤邐柳巷深，小闌亭午轉春禽。相如解作長門賦，卻用文君取酒金。」自己雖然才華出眾卻沒有多少收入，反而與東方朔一樣要接受宋若荀資助。蘇州洞庭東山陸巷吳王古行宮（唐屬吳興）中有一口能照見人影古井，李商隱作《景陽井》：「景陽宮井剩堪悲，不盡龍鸞誓死期。腸斷吳王宮外水，濁泥猶得葬西施。」

　　盛夏，詩人們經衢州到江西上饒三清山，《龍邱道中二首》：「漢苑殘春別，吳江盛夏來。唯看萬樹合，不見一枝開。水色饒湘浦，灘聲怯建溪。淚流回月上，可得更猿啼。」

　　裴休接替李款為洪州刺史、江西觀察使，魏謩因楊嗣復、李珏被貶信州刺史，李商隱《玉山》：「玉山高與閬風齊，玉水清流不貯泥。何處更求回日馭，此中兼有上天梯。珠容百斛龍休睡，桐拂千尋鳳要樓。聞道神仙有才子，赤簫吹罷好相攜。」宋若荀希望李商隱能與她一起隱居，但李商隱放不下自己仕途前程，用「濁水清波何異源，濟河水清黃河渾」埋怨宋一心向道，兩人意見分歧，李商隱賭氣離開玉山。

　　宋若荀隨白居易等往盧山草堂和獨孤雲武昌，李商隱詩《妓席暗記送同年獨孤雲之武昌》：「迭嶂千重叫恨猿，長江萬里洗離魂。武昌若有山頭石，為拂蒼苔檢淚痕。」為自己不能同行而請同年獨孤雲帶信往鄂州，其中惆悵可知。

　　再到蘇州。李商隱《陳後宮 茂苑城如畫》：「茂苑城如畫，閶門

瓦欲流。還依水光殿，更起月華樓。侵夜鸞開鏡，迎冬雉獻裘。從臣皆半醉，天子正無愁。」謂當年吳王並沒有意識到越國危險，言外之意自己也不清楚當年宋氏姊妹處境。

李商隱去北方，作《蠍賦》。

宋若荀在蘇州洞庭三山島劉玄靖處暫留，李商隱作《玄微先生》：「仙翁無定數，時入一壺藏。夜夜桂露濕，村村桃水香。醉中拋浩劫，俗處起神光。藥裹丹山鳳，棋函白石郎。弄河移砥柱，吞日倚扶桑。龍竹栽輕策，鮫絲熨下裳。樹栽嗤漢帝，橋板笑秦王。徑欲隨關令，龍沙萬里強。」對劉玄靖風貌、經歷描寫，「徑欲隨關令，龍沙萬里強」謂其如關令尹一樣追隨老子往西方化胡，暗指其有西行計劃和行動，很可能宋若荀是與劉玄靖等一起去的敦煌。

由於李商隱已經再娶，宋若荀窮途再遭打擊，決定隨劉玄靖往西海「化胡」。高元裕會昌二年為兵部侍郎，累擢尚書左丞，領吏部選，出為宣歙觀察使，宋若荀等經宣州往黃州。杜牧《上宰相求湖州第二啟》云會昌二年「某（杜牧）七月出守黃州。」

經巫山時宋若荀為友人獻上一曲，李商隱《聞歌》：「斂笑凝眸意欲歌，高雲不動碧嵯峨。銅臺罷望歸何處，玉輦忘還事幾多。青塚路邊南雁盡，細腰宮裡北人過。此聲腸斷非今日，香炧燈光奈爾何。」

經成都，五月至八月，回鶻戰火燒至雲中、大同，朝廷欲結黠戛斯遏制回鶻，劉濛出使河西。李商隱作《杜工部蜀中離席》：「人生何處不離群，世路干戈惜暫分。雪嶺未歸天外使，松州猶駐殿前軍。座中醉客延醒客，江上晴雲雜雨雲。美酒成都堪送老，當壚仍是卓文君。」

玉壘山，《漢書 地理志》：「玉壘山湔水所出東南至江油入江」，玉壘山迤邐南向直趨灌縣，即今都江堰內江一側山體。原先為一，李冰開山分水，較小者為「離堆」，較大者為玉壘山。另一玉壘山為汶川縣威州鎮東南，高峻奇險。

　　一行由川西北松潘地區往西海，李商隱作《蜀桐》：「玉壘高桐拂玉繩，上含非霧下含冰。枉教紫鳳無棲處，斬作秋琴彈壞陵。」

　　吳人歸融由翰林學士進至戶部侍郎，後又為東川節度使，李商隱在《上度支歸（融）侍郎狀》：「某幸因科第，受遇門牆。辱累以來，孤殘僅在。箋封曠絕，歲序淹遲。棄席遺簪，託誠無地。伏計亦賜哀察。至冬初赴選，方遂起居未間。」希望得到他的推薦。希望歸侍郎「亦賜哀察」照應宋若荀；自己即將於「冬初赴選，方遂起居未間」，因而不能不同行，「下情不任攀戀」。

　　李商隱回到王茂元陳許幕，為忠武王茂元作《為濮陽公上賓客李（宗閔）相公狀二》寫信問李宗閔好。其中「今寶曆既初，聖政茲始」指武宗新即位。「此方地控淮徐，氣連荊楚，不唯土薄，兼亦冬溫。洛陽居萬國之中，得四方之正，或聞今歲亦不甚寒。相公百祿所綏，五福攸集。伏料調護，常保安寧。從古以來，大賢所處，未有不功高而去，德盛而謙，以煙水為歸途，指神仙而投分。名高百古，事冠一時。然而內難外憂，不常而起；深謀密畫，須有所歸。則呂望老于渭濱，始持兵柄；周公還于洛邑，復秉國鈞。」又為王茂元作《為司徒濮陽公祭忠武都押衙張士隱文》，王茂元卒後加司徒，為後來李商隱編《樊南甲集》時所加。又《為濮陽公陳許補王琛衙前兵馬使牒》、《為濮陽公補盧處恭牒》、《為濮陽公補仇坦牒》、《為濮陽公補顧思言牒》等。

　　九月，洛陽縣正平坊安國觀、開成三年披度之上清玄都大洞女冠、扶風馬總妻王氏到京兆府萬年縣永崇坊龍興觀受上法師東嶽先生鄧君符，李商隱為其作《為馬懿公郡夫人王氏黃籙齋文》。會昌二年十月丙辰朔（下元節前夕），又到洛陽城南正平坊原玉真公主修道處，作《為馬懿公郡夫人王氏黃籙齋第二文》，云「況所居觀宇，乃

肇于貴主，創自平時。絳館清宮，居惟帝女；珠囊錦帙，來自天家」，安國觀本太平公主宅，景雲元年置道士觀。開元十年，玉真公主居之，改為女冠觀。《為馬懿公郡夫人王氏黃籙齋第三文》中「河源滯爽，狂狴幽冤，咸乞蕩除，俾從謫遷。」《靈寶洞玄自然九天生神章經》：「感爽無凝滯，去留如解帶。」《黃庭內景經》：「違盟負約，七祖受考于暘谷、河源，身為下鬼，考于風刀。」揚子《法言》：「劍客論曰：『劍可以愛身。』曰『狂狴使人多禮乎？』」河源一帶為唐與吐蕃爭戰之地，多留滯冤魂，囚於牢獄不能伸冤。謂宋若荀往西海被吐蕃扣留。

「十月，吐蕃贊普卒，遣使論普熱入朝告哀，詔將作少監李璟入蕃弔祭」。李商隱從李璟那裡得到消息，謂劉玄靖一行七月從成都出發經囊謙、玉樹往西海，八月在臨蕃被吐蕃疑為大唐奸細羈押，滯留在赤嶺，後扣押在青海湖邊虜庭。劉玄靖、宋若荀由青海湖邊吐蕃領地向北翻越祁連山到鹽州李彥佐駐地。因回鶻佔據河西，在沙州退渾國君邀請滯留敦煌，度過冬春。

時李商隱四十四歲。

宋若荀三十八歲。

會昌三年（癸亥，公元 843 年）

六月辛酉，李德裕為司徒。是月，作望仙觀于宮中。（《新唐書本紀八　武宗》）

二月辛未，崔珙罷守尚書右僕射。五月壬寅，李紳為門下侍郎。戊申，翰林學士承旨、中書舍人崔鉉為中書侍郎、同中書門下平章事，宰相、樞密皆不預知。庚戌，李紳為尚書右僕射。六月辛酉，李德裕任司徒。（《新唐書　宰相表下》）

正月，盧弘宣自祕書監為義武，遷京兆尹、刑部侍郎，拜東川節

度使，接替兵部尚書歸融。二月辛未，崔珙罷相，崔琯山南西道節度使罷鎮。（《新唐書 崔珙傳》）孫簡為山南西道。二月，詔除石雄為河陽節度使，邠寧王宰為忠武，劉沔自河陽改忠武；十月辛未，劉沔遷義成節度使。九月辛未，以前荊南節度使李石為河東，鄭涯繼任荊南。十月辛未，以前武寧節度使李彥佐為朔方靈鹽節度使，河東節度使劉沔檢校司空、兼滑州刺史、御史大夫，義成鄭滑節度使。會昌中，築三原城，吐蕃數犯塞，拜史憲忠涇原節度使。（《新唐書 史憲忠傳》）裴休為湖南觀察使，接替崔元式。（《唐方鎮年表》）十一月，河中節度、司徒陳夷行卒，崔元式為河中。李玭為平盧。豐州刺史田牟檢校工部尚書、兼御史大夫為邠坊。（封敖：《授田牟邠坊節度使制》）

　　正月庚子，天德軍行營副使石雄及回鶻戰於殺胡山，敗之。（《新唐書 本紀八 武宗》）春，正月，回鶻伍介可汗率眾侵逼振武，劉沔遣麟州刺史石雄、都知兵馬使王逢帥沙陀朱邪赤心三部及契苾、拓拔三千騎襲其牙帳，沔自以大軍繼之，雄至振武，登城望回鶻之眾寡，見氈車數十乘，從者皆衣朱碧，類華人。使諜問之，曰：「公主帳也。」雄使諜告之：「公主至此，家也，當求歸路！今將出兵擊可汗，請公主潛與侍從相保，駐車勿動！」雄乃鑿城十餘穴，引兵夜出，直至可汗牙帳。……庚子，大破回鶻於殺胡山，可汗被創，與數百騎遁去，雄迎太和公主以歸。（《資治通鑑 會昌三年》）二月，以麟州刺史、天德行營副使石雄為銀青光祿大夫、檢校左散騎常侍、豐州刺史、御史大夫、充豐州西城中城防、本管押蕃羅等使。（《舊唐書 本紀第十八上 武宗》）

　　四月乙丑，昭義節度使劉從諫卒，三軍以其侄劉稹為兵馬留後，上表請授節鉞。遣使詔稹護喪歸洛陽，稹拒朝旨。五月，詔百僚會議劉稹可誅可囿之狀以聞。朝臣多主張姑息，李德裕以澤、潞以地近京

師，力勸武宗用兵。以忠武節度使王茂元為河陽節度使，四月丁亥，
邠寧節度使王宰為忠武節度使，高承恭為邠寧，王茂元接替李執方為
河陽，九月卒，以河南尹敬昕為河陽；李執方為義武，《曲陽志金
石》：「檢校吏部尚書、定州刺史、御史大夫李執方，會昌三年十月十
日。」五月，以武寧節度使李彥佐為晉絳行營諸軍節度招討使，以田
牟為武寧。（崔璵：《授田牟有金吾將軍制》）辛丑，成德節度使王元
達為北面招討澤潞使，魏博節度使何弘景為東面招討澤潞使，及河中
節度使陳夷行、河陽節度使王茂元、劉沔以討劉稹。五月戊申，武寧
軍節度使李彥佐為晉絳行營諸軍節度招討使。（《新唐書 本紀八 武
宗》）八月，下詔削奪劉從諫、劉稹官爵，令諸道進軍攻討。遣盧弘
止宣慰三州及成德、魏博兩鎮。八月十八日，劉稹將薛茂卿破蝌蚪
寨，擒河陽大將馬繼等，焚掠小寨十七，距懷州城才十餘里。二十九
日，劉稹將劉公直潛師過王茂元屯軍之萬善南五里，焚雍店。詔成德
節度王元達充北面招討使，魏博節度何弘敬東面招討使、太原節度使
劉沔各進兵攻討。仍以徐泗節度李彥佐為晉絳行營諸軍節度使澤潞西
南面招討使，河陽節度王茂元以本軍屯萬善；但李彥佐發兵遲緩，又
請休兵于絳州，何弘敬猶未出師，因而討伐未下。九月，陳許節度使
王宰充澤潞南面招討使，兼領河陽行營諸軍攻討使。王茂元卒，王宰
代總萬善之師，九月，以石雄為李彥佐之副，旋以石雄代李彥佐為晉
絳行營節度使，令自翼氏取潞州，仍分兵屯翼州以備侵軼。（《舊唐書
本紀十八上 武宗》）十月己巳，晉絳行營節度使石雄及劉稹戰于烏
嶺，敗之。劉稹牙將李丕降，用為忻州刺史。十二月，王宰奏收復天
井關。賊將薛茂卿入澤州，密與王宰通，謀為內應，宰疑不敢進。稹
誘茂卿至潞殺之，並其族。《新唐書 王宰傳》：「兵出魏博，討劉稹，
李德裕以宰乘破竹之勢不遂取澤州，帝有詔切責。宰懼，進攻澤州，
其將郭誼殺劉稹。」《全唐文 卷六百九十九 李德裕 賜王宰詔意》：

「卿蒞臨澤州，頗彰惠政。……卿宜大布誠信，且務綏懷。」四年八月，王宰傳積首露布獻于京師。(《新唐書 本紀八 武宗》)

會昌三年，李德裕為相，武宗患選士不得才，特命王起典貢舉，十一月十九日，赦諫議大夫陳商守本官權知貢舉。後因奏對不稱旨，宰臣遂奏依前命左僕射王起主貢舉。(王仲鏞著：《唐詩紀事校箋》，成都，巴蜀書社1989年8月第一版，第1884頁。)三年十月，宰相監修國史李紳，兵部郎中、史館修撰判館事鄭亞進重修《憲宗實錄》四十卷，頒賜有差。(《舊唐書 本紀十八上 武宗》)

白居易刑部尚書致仕。

初春，王茂元陳許幕，李商隱為王茂元作《為濮陽公上四相賀正啟》，其中「伏以春日青陽，歲當更始，思將萬壽，以奉相公」，可見為開春時所作。四相，首相太清宮使，次三相皆帶館職：弘文館大學士、兼修國史、集賢殿大學士。開成五年十二月，宰相李德裕、崔鄲、崔珙、陳夷行。

李商隱來到以前住的地方感觸良多，《即日 小苑初試衣》：「小苑初試衣，高樓倚暮暉。夭桃惟是笑，舞蝶不空飛。赤嶺久無耗，鴻門猶合圍。幾家綠錦字，含淚坐鴛機。」以春日桃花盛開、蝴蝶飛舞想起愛人如今不知在何方、因去年烏介部侵擾天德，今年侵逼振武，回紇今又入侵雲陽的險惡形勢，不禁為宋若荀擔心。李商隱在長安作《小園獨酌》：「柳帶誰能結，花房未肯開。空餘雙蝶舞，竟絕一人來。半展龍鬚席，輕斟瑪瑙杯。年年春不定，虛信歲前梅。」梅花開前你說只要回到家鄉就原諒我，現在為什麼還沒有回來啊！

正月庚子，天德軍行營副使石雄及回鶻戰於殺胡山，敗之。劉玄靖、宋若荀一行告別沙州退渾國君，繞道漠北向沙狐口方向進發。石雄於殺胡山迎得公主，李商隱得到宋若荀等從榆塞入關消息，友人們

經太原前往雲中接應宋若荀。時李石為河東，後為石雄所代。雲中即
今山西太原北大同，雲中再往北就是長城以外地區及內蒙古自治區東
南部，又稱雁門關，詩人們經河東郡駐地太原往振武軍（今內蒙古自
治區托克托旗）、天德軍駐地大同川（今內蒙古自治區包頭市西北）。
《資治通鑑 會昌二年》：「（九月）乙巳，以銀州刺史何清朝、蔚州刺
史契苾通分將河東蕃兵詣振武，受李思忠指揮。」因而李商隱有後來
《贈別前蔚州契苾使君》詩，可見之前會昌三年謁見過契苾通。

　　會昌元年，王起由分司東都召為尚書郎、太常卿，三年，王起再
知貢舉，盧肇、丁稜、姚鵠以李德裕薦次依次放榜。有《和主司王
起》詩。二月，在王茂元幫助下，李商隱「以書判拔萃」，重入祕書
省為正字。《樊南甲集序》：「兩為祕省房中官。」王起《和李校書雨
中自祕省見訪知早入朝便入集賢不遇詩》中「昔聞三入承明廬，今來
重入中祕書」謂李商隱兩度入祕省；在長安光福里王起宅，李商隱作
《送王十三校書分司》：「多少分曹掌祕文，洛陽花雪夢隨君。定知何
遜緣聯句，每到城東憶范雲。」

　　四月，王茂元由陳許移鎮河陽（今河南孟縣），領懷州河內郡。
「王茂元鎮河陽，辟（李商隱）為掌書記，得供侍御史。」（《舊唐書
李商隱傳》）河陽與澤潞接壤，李商隱為王茂元作《為濮陽公與劉稹
書》，敦促劉稹投降。八月中旬，劉稹亂。《會昌一品別集》云八月二
十四、八月二十八日狀論及河陽兵力已竭，茂元危窘，若賊勢更甚，
欲退守懷州。王茂元病危，李商隱為其作《代僕射濮陽公遺表》。九
月丙午（二十日），河陽奏王茂元卒于軍中，贈司徒。（《舊唐書 本紀
第十八上 武宗》）朝廷聞訊後差遣呂述、任疇至河陽致吊，李商隱為
王茂元長子王瓘作《為王侍御瓘謝宣吊並賻贈表》。

　　李執方自會昌三年四月為易定，四年九月內召，李商隱《上易定
李尚書狀》：「某窮辱之地，早受深知，遂以嘉姻，託之弱植。雖治長

無罪，堪成子妻之恩；而呂範久貧，莫見夫家之盛。今則車徒儼散，棟宇蕭衰，撫歸祧以興懷，吊病妻而增嘆。酸傷怨咽，敢類他人！伏以姻懿年深，交遊跡密，遠味復圭之美，當追命駕之恩。謁敘未由，悲慨無地。」「豈期妻族，亦構禍凶」，有埋怨之意。

會昌三年王師討劉稹，五月，以武寧節度使李彥佐為晉絳行營諸軍節度招討使；李德裕命盧弘止為邢洺磁團練、觀察留後，未行，而稹除。八月，邢、洺、磁三州降，李德裕請以盧弘止為三州留後。丙申，以劉稹已被誅，不復置三州留後，但遣弘止宣慰三州及成德、魏博二道。李商隱《行次昭應道上送戶部李郎中充昭義攻討》：「將軍大旗掃狂童，詔選名賢贊武功。暫逐虎牙臨故絳，遠含雞舌過新豐。魚游沸鼎知無日，鳥覆危巢豈待風？早勒勳庸燕石上，佇光綸綍漢廷中。」對趕往前線的將軍大加讚揚。

周墀鎮華州，宋若荀隨友人秋試監考華山，李商隱《華嶽下題西王母廟》：「神仙有份豈關情，八馬虛隨落日行。莫恨名姬中夜沒，君王猶自不長生。」針對當年宋若荀隨駕華清宮而發。

同往中條山，經永樂劉評事閒居處，李商隱作《和劉評事永樂閒居見寄》：「白社悠閒君暫居，青雲器業我全疏。看封諫草歸鸞掖，尚賁衡門待鶴書。蓮箔碧峰關路近，荷翻翠蓋水堂虛。自探典籍忘名利，欹枕時驚落蠹魚。」謂當年報國志氣已經消磨得差不多了。

冬十月，李商隱母喪去官。由京師回滎陽處理家務，葬祖妣、處士叔于懷；將暫放獲嘉裴氏姊靈柩，以及寄放在濟邑小姪女寄寄靈柩運回滎陽壇山下葬。李商隱未能親往滎陽，「臨穴既乖」，均為遙祭。不久，徐氏姊夫卒，《祭徐姊夫文》，謂當年家道艱難，幸虧徐姊夫幫助渡過難關；「君方赤綬銀章，浙東使務。道途悠遠，時序阻遷，訝吊緘之不來，忽訃書而俱至。感舊懷分，情如之何！埋玉焚芝，固未可喻」，可見徐姊夫去世離李商隱母親去世時間不遠，仲弟義叟往浙

東將徐氏姊夫靈柩運回宋州北五十里景亳故鄉，又將徐氏姊遷往景亳合葬。《祭徐氏姊文》：「追訣慈念，一十八年……再丁憫凶，邈無怙恃。號潰荼裂，心摧骨瓘。霍敬愛女諸甥，來奉欠合。」回憶當年「始某兄弟，初遭家難。內無強近，外乏因依。祗奉慈顏，被蒙訓勉。及除常選，方制入曹。以頑陋之姿，辱師友之義。獲因文筆，實忝功名。三干有司，兩被公選。再命芸閣，叨跡時賢。仲季二人，亦志儒墨。于顯揚而雖未，在進修而不隳。永惟幽靈，盍亦垂鑒。」指經宏詞、吏部試判及拔萃，開成四年釋褐為祕書郎及會昌二年重入祕書省為正字。如今「三弟未婚，一妹處室。息胤猶缺，家徒索然」，可見尚有小於義叟之另一弟，及一妹，自己尚無入家譜中子女。

李商隱請京兆尹盧商《請盧尚書撰故處士姑臧李某志文狀》，其中「時重表兄博陵崔公戎、表姪新野庾公敬休、平陽之郡等」可見李商隱叔父李某與崔戎為表兄弟。「商隱與仲弟義叟、再從弟宣岳等，親授經典，教為文章引進之德，胡寧忘煮？」末署：「曾孫商隱，以會昌二年由進士第判入等，授祕書省正字。」大和三年十月盧商為原滑州司法參軍盧初還祔墓志下題「堂姪守尚書工部郎中商記」，可見亦為「尚書」。盧商出盧氏大房，商隱祖妣亦出盧氏大房，李商隱作《請盧尚書撰曾祖妣志文狀》自注：「故相州安陽縣姑臧李公夫人范陽盧氏，北祖大房。」文中又云「閣下我祖妣之族子」，因此為親戚。

《新唐書 方鎮表》：「會昌三年復置河陽節度使，徙治孟州。」十一月，李璟出使還，「授持節懷州諸軍事、守懷州刺史、兼御史中丞」，李商隱葬母、遷姊柩經過懷州屬縣獲嘉，為李璟作《為懷州李中丞謝上表》：「萬里以遙，三時而復」，《通典》：「澤州理晉城縣。縣南太行山上有天井關。」杜牧《上李相公論用兵書》中有「河陽西去天井關，強一百里，關隘多山，若以萬人為壘，下塞其口。」謂懷州形勢險要，為太行山關隘。因而文中有：「況蘇公舊田，懷侯故邑，

太行會險，德水通津。在申畫之間，素為清地；語翕張之勢，浩曰要區。」又作《為懷州刺史舉人自代狀》，李璟所舉為憲宗懿安皇后之族、肅宗時汾陽郡王郭令公郭曖之孫「今河內名邦，覃懷巨郡，南蕃鳳闕，平分晉、鄭之交；北控羊腸，方有干戈之役。推讓雖循於故事，薦聞實切于私誠。」又為李璟作《為懷州刺史上後上門下表》，《為懷州李使君賽城隍神文》、《為李懷州祭太行山神文》。

會昌三年九月，以石雄代李彥佐為晉絳行營節度使，會昌三年十月，党項羌寇鹽州，以前武寧節度使李玗（彥佐）朔方靈武定遠等城節度管內觀察處置押蕃落等使，兼靈州大都督府長史，領靈、威二州、定遠等軍、豐寧等城。十一月，邠寧奏党項入寇。李德裕奏，党項越熾，不可不為區處。請以皇子兼統諸道，擇廉幹之臣為之副，居於夏州，理其詞訟。十一月，党項侵邠寧，邊疆形勢嚴重。李商隱擔心往河西的宋若荀等，赴河西招討使石雄軍、靈鹽朔方李彥佐軍中，為靈鹽節度使李彥佐作《為鹽州刺史奏舉李孚判官狀》，《為李郎中祭竇端州文》中有「況玗剖郡府，璟持使節。塞遠城徊，河窮路絕」語，李玗、李璟為西平王李晟之孫，李郎中兄弟；竇端州為李願妻弟竇緩兄弟群，因而玗、璟皆為竇端州外甥。元和六年九月黔中觀察使竇群被貶為開州刺史，又貶往端州，元和九年召容管經略使竇群還朝，至衡州卒。文中「君子信饞，小人道長。未暇閉關，難期稅駕。暫持竹符，遠出羅網。誰識卑飛，因成利往。銅梁改秩，錦里經時。人去而琴臺壞棟，文移而石室摧基。劉弘之重銘葛廟，王商之更立嚴祠。隴首去歸，端溪遽逐。角豈觸藩，臀終困木。海闊天盡，山深霧毒。許靖他鄉，有名無祿。馬超正色，宜歌反哭。何謂善之無憑，而降災之甚速！……淚有貲而皆裂，憤無膺而可填。」回憶開成五年嶺南、川中之行，曾到過竇群任職端州。

樓觀臺舉行郊祀大禮，演奏雅樂，李商隱《鈞天》：「上帝鈞天會

眾靈，昔人因夢到青冥。伶倫吹裂孤生竹，卻為知音不得聽。」謂自己不在那裡，沒有知音欣賞。

時李商隱四十五歲。

宋若荀三十九歲。

會昌四年（甲子，公元 844 年）

三月，以道士趙歸真為左右街道門教授先生。時帝志學神仙，師歸真。歸真乘寵，每對，排毀釋氏，言非中國之教，蠹耗生靈，盡宜除去。帝頗信之。(《舊唐書 本紀十八上 武宗》)

閏七月壬戌，淮南節度使、檢校尚書右僕射、駙馬都尉杜悰為尚書右僕射兼中書侍郎、同中書門下平章事、諸道鹽鐵轉運使，李紳檢校尚書右僕射、同平章事、淮南節度使。八月戊申，李德裕守太尉，進封衛國公。(《新唐書 本紀八 武宗》)八月庚戌，李讓夷檢校尚書右僕射兼中書侍郎，崔鉉兼戶部侍郎，杜悰為尚書左僕射兼門下侍郎。十一月，李紳守僕射平章事，出為淮南節度使。《舊唐書 李紳傳》

正月，河東將楊弁作亂，逐節度使李石，監軍呂義忠收復太原，擒楊弁；二月辛酉，楊弁伏誅。太原橫水戍兵因移戍榆社，乃倒戈入太原城，逐節度使李石，推其部將楊弁為留後。武宗以賊積未除，又起太原之亂，心頗憂之。德裕奏即時請降詔令王逢起榆社軍，又令王元達兵自土門入，會于太原。河東監軍呂義忠聞之，即日招榆社本道兵收復太原，九月，生擒揚弁與其同惡五十四人來獻，斬于狗脊嶺。(《舊唐書 列傳第一百二十四 李德裕》)二月丁巳，以李石為太子少傅，分司，以河中節度使崔元式為河東節度使，鄭涯為荊南。三月戊寅，義成節度劉沔為河陽，敬昕為義成(《資治通鑑 會昌四年》)四月戊寅，以左僕射王起同平章事，充山南西道節度使。閏七月壬戌，

中書侍郎同平章事李紳罷為淮南節度使。閏七月，淮南節度使、檢校
尚書右僕射、駙馬都尉杜悰為尚書右僕射兼中書侍郎、同中書門下平
章事、諸道鹽鐵轉運使。八月，李讓夷為檢校尚書右僕射兼中書侍
郎，崔鉉兼戶部尚書，杜悰為尚書左僕射兼門下侍郎。十二月，以忠
武節度使王宰為河東節度使，河中節度使石雄為河陽節度使。崔龜從
為嶺南節度使。（封敖《授崔龜從嶺南節度使制》李商隱：《為渤海公
舉人自代表》）（《舊唐書　本紀十八上　武宗》）三月丁巳，以李石為太
子太傅，分司，以河中節度使崔元式為河東；三月，石雄兼冀氏行營
攻討使，晉州刺史李丕副之。五月辛丑（十三日），制削奪劉從諫及
其子劉稹官爵，以元達為澤潞北面招討使，與夷行、劉沔、茂元合力
攻討。七月，遣戶部侍郎兼御史中丞李回宣諭河朔，令盧龍鎮專禦回
鶻，令成德、魏博兩鎮攻取昭義所屬邢、洺、磁三州，勿助劉稹。三
鎮節度使何弘敬、王元達、張仲武皆從命。七月，以山南東道盧鈞為
昭義節度招撫使，以晉絳副招討石雄為澤潞西面招討，以汾州刺史李
丕為副；八月辛卯，邢、洺、磁三州降，詔山南東道兼昭義節度使盧
鈞赴鎮。七月，王元達走邢州以城降，洺州、磁州以城降何弘敬，山
東三州平。潞州大將郭誼、張谷、陳揚廷遣任之王宰軍，請殺劉稹以
自贖。宰以聞，乃詔石雄率軍七千人入潞州，誼斬劉稹首以迎雄。澤
潞等五州平。八月，王宰傳稹首與大將郭誼等一百五十人，露獻于京
師，上御安福門受俘，百僚樓前稱賀。九月制：孽賊郭誼等並處斬于
獨柳。八月丙申，罷盧鈞山南東道，辛卯，邢、洺、磁大將郭誼等一
百五十人獻京師。九月丁巳，以前山南東道節度使盧鈞檢校左僕射充
昭義節度，澤、潞、邢、洺觀察等使。郭誼等與稹母裴、稹弟妹、從
兄，及李訓、王涯、韓約、王璠之親屬潛匿潞府者，並斬于獨柳。以
陳許節度使王宰充河東節度使，易定節度使李執方充陳許節度使。
（《舊唐書　本紀十八上　武宗》）盧鈞入潞州，鈞素寬厚愛人。（《資治

通鑑 會昌四年》）四年九月，以天德軍使、晉絳行營招討使石雄檢校
兵部尚書、河中尹、兼御史大夫、河中晉絳慈等州節度使。（《舊唐書
武宗紀》）

　　劉稹誅，而石雄軍吏得從諫與僧孺交結狀，又河南少尹呂述曰：
「僧孺聞稹誅，恨嘆之。」武宗怒，黜為太子少保，分司東都，（十
二月）累貶循州長史。（《新唐書 列傳九十九 牛僧孺》）

　　三月，黠戛斯遣使入貢，請與唐兵聯合攻回鶻。朝廷以回鶻衰微、
吐蕃內亂，議復河湟四鎮十八州，乃以給事中劉濛為巡邊使，……又
令天德、振武、河東訓卒礪兵，以俟今秋黠戛斯擊回鶻，……皆委濛
與節度團練使詳議以聞。晏之孫也。（《資治通鑑 會昌四年》）

　　七月，上聞揚州倡女善為酒令，敕淮南監軍選十七人獻之。監軍
請節度使杜悰同選，且欲更擇良家美女，教而獻之。曰：「監軍自受
敕，悰不敢預聞。」監軍再三請之，不從。監軍怒，具表其狀，上覽
表默然。左右請並敕節度使同選，上曰：「敕藩方選倡女進宮，豈聖
天子所為！杜悰不徇監軍意，得大臣體，真宰相才也。朕甚愧之！」
甲辰，以杜悰同平章事，兼度支、鹽鐵轉運使。閏月壬戌，中書侍郎
同平章事李紳同平章事、充淮南節度使。（《資治通鑑 會昌四年》）

　　七月，盧貞為河南。楊敬之為同州刺史，至六年。李褒為鄭州。
李拭為陝州。

　　八月，李德裕以州縣佐官太冗，奏令戶部郎中柳仲郢裁減。

　　武宗即位，出（周墀）為華州刺史。李太尉伺公失，四年不得，
知愈不可抑，遷江南西道觀察使、兼御史大夫。（《樊川集 贈司徒周
公墓志》）李德裕不悅，出韋溫為宣歙觀察使（《舊唐書 列傳一百一
十八 韋溫》），杜牧《唐故宣州觀察使御史大夫韋公墓志銘並序》：
「遷給事中、兵部侍郎，出為陝州防御使，兼御史大夫，服章金紫。
回鶻窺邊，劉稹繼以上黨叛，東征天下兵，西出禁兵，陝當其沖。西

出禁兵，撫民拱事就，不兩告苦。入為吏部侍郎，典一冬選。復以御史大夫出為宣、歙、池觀察使。」裴休會昌三年至大中元年為湖南觀察使，後由李回接任。鄭肅召為太常卿，遷山南東道節度使。(《舊唐書 列傳一百二十六 鄭肅》) 孽積盪平，加（盧商）檢校禮部尚書、梓州刺史、劍南東川節度使。(《舊唐書 列傳第一百二十七 盧商》) 以兵部侍郎還判度支、同平章事。(《新唐書 盧商傳》) 李紳會昌四年暴中風恙，足緩不任朝謁，拜章求罷。十一月守僕射平章事，復出為淮南節度，代杜悰。會昌六年七月卒于任所，贈太尉，諡文肅。(《新唐書 宰相表下》)

九月，貶李宗閔為漳州刺史，牛僧儒為汀州刺史、宗閔漳州長史。十一月，復貶牛僧儒循州長史，李宗閔長流封州。

令狐綯為右司郎中。

正月，滎陽壇山舊塋因風雨破壞，李商隱繼續修墓。作《祭處士房叔父文》中「某幼在童蒙，最承教誘。違訣雖久，音旨長存。」《請盧尚書撰曾祖妣志文狀》、《請盧尚書撰李氏仲姊河東裴氏夫人志文狀》，「惟我仲姊，實漸清訓。年十有八，歸于河東裴允元，故侍中耀卿之孫也。」祭奠裴氏姊和姪女寄寄，《祭裴氏姊文》中「靈有行于元和之年，返葬于會昌之歲，光陰迭代，三十餘秋。」「靈沉綿之際，殂背之時，初解扶床，猶能記面。長成之後，豈忘遷移？」「此際兄弟，尚皆乳抱，空驚啼于不見，未識會于沉冤。」謂當年裴氏姊被休，自己才十來歲，還記得姊姊臨死時情景，當年「乳抱」的「弱弟幼妹，未笄未冠。胤緒猶缺，家徒屢空」，同時為自己中年無子悲傷；《祭小姪女寄寄文》：「況吾別娶以來，胤緒未立，猶子之義，倍切他人」，可見王氏為李商隱繼室，寄寄為義叟繼女，夭於開成五年，則當生于開成二年，按例兄應娶於前，可知李商隱初婚在前，會

昌元年「別娶」以來尚無子息。諸事至會昌四年正月二十五後方畢。

四月，王起出為山南東道節度使，宋若荀隨行。

韓瞻與李商隱同年進士，李商隱有《留贈畏之三首》：「清時無事奏明光，不遣當關報早霜。中禁詞臣尋引領，左川歸客自徊腸。郎君筆下驚鸚鵡，侍女吹笙弄鳳凰。空記大羅天上事，眾仙同日詠霓裳。」以《雲笈七籤》「最上一天名曰大羅，在玄都、玉京之上。」濟源綿山有大羅殿，是回憶當年事；《蕀林伐山》：「世傳大羅天放榜于蕊珠宮。」明確指《贈華陽宋真人兼寄清都劉先生》：「淪謫千年別帝宸，至今猶識蕊珠人」中的「蕊珠人」——宋若荀，是你當年執意修道，導致分離。其二：「待得郎來月已低，寒暄不道醉如泥。五更又欲向何處，騎馬出門烏夜啼。」針對李商隱大和七年進士考試失敗後灰心喪氣樣子，謂令狐楚、白居易等只是批評我不思進取，不理解自己內心苦悶，如今王茂元千方百計為自己謀取官職。其三：「戶外重陰暗不開，含羞迎夜復臨臺。瀟湘浪上有煙景，安得好風吹汝來。」是當年與宋若荀的情感糾葛，表現李商隱自私人格。

宋若荀回長安後往江南，李商隱《贈白道者》：「十二樓前再拜辭，靈風正滿碧桃枝。壺中若是有天地，又向壺中傷別離。」是對「白道者」的矛盾心理刻畫，既然如此難過，當年又為什麼執意修道呢？

到揚州，李商隱作《隋宮 乘輿南遊》：「乘輿南遊不戒嚴，九重誰省諫書函。春風舉國裁宮錦，半作障泥半作帆。」影射當年宋若荀隨皇帝到江南是何等風光，如今則是投奔他人。「吳人以織作為業，即士大夫家，多以紡織求利，其俗勤嗇好植，以故富庶。」（明 于慎行：《穀山筆麈》）宋若荀在吳江以織紝為生。

會昌四年春，詩人們往驪州看望友人裴夷直，經湘中到裴衡所在宜春，李商隱《裴明府居止》：「愛君茅屋下，向晚水溶溶。試墨書新竹，張琴和古松。坐來聞好鳥，歸去度疏鐘。明日還相見，橋南貰酒濃。」

　　到桂林，李商隱《即日 桂林聞舊說》：「桂林聞舊說，曾不異炎方。山響匡床語，花飄度臘香。幾時逢雁足，著處斷猿腸。獨撫青青桂，臨城憶雪霜。」原注有：「宋考功有『小長安』之句。」即為所聞「舊說」，可見某人與宋之問有關。

　　李商隱《晚晴》：「深居俯夾城，春去夏又清。天意憐幽草，人間重晚晴。併添高閣迥，微注小窗明。越鳥巢乾後，歸飛體更輕。」是在桂林某處夏雨後所作，希望宋若荀能如雨後的燕子那樣回到自己身邊，與她在嶺南偕老，李商隱開始意識到自己對宋若荀的傷害。

　　在南方宴飲，李商隱《夜飲》：「卜夜容衰鬢，開筵屬異方。燭分歌扇淚，雨送酒船香。江海三年客，乾坤百戰場。誰能酩酊醉，淹臥劇清漳。」難道真的能夠大醉酩酊而忘記一切嗎？

　　詩人們往日南驩州看望友人裴夷直後乘船到廣州，在廣州照霞樓作詩《思歸》：「固有樓堪倚，能無酒可傾。嶺雲春沮洳，江月夜清明。魚亂書何托，猿哀夢易驚。舊居連上苑，時節正遷鶯。」希望早日回到長安。

　　經湘江。李商隱《贈鄭讜處士》：「浪跡江湖白髮新，浮雲一片是吾身。寒歸山觀隨棋局，暖入汀洲逐釣輪。越桂留烹張翰鱠，蜀薑供煮陸機蓴。相逢一笑憐疏放，他日扁舟有故人。」是寫給會昌二年進士、鄭餘慶子從讜，《維摩經》：「是身如浮雲，須臾變滅。」告訴他宋若荀身如浮雲到處流浪，請鄭讜留意宋若荀是否已經到湖南。

　　回洛陽，到偃師緱山，李商隱有《銀河吹笙》：「不須浪作緱山意，湘瑟秦簫自有情。」謂你我如蕭史、弄玉一樣，七月七日王子晉乘白鶴山時相會。

　　李商隱《為馮從事妻李氏祭從父文》，徐姊夫同幕馮從事，其妻為王茂元女，「鏡水稽山，聊屈觀書之望；甬東浙右，始開傳劍之名。途經幾千，去國數載。爰因職貢，來奉閩庭。傳車方馳，朝露溘

至。禍生朽索，蠚起揚鞭，始驚香而不禁，俄折臂而無望。」可見馮從事死於來京途中車禍;「今以家國載遙，干戈未息」，作此文時為會昌四年八月劉稹亂平前，「定鼎城東，永通門外，南瞻嵩嶺，北望邙山」，明說在洛陽。

回長安。李商隱作《祭外舅贈司徒公文》，「維某年月日，子婿李商隱謹遣家童齋疏薄之奠，昭祭於故河陽節度使贈司徒之靈。」文中「乃乘驄馬，來臨秭歸」、「容山至止，郎寧去思」、「安定求才，朝那闕師」、「許下舊都，淮陽勁卒」為王茂元大致宦途經歷，「某早辱徽音，夙當采異。晉霸可托，齊大寧畏？持匡衡乙科之選，雜梁竦徒勞之地。雖餉田以甚恭，念販春而增愧。京西昔日，輦下當時，中堂評賦，後榭言詩。品流曲借，富貴虛期。誠非國寶之傾險，終無衛玠之風姿。公在東藩，愚當再調，賣帛資費，衙書見召。水檻幾醉，風亭一笑。日換中昃，月移胸胱。改穎水之辭違，成洛陽之赴弔。嗚呼哀哉！」謂當年王茂元看重自己才華，將女兒嫁給他。「漢陵搖落，秦苑冰霜」為在長安寄奠。又為王茂元甥女和王茂元表妹作《為王從事妻萬俟氏祭先舅司徒文》、《為王秀才妻蘇氏祭先舅司徒文》。

長安桂宮。李商隱作《嫦娥》:「雲母屏風燭影深，長河漸落曉星沈。嫦娥應悔偷靈藥，碧海青天夜夜心。」是中秋所作，謂其如嫦娥那樣懊悔。

李商隱在晉昌坊遇見令狐綯，作《晉昌晚歸馬上贈》:「西北朝天路，登臨思上才。城閒煙草遍，村暗雨雲回。人豈無端別，猿應有意哀。征南予更遠，吟斷望鄉臺。」(《寰宇記》:《益州記》云:「升仙亭夾路有二臺，一名望鄉臺，在成都縣西北九里。」) 這次宋若荀南行比四川還要遠，一路上充滿了危險，我與宋若荀分別豈是你所認為的無情和無端呢？我們內心悲哀也是你所不能理解的啊！

宋若荀隨白居易等往洛陽經虢州，湖城縣有復釜山，一名荊山，

在鼎湖南，李商隱作《荊山》：「壓河連華勢屠顏，鳥沒雲歸一望間。楊僕移關三百里，可能全是為荊山。」恭維楊倞祖上漢代樓船將軍楊僕功勞卓著，恥為關外民，漢武帝准其請將函谷關徙於新安，去弘農三百里。李商隱《為弘農公（楊倞）上虢州後上三相公（崔鄲、崔琪、李珏）狀》。

盧弘宣出鎮易定，李執方會昌四年八月遷陳許，《文苑英華 封敖易定李執方忠武制》：「比者河橋作鎮，訓練有負于貞師，回遷易水，腰武庫之戈矛。」經李執方駐守濮州，李商隱作《上許昌李尚書狀一》：「況茲間歲，亟立殊勳。虜帳夷妖，壺關伐叛。旁資巨援，遙集聲言。今者靈臺偃伯，衢室歸樽，永言臺鉉之詞，合屬間、平之亂。」可見是劉稹亂平後所作。又《為白從事上陳許李尚書狀》：「河橋三壘，當弟子之輿戶；易水一城，值將軍之下世。中間衛朔拒君，邢洺起亂，紀侯去國，汾晉延災。」「今者趙北變風，淮南受賜，戎麾始至，賓宴初開。」謂開成三年十月易定軍亂，三軍欲立張璠之子元益，節度留後李士季不從，為亂兵所害事，如今王茂元已經去世，李執方調防陳許。

八月底，劉稹初平，王茂元靈柩歸洛陽，《上陳許李尚書狀二》文中有「王十二郎、十三郎扶引靈筵，兼侍從郡君，今年八月到東洛迄。」

會昌四年至五年，盧貞為河南。白居易有詩給會昌四年八月任河南少尹呂述、南卓《每見呂（述）、南（卓）二郎中新文輒竊有所嘆，惜因成長句以詠所懷》，其中「望梅閣老無妨渴，畫餅尚書不救飢」，注云：「二賢詞藻為贍麗，眾多以予會忝制誥，此官故呼為閣老。」可見呂述亦喜詩文，白居易有請託幫助宋若荀意。

李商隱住在洛陽白居易宅中西亭，李商隱《夜冷》：「樹繞池寬月影多，村砧塢笛隔風蘿。西亭翠被餘香薄，一夜將愁向敗荷。」《十

字水期韋潘侍御同年不至，時韋寓居水次故郭邠寧宅》：「伊水濺濺相背流，朱欄畫閣幾人遊。漆燈夜照真無數，蠟炬晨炊竟未休。顧我有懷同大夢，期君不至更沈憂。西園碧樹今誰主，與近高窗臥聽秋。」因而後來有將宋若荀成為「郭秀才」、「郭汾寧」。

在宜陽女几山蘭香神女廟李商隱作《重過聖女祠》：「白石巖扉碧鮮滋，上清淪謫得歸遲。一春夢雨常飄瓦，盡日靈風不滿旗。萼綠華去無定所，杜蘭香去未移時。玉郎會此通仙籍，憶向天階問紫芝。」

秋，宋若荀和友人再次到揚州和蘇州，再經杜牧池州向鄂州和川中。

白居易好友盧商會昌四年七月至五年二月為東川節度使、靜戎軍等使（《新唐書 列傳一百七 盧商》），秋，李商隱送宋若荀進川，經鄂州，李商隱作《彭陽公薨後贈杜二十七勝李十七潘二君並與愚同出故尚書安平公門下》：「梁山兗水約從公，兩地參差一旦空。謝墅庾村相弔後，自今歧路更西東。」謂往川中，與杜勝、李潘分別。

韋溫會昌四年七月接替崔龜從為宣歙觀察使，友人李遠任職當塗，時李景業已調處州，尚未離任，李商隱《和韋潘前輩七月十二日夜泊池州城下先寄上李（景業）使君》：「桂含爽氣三秋首，冥吐中旬二葉新。正是澄江如練處，玄暉應喜見詩人」，以南齊宣城太守謝朓（字玄暉）《晚登三山詩》中「余霞散成綺，澄江靜如練」謂李景業、杜牧一定高興詩人再次聚會。

白居易好友諫議大夫李景儉弟景仁會昌二年至會昌六年為容管經略使（韋廑會昌六年至大中二年繼任容管），宋若荀由川中前往容管。李商隱作《上容州李中丞狀》：「二十一翁，儒學上流，簪纓雅望。自還郡印，復坐卿曹。激水搏風，匪伊朝夕，不謂復行萬里，又擁再麾。竊料征還，不出歲杪。馬伏波遠征交阯，去歷三年；葛宰相深入不毛，時當五月。苟夙夜匪懈，即福祿無疆。區區下情，誠望在

此。某方臥屌一室，收跡他山，仰望伏熊，但羨飛鳥。下情不任結戀之至。」希望李景仁能接待宋若荀。又託西川節度判官鄭愚轉交宋若荀《和鄭愚贈汝陽王孫箏妓二十韻》詩：「冰霧怨何窮，秦絲嬌未已。寒空煙霞高，白日一萬里。碧嶂愁不行，濃翠遙相倚。茜袖捧瓊姿，皎日丹霞起。孤猿耿幽寂，西風吹白芷。回首蒼梧深，女蘿閉山鬼。荒郊白鱗斷，別浦晴霞委。長約壓河心，白道連地尾。秦人昔富家，綠窗聞妙旨。鴻驚雁背飛，象床殊故里。因令五十絲，中道分宮徵。斗粟配新聲，娣姪徒纖指。風流大堤上，悵望白門裡。蠹粉實雌弦，燈光冷如水。羌管促蠻柱，從醉吳宮耳。滿內不掃眉，君王對西子。初花慘朝露，冷臂凄愁髓。一曲送連錢，遠別長於死。玉砌銜紅蘭，妝窗結碧綺。九門十二關，清晨禁桃李。」表達對戀人的難以割捨之情。

李商隱往容州探望宋若荀，經湘東作《搖落》：「搖落傷年日，羈留念遠心。水亭吟斷續，月幌夢飛沈。古木含風久，疏螢怯露深。人閒始遙夜，地迴更清砧。結愛曾傷晚，端憂復至今。未憐滄海路，何處玉山岑。灘激黃牛暮，雲屯白帝陰。遙知霑灑意，不減欲分襟。」

宋氏姊妹與元琇有舊，李商隱應桂管元晦請作《容州經略使元結文集後序》，謂元結之文「不師孔氏」，以老子「失道而後德，失德而後仁，失義而後禮」，已經超過孔子所說的道德仁義。同時指出元結古文六大特點：綿遠長大、疾怒急擊、詳緩柔潤、正聽嚴毅、碎細分擘、總旨會源。

元晦會昌三年至五年接任蔣係為桂管，宋若荀與友人一起去桂林。李商隱《桂林路中作》：「地暖無秋色，江晴有暮暉。空餘蟬嘒嘒，猶向客依依。村小犬相護，沙平僧獨歸。欲成西北望，又見鷓鴣飛。」友人裴希顏在邕管去世，杜牧有《樊川集 邕府巡官裴君墓志》。

詩人們從桂林經永州、袁州向長安。

是年李商隱四十六歲。

宋若荀四十歲。

會昌五年（乙丑，公元 845 年）

春正月己酉朔，宰臣李德裕、杜悰、李讓夷、崔鉉，太常卿孫簡等率文武百僚上徽號曰「仁聖文武章天成功神德明道皇帝」。六月甲申，敕造望仙樓于南郊壇。（《舊唐書 本紀第十八上 武宗》）

正月己未，李德裕加特進。五月壬戌，崔鉉罷知政事，出為陝虢觀察使。五月乙丑，戶部侍郎李回為中書侍郎、同中書門下平章事，兼判戶部。

祕書監盧弘宣為義武節度使，忠武節度使劉沔以病遷太子少保；李執方為忠武軍節度使（封敕：《義武李執方授陳、許檢校工部尚書兼祕書監、盧弘宣授易定同制》）。二月，柳仲郢為京兆尹。三月，元晦自桂管為浙東，大中元年五月追赴闕。（《嘉泰會稽志》）《浯溪題名》：「晦五年三月自桂管為浙東。」楊漢公為桂管，《浯溪題名》會昌五年十一月二日。夏四月壬寅，以陝虢觀察使李拭為冊黠戛斯可汗使。（《資治通鑑 會昌五年》）

李景業，字方玄，由起居郎出為池州刺史，凡四年，政之利病無不為而去之。……罷池，廉使韋公溫館于宣城，韋溫會昌五年四月卒于宣城客舍，時方移處州。（杜牧《樊川集 處州李使君墓志銘》）

八月壬午，大毀佛寺，復僧尼為民。（《新唐書 本紀八 武宗》）時道士趙歸真特承恩禮，諫官上疏……李德裕……歸真自以涉物議，遂舉羅浮道士鄭元起有長年之術，帝遣中使迎之。由是與衡山道士劉玄靖及歸真膠固，排毀釋事，而折寺之請起焉。（《舊唐書 本紀第十八上 武宗》）四月，敕祠部檢括天下寺廟四千六百所，蘭若四萬所，

僧尼二十六萬餘人。七月庚子，敕並省天下佛寺。八月，下詔陳釋教之弊，宣告中外。制云：「朕聞三代以前，未嘗言佛，漢魏之後，像教侵興。是逢季時，傳此異俗，因緣染習，蔓衍滋多，以至于耗蠹國風而漸不覺，以至于誘惑人心而眾益迷。洎乎九有山原，兩京城闕，僧徒日增，佛寺日崇。勞人力於土木之功，奪人利為金寶之飾，遺君親於師資之際，違配偶于戒律之間。壞法害人，莫過于此。且一夫不田，有受其餓者；一婦不織，有受其寒者。今天下僧尼，不可勝數，皆待農而食，待蠶而衣，寺宇招提，莫知紀極，皆雲構藻飾，偕擬宮殿。晉宋梁陳，物力凋弊，風俗澆詐，莫不由是而致也。」又云「於戲！前古未行，似將有待，及今盡去，豈謂無時。驅遊惰不業之徒，已逾千萬，廢丹戶無用之居，何啻億千。自此清靜訓人，慕無為之理，簡易為政，成一俗之功。將使六合黔黎，同歸皇化，尚以革弊之始，日用不知。下制朝廷，宜宣予志，宣布中外，咸使知聞。」計拆寺四千六百餘所，招提蘭若四萬餘所，歸俗僧尼二十六萬餘人，奴婢十五萬人充為兩稅戶，有抗拒、隱匿、窩藏者，嚴辦不貸。外國僧尼無祠部牒者，亦在勒歸還俗之列。毀拆銅像、鐘磬，委鹽鐵使鑄錢，鐵像委本州鑄為農器，金銀喻石等像付度支，衣冠士庶之家所有佛像，敕出一月內納官。土木像或沉諸水中，佛經則付火焚化，寺廟資財沒入皇家、官家。收膏腴上田數千萬頃。九月，以衡山道士劉玄靜為銀青光祿大夫、崇玄館博士，賜號廣成先生，為之治崇玄館，置吏鑄印。玄靜固辭，乞還山，許之。(《資治通鑑 會昌五年》)武宗寵道士趙歸真等，服長生藥，會昌五年秋患病。(《舊唐書 本紀第十八上 武宗》)

　　正月，以前太原節度使、檢校司空李石以本官充東都留守。(《舊唐書 武宗紀》)盧貞為河南。李褒為鄭州。崔琯為陝州。二月，李德裕以柳仲郢為京兆尹。(《資治通鑑 會昌五年》)五年，淮南奏吳湘

獄，御史崔元藻復按得罪，仲郢上疏理之……德裕奏為京兆尹。……
為北司所讒，改右散騎長侍，權知吏部尚書銓事。(《舊唐書 柳仲郢
傳》會昌五年十一月，周墀由鄭滑入相時柳仲郢授河南尹，召拜戶部
侍郎；墀罷，它宰相惡仲郢，左遷祕書監。數月，復出河南尹，以寬
惠為政。(《新唐書 列傳第八十八 柳仲郢》)

宣歙觀察使韋溫五月十四日死於任所。杜牧《樊川集 故宣州觀
察使御史大夫韋公墓志》：「韋公，會昌五年五月十四日，年五十八，
薨于位。公諱溫，莊恪太子得罪，以御史大夫為宣歙池等州觀察使，
週一歲大治，明年瘡生于頭。」高元裕接替韋溫。

會昌五年正月，李商隱為河南尹盧貞作《為河南盧（貞）尹賀上
尊號表》，文中敘述抗擊回鶻、太和歸宮、征討劉稹、「合鎮、魏之強
藩，出韓、彭之銳將，夷其巢窟，去彼根株，清明皇之舊宮，復金橋
之故地。」可見在劉稹平後。「況又志切希夷，道存沖漠，慕遺蹤于
姑射，載動堯心；思順清于崆峒，欲勞軒拜。」《莊子》：「黃帝聞廣
成子在于崆峒之山，故望見之。黃帝順下風膝行而進，再拜稽首而
問。」可見武宗尊崇道教，欲往崆峒山朝拜，與盧貞開成二年為汝州
刺史時所立廣成子廟碑有關。

楊敬之會昌三年至大中元年為同州，宋若荀隨友人作西河之遊。
李商隱在永樂有《自貺》（春日寄懷）：「世間榮落重逡巡，我獨邱園
坐四春。縱使有花又有月，可堪無酒又無人。青袍似草年年定，白髮
如絲日日新。欲逐風波千萬里，未知何路到龍津。」謂自己從會昌三
年至今已經四年沒有升遷；雖然這幾年種樹植花很是悠閒，只是你們
朋友和知交都不在這裡，很是寂寞。

三月二十一日，白居易在洛陽履道坊與胡杲、吉皎、鄭據、劉
真、盧真、張渾、狄兼謨、盧貞為「七老會」。

　　李商隱到滎陽。李褒會昌四年至五年為鄭州刺史，李商隱為李褒作《賽城隍神文》，其中「惟神據雉堞以為雄，導溝池而作潤。」《水經注》：「滎陽縣有鴻溝水。」「導楚子之餘波，霈晉國之膏雨。」為經過滎陽。李商隱《上鄭州李舍人狀一》中「伏蒙賜及麥粥餅啗餳酒等」，「某慶耀之辰，早蒙抽擢；孤殘之後，仍被庇庥。獲于芟薙之時，累受精珍之賜。恩同上客，禮異編氓。桑梓有光，里閭加敬。負米之養，雖無及于終身，求粟于人，幸不慚于往聖。」得到他許多幫助。又作《為舍人絳郡公上李（德裕）相公啟》為李褒向李德裕求江南散地，其中「旋屬虜帳夷氛，壺關伐叛，絳臺北控，有元戎大集之師，鄭國東臨，過列鎮在行之眾……周旋二郡，綿歷二霜。」為「年初知命」，「力有所不任」，求江南「彼吳楚偏鄉，非舟車要路」地方為官。為李褒作《為絳郡公上史館李（紳）相公啟》，「某早年被病，晚歲加深，衣褌無取于潔清，藩涸動淹于景刻。……今寰瀛大定，雨露旁流。高步翰飛，一呼而至；雲羅場罿，萬里無遺。將調斯人，以求良牧。得才為美，今也其時。倘蒙允贊聰明，曲聽奏記，俯憐哀爾，稍賜優容，則亦不敢便掛簪纓，遽離陶治。江湖偏郡，鉏袴須人，無根節之難，少舟車之會，俾之養理，使得便安」，求為江南散吏。

　　李商隱作《重祭外舅司徒公文》：「今所以重具酒牢，載形翰墨，蓋意有所未盡，痛有所難忘。以公之平生恩知，曩昔顧盼，屬壙之夕，不得聞啟手之言；祖庭之時，不得在執紼之列。終哀且痛，其可道耶！」「嗚呼！往在涇川，始受殊遇，綢繆之跡，豈無他人。樽空花朝，燈盡夜室，忘名器于貴賤，去形跡于尊卑。語皇王致理之文，考聖哲行藏之旨，每有論次，必蒙褒稱，及移序農卿，分憂舊許，羈牽少暇，陪奉多違。跡疏意通，期賒道密。苧衣縞帶，雅祝或比于僑吳，荊釵布裙，高義每附于梁孟。今則已矣！安可贖乎！嗚呼哀哉！」文中有對王茂元當年恩遇嫁女為妻感激，又有當年王氏妻承諾如孟光

而今非是感慨。「千里歸途，東門故第。數尺素帛，一爐香煙。……小君多恙，諸孤善喪。登堂輒啼，下馬先哭。含懷極舊，撫事新傷。植玉求歸，已輕于舊日；泣珠報恩，寧盡于茲辰？」《搜身記》：「羊公雍伯，洛陽人。性篤孝，父母亡，葬無終山，遂家焉。山高無水，公汲作義漿于阪頭，行者皆飲之。三年，有一人就飲，以一斗石子與之，云，：『玉當生其中。』又語云：『後當以得婦。』言畢不見。乃種其石。數歲，時時往，見玉子生其中。北平徐氏女，甚有行，人多求，不許。公乃試求焉，徐氏笑以為狂，乃戲曰：『得白璧一雙來，當為婚。』公至所種玉中，得五雙，聘徐氏，遂以女妻公。天子異之，拜為大夫，于種玉處四角，作大石柱各一丈，中央一頃地，名曰玉田。」以王茂元不嫌貧窮對比當年宋若荀家人的苛求。《吳都賦》：「淵客慷慨而泣珠。」《博物志》：「南海外有鮫人，水居如魚，不廢績織，其眼泣則能泣珠。出入間賣綃，臨去，從主人索器，泣而出珠與主人。」有說李商隱「植玉求歸，已輕於舊日；泣珠報恩，寧盡于茲辰？」是感恩於王茂元，但為什麼用這兩個典故？與當年無聘禮不得正式娶宋若荀、如今宋若荀在吳地以織紉為生有沒有關係？因王茂元會昌三年九月去世時李商隱不在幕中，因而有「屬壙之夕，不得聞啟手之言。祖庭之時，不得在執紼之列。終哀且痛，其可道耶？」（李商隱：《重祭外舅司徒公文》）當時之所以不能按禮送行，實在是難以明言啊！「雖呂範以久貧，幸冶長之無罪。昔公愛女，今愚病妻。內動肝肺，外揮血淚。得仲尼三尺之喙，論意無窮；盡文通五色之筆，書情莫既。嗚呼哀哉！公其鑒之。」似有無奈之言。

《新唐書 宰相表下》：韋琮於會昌四年九月拜中書舍人。李商隱《上韋（琮）舍人狀》中：「某淹留洛下，貧病相仍。去冬專使家僮起居，今春亦憑令狐郎中附狀。」「某疏愚成性，采和難移，徒以頃蒙舍人，獎以小文，致之高第。果成荒業，上負維持，無田可耕，有

累未移。席門晝永，或曠日方餐；蓬戶夜寒，則通宵罷寐。懷書竊愧，拂硯增悲。違奉音徽，若隔霄漢。量陂結戀，但傾鳧藻之誠；德宇近心，尚阻燕泥之託。下情無任攀戀感激之至。」是向韋琮請求幫助，希望他如叔度之器，汪汪若千頃之陂（《後漢書 郭太傳》），和睦欣悅如鳧之戲於水藻（《後漢書 杜詩傳》：「士卒鳧藻。」）德裕感人，鼎力相助，使我與宋若荀能如雙燕安居（《古詩》：思為雙飛燕，銜泥巢君屋。）。

來到裴度午橋宅，李商隱《江亭散席循柳路吟歸官舍》：「春詠敢輕裁，銜辭入半杯。已遭江映柳，更被雪藏梅。寡和真徒爾，隱憂動即來。從詩得何報，未感二毛催。」是見到「梅」「柳」想起當年情景無奈心情。

會昌四年至五年，楊漢公為蘇州，詩人一行經江東和宣州。杜牧寫信給接替盧弘止為歙州邢群，謂即將與宋若荀一起到陽羨荊溪居處，希望得到他的照應。

元晦為浙東，宋若荀到浙東縉雲，四月回到池州時李景業已經去世。韋溫開始有病，不久去世。（會昌五年五月十四日死於任所，高元裕接替為宣歙池觀察使）在宣州北樓，詩《北樓》：「春物豈相干，人生只強歡。花猶曾斂夕，酒竟不知寒。異域東風濕，中華上象寬。此樓堪北望，輕命倚危欄。」

到蘇州三山島，又經蠡墅山去李播湖州，喻鳧德清、裴儔武康、元晦浙東。李商隱《贈從兄閬之》：「悵惘人間萬事違，私書幽盟約忘機。荻花村裡魚標在，石蘚庭中鹿跡微。幽徑定攜僧共入，寒塘好與日相依。城中獵犬憎蘭佩，莫損幽芳久不歸。」

在杭州有《子初全溪作》：「全溪不可到，況復盡餘醅。漢苑生春水，昆池換劫灰。戰蒲知雁唼，皺月覺魚來。清興恭聞命，言詩未敢迴。」明確指出為「子初」邀而為詩，「子初」為令狐楚長子令狐緒字。

　　為送辛少府任樂安，經天臺山。途中聽到池州李景業調任處州，在池州去世，友人們經衢州、婺州、潤州、睦州趕回池州。再由九華山往鐘陵、安州回洛陽。

　　會昌五年三月二十四日，白居易好友韋有翼自安州刺史拜睦州，薛褒任安陸，李商隱《高花》中「花將人共笑，籬外露繁枝。宋玉臨江宅，牆低不礙窺」以今日宋若荀簡陋住所對比當年宮廷；看到蜂飛碟舞春景，不禁想起當年相處情景，李商隱《有感》：「非關宋玉有微詞，卻是襄王覺夢遲。一自高唐賦成後，楚天雲雨盡堪疑。」宋若荀已經不相信世上還有真情實感，實在是因為自己以前不理解她啊！長者薛褒勸解後李商隱認識到自己過錯。

　　回到洛陽。《新唐書　五行志》：「會昌五年春，旱。」在鄭州時李商隱有《為舍人絳郡公鄭州禱雨文》。又《為絳郡公上崔（鉉）相公啟》：「倘蒙以然諾為心，誠明濟物，垂憂不逮，賜議所安，則吳、楚之間，郡邑非少，不當衝要，或以膏腴，使之頒條，庶可求瘼。」再為李褒求江南散地。李商隱有《鄭州獻從叔舍人褒》詩：「蓬島煙霞閬苑鐘，三官箋奏附金龍。茅君奕世仙曹貴，許掾全家道氣濃。絳簡尚參黃紙案，丹爐猶用紫泥封。不知他日華陽洞，許上經樓第幾重。」李褒為中書舍人，《新唐書　百官志》：「掌侍進奏，參議表章。凡詔旨制敕，璽書冊命，皆起草進畫；既下，則署行。」皇帝詔書用黃麻紙書寫，以紫泥封之，因而有「絳簡尚參黃紙案，丹爐猶用紫泥封」句。李褒宜興有別業，謂將來能否使宋若荀在宜興有拜見機會。盧弘宣為鄭滑，王起子鐸為都統，宋若荀自江南經滑州白馬驛到鄭州。「自春又為鄭州李（褒）舍人邀留，比月方回洛下。」（《上李（景讓）舍人狀一》）

　　春，白居易又合僧如滿、李元爽作「九老圖」。宋若荀隨白居易往嵩縣和欒川，李商隱《涉洛川》：「通谷陽林不見人，我來遺恨古時

春。宓妃漫結無窮恨，不為君王殺灌均。」是到灤川看望宋若荀。

往中條山，經殷堯藩任職永樂，當年春旱，好不容易下雨，白居易有《喜雨》詩。李商隱作《所居永樂縣久旱縣宰祈禱得雨因賦詩》：「甘膏滴滴皆精誠，晝夜如絲一尺盈。只怪閭閻喧鼓吹，邑人同報束長生。」

盧鈞為昭義節度使駐同州，楊敬之為同州刺史，同州沙苑為皇家養馬處。白居易好友韋有翼由金州為陝州刺史，李商隱《靈仙閣晚眺寄鄆州韋評事》：「愚公方住谷，仁者本依山。共誓林泉志，胡為樽俎間。華蓮開菡萏，荊玉刻孱顏。爽氣臨周道，嵐光出漢關。滿壺從蟻泛，高閣已苔斑。想就安車召，寧其負矢還！潘遊全璧散，郭去半舟閒。定笑幽人跡，鴻軒不可攀。」「幽人」在那裡居住，可惜郭泰走後無人與李膺泛舟。

會昌五年八月盧弘止自度支郎中除楚州刺史，六月十七日過永濟渡。詩人們隨行途經盤豆驛，李商隱《出關宿盤豆館對叢蘆有感》：「蘆葉稍稍夏景深，郵亭暫欲灑塵襟。昔年曾是江南客，此日初為關外心。」明說自己前年曾去過江南；「思子臺邊風自急，玉娘湖上月應沈。清聲不斷行人去，一世荒城伴夜砧。」今日看到此地湖邊蘆葦，想起在蘇州「玉娘湖」邊一起賞月賦詩往事，謂宋若荀從江南來到虢州。

馬植寓所在同州馮翊南三十二里興德驛，李商隱《寄和水部馬郎中題興德驛》：「仙郎倦去心，鄭驛暫登臨。水色瀟湘闊，沙程朔漠深。鵷舟時往復，鷗鳥姿浮沈。更想逢歸馬，悠悠嶽樹陰。」下注「時昭義已平」，我希望她能從此有安定日子，我們可以同去隱居啊！

會昌五年三月二十四日，白居易好友韋有翼自安州刺史拜睦州，宋若荀等經靈寶回洛陽。在洛陽白居易履道坊宅，得到白居易好友盧貞及河南尹南卓幫助。李商隱作《昨夜》：「不辭鶗鴂妒年芳，但惜流

塵暗燭房。昨夜西池涼露滿，桂花吹斷月中香。」是在崇讓故宅回憶當年情事。

李景仁是白居易好友，會昌二年至四年為容管經略使。李商隱作《上李（景讓）舍人狀一》問候「不審今日尊體如何？伏計不失調護。去冬二十八叔拜迎軒騎，已託從者附狀起居。及二十三叔歸闕之時，某適有私故，淹留他縣，阻拜清光。自春又為鄭州李（褒）舍人邀留，比月方回洛下。以此久闕復狀，用抒下情。頃者二十三叔固辭內廷，屈典外郡。避榮之心有素，頌條之績又彰。今則假道選曹，復登綸閣。光揚星次，煥發天聲，為一代之宗師，留萬古之謨訓。凡在儒墨，孰不歡欣。」此李舍人當先任中書舍人，旋出守外郡，繼調回朝廷，任職於吏部，再重官中書舍人。臨行前李商隱作《上李（景讓）舍人狀二》：「前者伏承指示，令選紀紫極宮功績。」「章辭雖立，點竄未工。已懷鄙陋之憂，復有淹延之罪。更旬日始獲寄上，伏惟寬察」。是通過李景讓向李景仁求援。

李商隱作《為外姑隴西郡君祭張氏女文》，張氏女即安定張審禮妻，王茂元長女。又為分司東都李石作《為相國隴西公黃籙齋文》，希望得到他們的提攜。

會昌五年二月，李德裕以柳仲郢為京兆尹（《資治通鑑 會昌五年》），宋若荀與友人到長安。

五月十九日，李回為相，李商隱作《上座主李（回）相公狀》，「伏見恩制，相公以五月十九日登庸。……某嘗因薄伎，猥奉深知。麟角何成，牛心早噉，及茲沉滯，獲陰爕調，瞻絳帳以增壞，望臺星而興嘆。昔吳公薦賈，非宜銓管之司；孔子鑄顏，未是陶鈞之力。比誼恩重，方淵感深。嗟睹奧以未期，但濡毫而抒懇。崔氏之心乃紫闕，陳生之思入京城」，希冀入京，望能援手。李商隱為與長慶二年同中進士賀拔惎作《為賀拔（惎）員外上李（回）相公狀》，請求

「重登門牆，再就延植」。又應李褒請作《為絳郡公上李（回）相公啟》、李商隱為楊倞作《為弘農公上兩考官狀》。

宋若荀往五湖地區馬植任所。經李褒鄭州。《為絳郡公祭宣武王（彥威）尚書文》，王彥威，太原人，世儒家，少孤貧，苦學，尤通《禮》舉明經甲科，未得調，求為太常散吏，補檢討官。此時元和十五年憲宗崩，王彥威堅持禮制，累遷司封郎中、弘文館學士、諫議大夫。以本官兼史館修撰，奏論僕射上事儀注。為興平縣民上官興殺人亡命、吏囚其父，自首請罪，時議減罪，王彥威謂「原而不殺，是教殺人」惹怒執政，左遷河南尹，未幾改司農卿。開成元年召拜戶部侍郎、判度支，結交神策軍，為邊上軍衣不繼且朽壞事等左遷衛尉卿。三年七月，檢校禮部尚書、充忠武節度。開成五年九月徙為宣武節度使，會昌四年秋卒，贈僕射。

李褒一向極好道教之說，李商隱《上鄭州李舍人狀二》中「十二叔葉潤靈津，凝華霄極。既窮于多聖之門，復格神於眾妙之門。」河中紫極宮七月十五中元節，李商隱《上鄭州李（褒）舍人狀二》：「伏承中元，進受治籙，兼建妙齋。」可見之前參與中元節齋會。

經壽春，當年地方為謀虎皮濫獵造成虎患，李紳在任時制止，李紳、張籍都有回憶之作，李商隱《虎賦》亦作於此時。

李商隱回到洛陽，宋若荀隨白居易等詩人前往洛河邊賞月，經上陽宮和天津橋，附近即白居易履道坊西池，李商隱作《月夕》：「草下陰蟲葉上霜，朱欄迢遞壓湖光。兔寒蟾冷桂花白，此夜姮娥應斷腸。」指宋若荀可能會懊悔當年執意學道了吧？

在龍門，李商隱作《寓興》：「薄宦仍多病，從知竟遠遊。詼諧叨客禮，休浣接冥搜。樹好頻移榻，雲奇不下樓。豈關無景物，只是有鄉愁。」因宋若荀等即將遠遊，自己對周圍事物沒有興趣。

宋若荀祖居虢州弘農，故居在中條山西，因此李商隱將其稱為宋

若荀「家山」。鄭州刺史李褎改授虢州，詩人們到虢州小住。李商隱
《上鄭州李（褎）舍人狀三》：「昨者累旬陪侍座下……嚮往門館，不
任下情。」

　　李商隱作《上鄭州李（褎）舍人狀四》：「陳尊師至，伏承紫極宮
中，大延法眾。遷守治職，加領真階。」「某良緣夙薄，俗累多縈，
夏秋以來，疾苦相繼。瞻仰道會，有間初心。悔責之來，夙宵斯積。
然但以望恩憐所至，乘濟度之困，期于異時，必獲睹奧。」為造成對
宋若荀傷害感到懊悔，希望得到李褎幫助。謂「紫極刊銘，合歸才
彥，猥存荒薄，蓋出恩私。牽強以成，尤累非少。」感謝他「遠蒙寵
降，厚辭縑繪」，可見紫極宮文已經完成，「良緣夙薄，俗累多縈；夏
秋以來，疾苦相繼。……某十月初始議西上。」為母憂將盡即將往長
安前所作。謂「比者伏承尊體小有不安，今已平退，下情無任欣抃。
時向嚴冽，伏惟特加頤攝。某已決取此月二十一日赴京。」

　　宋若荀和友人往杜牧池州，登齊山，再到九江、廬山。

　　韋貫之弟韋有翼，會昌五年三月自安州刺史拜東川節度使（《嚴
州圖經》），杜悰會昌五年五月以中書門下平章事、度支罷，出為劍南
東川節度使，友人趙璘會昌五年為漢州刺史，會昌五年秋李商隱與友
人送宋若荀經巴東、巫峽入川。

　　經瞿塘峽，時李貽孫為夔州刺史，為刺史李貽孫作《為李貽孫上
李相公啟》，此文雖為李貽孫請求授官，但涉及當時時事，突出李德
裕豐功偉績。會昌三年六月，李德裕為司徒，四年八月，守太尉，李
商隱《為李貽孫上李相公書》中稱司徒，為楊弁已誅、劉稹未平會昌
四年七月所作。對李德裕功勳評價甚高：「伏惟相公丹青元化，冠蓋
中州；群生指南，命代先覺。語姬朝之舊族，莊武慚顏；序漢代之名
門，韋平掩耀。」父子宰相，「克佐五君」，李德裕相武宗以來卓著功
勳，迫使擁立武宗的仇士良致仕，使監軍不得干預軍政，從此擺脫文

宗以來受制家奴局面。尤其是李德裕廟算「料敵制勝，襟靈獨斷」
（《舊唐書 列傳第一百二十四 李德裕》），奪得三大戰役勝利。一破
除回鶻南下侵擾。李德裕一方面從優安撫歸附的嗢沒斯，「仍貴其
種」，使為我用，另一方面對侵擾大同的烏介可汗加以討伐，「旌幕天
驕，行遣其種落」，同時迎接太和公主歸朝，削弱烏介可汗憑藉；派
使節出使黠戛斯，四年三月聯合黠戛斯攻討回鶻。二為安撫党項。會
昌三年秋，党項侵鹽州、邠寧，李德裕主張判明訟詞，派李回、鄭亞
安撫党項及六鎮：鹽、夏、靈武、涇原、振武、邠寧百姓。三為平定
楊弁叛亂、削平劉稹之亂。楊弁「敢在在行之眾，因興逐師之謀」，
叛軍方起，李德裕「長算已出奇兵」；而劉稹「所謀者河朔遺事，所
恃者巖險偷生」，「今則趙魏俱攻，燕齊併入」，「人將自棄，鬼得而
誅」，「是則陳曲逆之六奇，翻成屑屑；葛武侯之八陣，更覺區區。此
廟戰之功三也。」極寫李德裕德廟算之功、中興王室，設想他不久
「萬方率同」，「高待泥金之禮」，然後圖畫淩煙閣，回到封國。同時
又讚揚李德裕文章「辭通體物，律變登高」，自己在他面前「班楊掃
地」，「江鮑輿屍」。

在夔州，李商隱《寄遠》：「姮娥搗藥無已時，玉女投壺未肯休。
何日桑田俱變了，不教伊水向東流。」你一心修道到處往來，什麼時
候能相信我對你的情意呢？

會昌元年馬植由安南都護為黔中經略使，會昌六年宣宗即位，入
為大理卿、刑部侍郎，會昌五年白居易有《寄黔州馬常侍》：「閒看雙
節信為貴，樂飲一杯誰與同？可惜風情與心力，五年拋擲在黔中。」
託友人照應宋若荀。會昌五年，韋廑為涪州，宋若荀與友人經涪江往
黔中。

「會昌五年十二月，某（杜牧）自秋浦守桐廬」，詩人由黔中經
湘水回江南，李商隱作《訪秋》：「酒薄吹還醒，樓危望已窮。江皋當

落日，帆席見歸風。煙帶龍潭白，霞分鳥道紅。殷勤報秋意，只是有丹楓。」

經金陵，李商隱作《莫愁》：「雪中梅下與誰期，梅雪相兼一萬枝。若是石城無艇子，莫愁還自有愁時。」

除夕，李商隱作《隋宮守歲》：「消息東郊木帝回，宮中行樂有新梅。沈香甲煎為庭燎，玉液瓊蘇作壽杯。遙望露盤疑是月，遠聞簫鼓欲驚雷。昭陽第一傾城客，不踏金蓮不肯來。」

李商隱想到自己年紀漸大，處境不佳，加上王氏不能理解自己，因此心情鬱悶，身體多病，《上李（景讓）舍人狀二》：「某自還京洛，常抱憂煎；骨肉之間，病恙相繼。章詞雖立，點竄未工。已懷鄙陋之憂，復有淹延之罪，更旬日始獲寄上，伏惟寬察。」《李（景讓）舍人狀三》：「紫極刊銘，合歸才彥，猥存荒薄，蓋出恩私。牽疆以成，尤累非少。遠蒙寵獎，厚賜縑繒。已有指揮，即命鐫紀。文詞所得，妙非幼婦之碑；惠賚踰涯，數過賁園之帛。下情無任捧受帶荷之至。」《李（景讓）舍人狀四》：「比者伏承尊體小有不安，今已平退，下情無任欣抃。時向嚴列，伏惟特加頤攝。某已決此月二十一日赴京。東望門牆，違遠恩顧，寄誠誓款，實貫朝敦。伏計亦賜識差。舍弟義叟，苦心為文，十二叔憫以兄弟孤介無徒，辛勤求己。惟當明祈日月，幽禱鬼神，願令手足之間，早奉陶鈞之賜。下情不任倚望感激隕涕之至。」

是年李商隱四十七歲。

宋若荀四十一歲。

會昌六年（丙寅，公元 846 年）

武宗服食方士金丹，得病，自正月不視朝。三月一日，武宗疾篤，遺詔……是月二十三日崩。諡曰至道昭肅孝皇帝，廟號武宗。八

月，葬端陵。左神策軍護軍中尉馬元贄立光王怡為皇太叔，三月即皇
帝位于柩前，改名忱（宣宗）。冬十月，上（宣宗）受三洞法籙于衡
山道士劉玄靖。（《舊唐書 本紀十八下 宣宗》）

宣宗惡李德裕。四月壬申，以門下侍郎、同平章事李德裕為荊南
節度使。九月，以荊南節度使李德裕為東都留守，解平章事；以中書
侍郎、同平章事鄭肅同平章事，充荊南節度使。以兵部侍郎、判度支
盧商為中書侍郎、同平章事。商，翰之族孫也。（《資治通鑑 唐紀六
十四 會昌六年》）

宣宗即位，德裕罷相，出仲郢鄭州刺史。（《舊唐書 柳仲郢傳》）
八月，以循州司馬牛僧孺為衡州長史，封州流人李宗閔為郴州司馬，
恩州司馬崔珙為安州長史，潮州刺史楊嗣復為江州刺史，昭州刺史李
珏為郴州刺史。僧孺等五相皆武宗所貶逐，至是同日北遷。宗閔未離
封州而卒。

宣宗即位，以治當最，四月辛卯，李讓夷為司空。（《新唐書 本
紀八 宣宗》），石雄徙鳳翔（兼鳳翔尹，領鳳翔府、隴州）（《新唐書
列傳九十六 石雄》），拜（韋正貫）京兆尹、同州刺史。俄擢嶺南節
度使。（《新唐書 列傳八十三 韋正貫》）改（盧鈞）吏部尚書，授宣
武節度使，加檢校司空。會劉約自天平徙宣武，未至，暴死，家僮五
百思亂，乃授鈞宣武，人情帖然。（《新唐書 盧鈞傳》）崔蠡為天平。
（崔瑕：《授崔蠡尚書左丞制》）後由田牟接任。（崔瑗：《授田牟右金
吾將軍制》）陝虢觀察使崔鉉遷河中尹、河中節度使。（《舊唐書 列傳
一百一十三 崔鉉》）二月，以翰林學士、起居郎孫穀為兵部員外郎充
職。鄭朗為鄂岳觀察使。二月壬辰，以邠寧節度使高承恭充西南面招
討黨項使。李業以黨項功除振武、邠、涇，凡五鎮。（《太平廣記》）
二月，以檢校太尉、東都留守李德裕為太子少保，分司東都；以給事
中鄭亞為桂州刺史、御史中丞、桂管防禦觀察等使。二月丁丑，左拾

遺王龜以父興元節度使（王）起年高，乞休官侍養，從之。高承恭為
兗海。《寶刻類編》：刺史題名：會昌六年高承恭兗。李珏內徙郴、舒
二州，以太子賓客分司東都，遷河陽節度使。（《新唐書 列傳一百七
李珏》）孫簡為宣武節度使，四月由劉約接任；四月，忠武節度使李
執方內召。四月，山南西道節度使王起檢校司空。四月甲戌，貶（薛
元龜）工部尚書，判鹽鐵轉運使薛元賞為忠州刺史，弟京兆少尹、權
知府事元龜為崖州司戶，皆德裕之黨也。四月壬申，以門下侍郎、同
平章事李德裕同平章事、充荊南節度使。九月，李德裕自荊南為東都
留守，解平章事；以同平章事鄭肅同平章事，充荊南節度使。五月，
杜悰罷為劍南東川節度使。（《新唐書 列傳九十一 杜悰》）七月壬
寅，淮南節度使李紳薨。（《資治通鑑 唐紀六十四 會昌六年》）七
月，司空李讓夷檢校司空、同平章事、罷為淮南節度使。（大中元
年）以疾願還，卒於道。（《新唐書 宰相表》八月，以潮州刺史楊嗣
復為江州刺史，循州司馬牛僧孺為衡州刺史，封州流人李宗閔為郴州
司馬，恩州司馬崔珙為安州刺史，昭州刺史李宗閔為郴州刺史。李玭
為山南東道。（《樊川集 唐州李玭尚書詩》）會昌末，蔣係刺唐州，玭
歷為方鎮，非降黜不得為刺史。（《唐方鎮年表》，第638頁。）會昌六
年「九月，右常侍李景讓（繼盧簡辭）為浙西觀察使。」九月，戶部
侍郎盧簡辭檢校工部尚書、許州刺史，充忠武軍節度使，盧簡辭接替
李執方為忠武節度副使（《資治通鑑 會昌六年》）。九月，以右散騎常
侍李景讓（繼盧簡辭）為浙東觀察使。（《資治通鑑 會昌六年》）裴休
為宣歙觀察使。鄭愚《大圓禪師碑》：「湖南觀察使裴公休值武宗釋宣
宗之夢，迎而出之。」九月，蠻寇，安南經略使裴元裕帥鄰道兵討
之。十一月，周墀由江南西道觀察使為義成軍節度、鄭滑觀察使。紇
干臮為江西。韋廑接替李景仁為容管。（《樊南文集 為滎陽公與容州
韋中丞狀》）司農卿裴及為邕府經略使。崔鉉遷河中晉絳節度使。
（《舊唐書本紀上八下 宣宗》）

會昌六年六月擢劉瑑翰林學士。

七月，李紳卒于淮南節度使任所。

八月，致仕刑部尚書白居易去世，贈尚書右僕射。

杜荀鶴出生。

白居易《會昌六年立春人日作》：「二日立春人七日，盤蔬餅餌逐時新。年方吉鄭方為少，家比劉韓未為貧。鄉園節歲應堪重，親故歡遊莫厭煩。試作循嘲封眼想，何由得見洛陽春。」下注：「分司致仕官中，吉傅、鄭諮議最老。韓庶子、劉員外尤貧。循、潮、封三郡遷客，皆洛下舊遊也。」懷念被貶嶺南老友：貞元十六年同年進士杜元穎被貶循州，大和六年卒於貶所；楊嗣復被貶潮州，李宗閔貶封州。《詠身》：「自中風來三歷閏，從懸車後幾逢春。周南流滯稱遺老，漢上羸殘號半人。薄有文章傳子弟，斷無書札答交親。餘年自問將何用，恐是人間剩長身。」回憶一生事蹟；《余與山南王僕射起、淮南李僕射紳事歷五朝逾三紀，海內年輩今唯三人，榮路雖殊交情不替，聊題長聚寄舉之、公垂兩相公》：「海內故交只三人，二坐簪廊一臥雲。老愛詩書還似我，榮兼將相不如君。百年膠漆初心在，萬里煙霄中路分。阿閣鸞鳳野田鶴，何人通道舊同群。」（《全唐詩　卷四百六十　白居易》）衰年懷舊情緒明顯。

二月，翰林學士孫瑴充兵部員外郎，李商隱作《賀翰林孫舍人狀》賀喜，「某厚承恩顧，未獲趨承，欣賀莫任，瞻戀斯極。」感謝孫瑴衢州鄉人對他們幫助。《上孫學士狀》文中：「某早遊德宇，嘗接恩門。童冠相隨，陪舞雩于沂水；星灰未幾，隔高宴于柏梁。蘭薄懷芳，瑤波貯潤。竊期光價，微借疏無。濡筆琳箋，不勝丹慊。」與孫學士相識于兗幕；「況自近年，仍多大政，藩方豎逆，夷虜饑戎，在雷霆赫怒之時，在朝夕論思之地」，說到邊境不寧。孫學士為孫瑴，

貞元初常州刺史孫會孫、孫公乂次子，職參內署。李商隱母喪期滿，
當有希冀。

會昌六年四月，李執方赴闕經華州，有華嶽題名。(《寰宇訪碑
錄》)李商隱《上忠武李尚書狀》：「先皇以倦勤厭代，聖上以睿哲受
圖。系萬國之往居，集兆人之悲慶。況二十五翁尚書，望兼勳舊，地
屬親賢。績久著於藩垣，任合歸於陶冶。今者果應急召，……促動前
驅，速光後命。」「某猥以庸薄，厚沐恩憐，荏苒光陰，纏綿詞旨，
艱屯少裕，違奉淹時。家難頻臻，人理中絕。未經殞訴，莫獲祗迎。
仰望清光，實動丹款。伏惟特賜恩照。」向關心愛護他的長者坦陳內
心隱私，希望再次得到李執方理解和幫助。

李商隱《上河南盧（貞）給事狀》寫給河南尹盧貞（字子蒙）：
「某頑魯無堪，退縮有素。賦成誰薦？食絕唯歌。上累門牆，頗淹星
律。屬人生之坎坷，逢世路之推遷。浮泛常多，違離蓋數。臨風仰
德，伏紙含誠。緬洛方清，瞻嵩比峻。敢同上客，曾疑樂廣之弓；惟
羨小民，慚倚庾雲之碣。下情無任瞻戀感激之至。」對於前輩的關懷
感到誠惶誠恐，謂宋若荀從宣州回洛陽，因遭磨難不免有杯弓蛇影之
慮，希望提供偏僻居所，供其居住。

聽說宋若荀在越州，李商隱作《上李（景讓）舍人狀五》「今春
華已煦，時服初成，竹洞松崗，蘭塘蕙苑，聚星卜會，望月舒吟。羊
侃接賓，共其醉醒；謝安諸子，例有風流。優游名教之間，保奉希夷
之道。」對李舍人去年詩酒聚會和照應心存感激：「伏思受遇，素異
諸生。去歲陪遊，頗淹樽俎。今茲違奉，實間山川」，如今「曲水冰
開，章臺柳動。子牟豈忘于魏闕，嚴助蓋厭於承明。仰望恩憐，豈任
攀戀。」以《莊子》：「中山公子牟，身在江海之上，心居乎魏闕之
下。」《漢書 嚴助傳》中嚴助願為會稽太守事，謂宋若荀欲往睦州嚴
子陵釣臺七里灘。

　　會昌五年杜牧由池州移睦州，邢渙思由處州轉歙州（《樊川文集唐故歙州邢君墓志銘》），宋若荀到歙州，後與友人過當塗盧簡求，在溧陽南山王母岕小住，《瑤池》：「瑤池阿母綺窗開，黃竹歌聲動地哀。八駿日行三萬里，穆王何事不重來。」為什麼不來呢？你有沒有想過其中的緣由呢？

　　宋若荀在杜牧安排下到池州石埭，李商隱《春宵自遣》：「地勝遺塵事，身閒念歲華。晚晴風過竹，深夜月當花。石亂知泉咽，苔荒任徑斜。陶然詩琴酒，忘卻在山家。」實際上她心中充滿了悲傷。

　　李商隱因為已經再娶，不能與宋若荀來往，在金陵作《飲席代官妓贈兩從事》：「新人橋上著春衫，舊主江邊側帽簷。願得化為紅綬帶，許教雙鳳一時銜。」「新人非舊人，年年橋上遊」，以側帽的獨孤信自居，以陶潛《閒情賦》：「願在裳而為帶，束窈窕之纖身。」白居易詩句「鵲銜紅綬繞身飛」入詩，看到宋若荀與友人們高興樣子，不免妒忌，願化作紅綬帶能經常與戀人在一起。

　　在蘇州石湖，李商隱作《杏花》：「上國昔相值，亭亭如欲言。異鄉今暫賞，脈脈豈無恩。援少風多力，牆高月有痕。為含無限意，遂對不勝繁。仙子玉京路，主人金谷園。幾時辭碧落，誰伴過黃昏？鏡拂鉛華膩，爐藏桂燼溫。終應催竹葉，先擬詠桃根。莫學啼成血，從教夢寄魂。吳王采香涇，失路入煙村。」

　　李商隱《木蘭》：「二月二十二，木蘭開坼初。初當新病酒，復自久離居。愁絕更傾國，驚新聞遠書。紫絲何日障，油壁幾時車。弄粉知傷重，調紅或有餘。波痕空映襪，煙態不勝裾。桂嶺含芳遠，蓮塘屬意疏。瑤姬與神女，長短定何如。」詩中明確指出是「二月二十二日」。以宋玉《神女賦》：「穠不短，纖不長。」《登徒子好色賦》：「若臣東家之子，增之一分則太長，減之一分則太短。」「著粉則太白，施朱則太赤」，可見木蘭在詩人心目中與蘇小小、瑤姬、宋玉、神女

關聯，該女子具有不勝酒、長眉細腰、皮膚白皙的特點，同時居處華麗，身份尊貴。

宋若荀由蘇州石湖經東太湖往湖州。李商隱有《木蘭花》詩：「洞庭波冷曉侵雲，日日征帆送遠人。幾度木蘭舟上望，不知元是此花身。」

元晦任職越州，宋若荀在友人睦州刺史杜牧、杭州刺史李播庇護下在浙東寄居，到桐廬七里灘，為安全起見買一條舊船在蘇、湖、杭之間來往。

會昌五年十二月杜牧自秋浦守桐廬路由錢塘時，「趙郡李播」為杭州刺史，杜牧任職睦州。李商隱《落花》：「高閣客竟去，小園花亂飛。參差連曲陌，迢遞送斜暉。腸斷未忍掃，眼穿仍欲稀。芳心向春盡，所得是沾衣。」謂花園落花亂飛無人打理。

又往杜牧睦州和韋瓘明州，遊天臺山，經湖州、蘇州後再到金陵，李商隱作《覽古》：「莫持金湯忽太平，草間霜露古今情。空糊赬壤真何益，欲舉黃旗竟未成。長樂瓦飛隨水逝，景陽鐘墮失天明。回頭一吊箕山客，始信逃堯不為名。」面對春江花月觸發思古撫今，「回頭一弔箕山客，始信逃堯不為名。」（《覽古》），佩服白居易、薛廷老等老成大臣早知朝廷要出事而託病「逃堯」的智慧。

高元裕，開成四年改御史中丞。會昌中為京兆尹。累擢尚書左丞、領吏部選，出為宣歙觀察。會昌六年八月，高元裕葬武宗於端陵。李商隱為高元裕作文《為尚書渤海公舉人自代狀》：「伏以京邑為四方之極，咸秦乃天下之樞，必命英髦，以居尹正。臣謬蒙抽擢，素乏才能……況又方營部畢，肇建園寢。」舉薦周墀、崔龜從。

八月，白居易卒於洛陽，年七十五。「十一月葬龍門山河南尹盧貞刻《醉吟先生集》于石，立于墓側。」（宋 王讜：《唐語林》）

會昌四年至六年十一月周墀為洪州刺史、江南西道觀察使，裴夷

直遷江州刺史，會昌六年，「潮州刺史楊嗣復改為江州刺史」（《資治通鑑 會昌六年》），宋若荀到廬山，瞭解佛教，李商隱《明禪師院酬從兄見寄》是在撫州探望宋若荀時寫給原杭州刺史李播：「貞吝嫌茲世，會心馳本原。人非四禪縛，地絕一塵喧。霜露歇高木，星河壓故園。斯遊倘為勝，九折幸回軒。」謂宋若荀雖信佛，但尚未達到「四禪」境界。

在九華山玉真觀以當年玉真公主玉葉為題作《一片 一片瓊英》：「一片瓊英價動天，連城十二昔虛傳。良工巧費真為累，櫧葉成來不費錢。」

十一月，周墀為義成節度使。李商隱《上江西周大夫狀》是此時問候之作，文中「不審自到鎮尊體如何？德修其身，功及於物，伏料福履，常保康寧。……實惟明公，合首列辟。伏惟為國自重。」《廬山記》卷五：「簡寂觀有《大孤山碑》，特進、太尉、平章事、衛國公李德裕文，會昌五年四月庚寅，江南西道都團練觀察處置使、朝議大夫、洪州刺史、御史大夫周墀立。」

九月，薛褒由安州轉湖州刺史。時崔琪因與崔鉉不協，「坐貶澧州刺史，再貶恩州司馬。宣宗即位，以敕召開州。」（《舊唐書 本傳》），劉晏孫劉濛會昌六年因德裕得罪，貶朗州刺史。時崔琪為澧州，宋若荀隱居湖南澧州、朗州。崔琪弟崔璪、崔八（璐）同往恩州，李商隱《同崔八詣藥山訪融禪師》：「共受征南不次恩，報恩惟是有忘言。巖花澗草西林路，未見高僧只見猿。」你在藥山附近築室為廬，可是我與崔八來寺院探望時沒有見到你。

宋若荀再經岳陽往桂林投靠楊漢公。李商隱在章華臺楚離宮作《夢澤》：「夢澤悲風動白茅，楚王葬盡滿城嬌。未知歌舞能多少，虛減宮廚為細腰。」

宋若荀到安陸令薛袞處，李商隱在京山作《帝星井》：「帝星胡為

落此間，豈非此有子陵山。蒼蒼瑤井一百丈，至今深夜光芒寒。野老相傳是陳跡，斷碑摸索苔蘚痕。往事恍惚不可問，青山綠水空潺潺。」（《輿地紀勝 八四 郢州古蹟》）

宋若荀再經岳陽往桂林投靠楊漢公。李商隱在章華台楚離宮作《夢澤》：「夢澤悲風動白茅，楚王葬盡滿城嬌。未知歌舞能多少，虛減宮廚為細腰。」

李玭會昌六年為嶺南節度使前為唐州刺史，宋若荀轉而依靠唐州刺史李玭，在信陽、南陽一帶江邊暫居，李商隱往唐州看望宋若荀，經陳州（今河南淮陽縣）投宿作《淮陽路》：「荒村倚廢營，投宿旅魂驚。斷雁高仍急，寒溪繞更清。昔年嘗聚盜，此日頗分兵。猜貳誰先致，三朝事始平。」回憶當年平叛淮西、討平蔡師時事。

宋若荀到白居易好友鄧州庾敬休故居小住。

李商隱《上李（景讓）舍人狀六》云：「伏承尋到東洛，不審尊體如何？近數見崔玨言協律，伏承已卜江南隱居，轉貼都下舊宅。」謂從崔玨言那裡知道宋若荀如今寄居江南，我固然「道心歸意，貫動昔賢」，但是「況古之貞棲，固有肥遁，衣食不求于外，藥物自有其資，乃可謝絕塵間，棲遲事表。倘猶未也，或擾修存。若更駐歲華，稍優俸入，向平無家事之累，葛洪有丹火之須，然後拂衣求心，抗疏乞罷。東都帳飲，見疏傅之云歸；勾曲樓居，樂陶公之不返。亦可以光昭紫籍，振動玄門，留孤風以動人，垂雅裁以鎮俗」，隱居修行，我為宋若荀和王氏妻兩頭奔波，「外以安危所注，內以婚嫁之累」，自己「識雖蒙欸，業繼玄虛。一官一名，只添戳笑。片詞隻韻，無救寒饑」，既不能如向平男女嫁娶既畢而遊名山，也不能像友人那樣學陶弘景專心向道。

十月，李商隱服闋入京復官，重為祕書省正字。

李商隱《上李（景讓）舍人狀七》中「不審至今來尊體如何？伏

以今年冽寒，不並常歲。……某羈官書閣，業貧京都，徒成拜遠門
闕，違風恩教，東望結戀，夙宵匪寧。」「十二叔淹留伊洛，已變炎
涼」，李褒態度已有變化。「忝預生徒，政用為賀。某羈官書閣，業貧
京都，徒成遠拜門闕，違奉恩教，東望結戀，夙宵匪寧」。

時李商隱四十八歲。

宋若荀四十二歲。

大中元年（丁未，公元 847 年）

正月壬子，朝獻于太清宮。癸丑，朝享于太廟。甲寅，有事于南
郊。大赦，改元。（《新唐書 本紀八 宣宗》）

三月，盧商罷，刑部尚書、判度支崔元式為門下侍郎、翰林學士
承旨，三月，盧商檢校兵部尚書、武昌軍節度使。刑部尚書、判度支
崔元式為門下侍郎檢刑部尚書。七月，翰林學士承旨、戶部侍郎韋琮
為中書侍郎、並同門下平章事。（《新唐書 本紀八 宣宗》）七月，尚
書戶部侍郎翰林學士韋琮以本官同中書門下平章事。八月丙申，西川
節度使檢校尚書右僕射崔鄲內召。李回檢校吏部尚書、罷同平章事，
充劍南西川節度使。（《新唐書 宰相表下》）大中元年閏三月劉瑑加職
方員外郎，十一月二十七日遷尚書郎知制誥。

春，鄭涯接替王起為山南西道節度使。韋損接替盧弘宣為義武，
二月，李德裕為太子少保，靈武帥米暨饋羊五百。（《補錄記傳》）二
月，以盧商為武昌軍節度使。二月，以給事中鄭亞出為桂州刺史、御
史中丞、桂管防禦觀察使。（《嘉泰會稽志》）三月，鄭朗為浙西觀察
使，代李景讓。《東觀奏記》：「以左拾遺鄭言為太常博士，鄭朗為浙
西觀察使。」（《新唐書 鄭朗傳》）五月，楊漢公自桂管為浙東，二年
二月召。六月，盧弘止出為義成軍節度使；以義成軍節度使周墀為兵
部侍郎、判度支。昭義節度使盧鈞檢校尚書、右僕射，充汴州刺史、

御史大夫、宣武軍節度、宋、汴、穎觀察等使，就加檢校司空。李執方為昭義。六月，以鴻臚卿李業為冊黠嘎斯可汗使。張君緒為邠寧。（《資治通鑑 大中元年》）七月，黎植經過浯溪，殷儼為福建觀察使。崔元式觀察湖南。裴識累遷壽州刺史，大中初，改澤州刺史，充湖南觀察使。八月丙申，西川節度使崔鄲內召，以檢校右僕射同平章節度淮南，以門下侍郎、同平章事李回檢校吏部尚書、同平章事、劍南西川節度使。李玭為嶺南東道節度使。韋廑為容管。裴及為邕管。（《舊唐書 本紀十八下 宣宗》）杜悰為劍南東川節度使。（《新唐書 列傳九十一 杜悰》）九月丁卯，以金吾大將軍鄭光為平盧節度使，代戶部侍郎崔龜。「拜淮南節度使，以疾願還，卒于道。」（《新唐書 列傳一百六 李讓夷傳》崔鄲以檢校右僕射同平章事節度淮南。（《新唐書 崔鄲傳》）忠武節度使盧簡辭遷檢校刑部尚書襄州刺史山南東道節度使，高銖出為忠武軍節度使。《舊唐書 盧簡辭傳》陳商為陝虢。雁門公紇干臮為江西觀察使，代周墀。（《崔嘏：授紇干臮江西觀察使制》）田牟自西楚武寧徙東魯天平（崔璵：《授田牟金吾將軍制》），以李廓為武寧。

宣宗與白敏中等反會昌之政。正月，大赦，制文稱：「國家與吐蕃甥舅之好，自今後邊上不得受納降人。」針對大和五年維州事。吏部奏：會昌四年所減州縣官員復增三百八十三員。春三月，下令恢復佛教，是以僧尼之弊皆復其舊。三月敕云：會昌季年，並省寺宇，雖云異方之教，無損為政之源。中國之人，久行其道，釐革過當，事體未宏。其靈山勝景，天下州府，會昌五年四月所廢寺宇，有宿舊名僧，復能修創，一任住持，所司不得禁止。（《唐會要》卷四十八）白敏中、令狐絢，在會昌中德裕不以朋黨疑之，置之臺閣，顧待甚優。及德裕失勢，抵掌戟手，同謀斥逐。二月，白敏中使其黨李咸訟德裕罪，德裕由是以太子少保分司。「乃罷德裕留守，以太子少保分司東都。（《舊

唐書　列傳第一百二十四　李德裕》）九月乙酉，前永寧尉吳汝納訟其
弟湘罪不至死，告李紳與李德裕相表裡，期罔武宗，枉殺吳湘，詔江
州司戶崔元藻等對辨。（《資治通鑑　唐紀六十四　大中元年》）十二月戊
午，貶太子少保李德裕為潮州司馬。（《新唐書　本紀八　宣宗》）十二月
戊午，貶太子少保分司東都李德裕潮州司馬員外置同正員。

大中初，崔璪為河南尹，（《樊川集　授崔璪刑部尚書制》：「易歷
中外，道益光顯。左省駁議，不畏強禦。分憂陝服，尹茲東郊。政能
安人，化能被俗。」）李固言為東都留守。崔琮為河南。

柳仲郢為鄭州。六月，庾簡休接替李襃為虢州，至大中四年。
（《舊唐書　宣宗紀》）令狐綯大中元年三月二十一日自左司郎中授湖
州刺史。（《吳興志》）大中元年，段成式為吉州刺史，至大中七年回
京。（《新唐書　本傳》）段成式《塑像記》：「廬陵龍興寺西北隅，先有
設色遺像，武宗五年毀廢，至大中初重建寺。」韋正貫大中元年為同
州刺史。俄擢嶺南節度使。（《新唐書　韋正貫傳》）

三月丁酉，禮部侍郎魏扶奏放進三十三人。（《舊唐書　本紀十八
下　宣宗》）

會昌五年至大中元年，楊漢公接替元晦為桂管經略使，宋若荀與
友人從廣州經瀧水到桂林。

開成五年九月，李珏與楊嗣復俱罷相，出為桂州刺史，桂管觀察
使。再貶昭州刺史。三月，貶端州司馬。會昌三年，長流驩州。（《舊
唐書　李珏傳》）會昌六年宣宗即位後武宗朝所貶五相牛僧孺、李宗
閔、崔琪、楊嗣復、李珏同日北遷。會昌六年八月，昭州刺史李珏內
遷郴州。大中元年春，李珏遷舒州，經昭州向北，李商隱《昭州》：
「桂水春猶早，昭川日正西。虎當官道鬥，猿上驛樓啼。繩爛金沙
井，松乾乳洞梯。鄉音殊可駭，仍有醉如泥。」是宋若荀仍然不勝酒

力。《方輿勝覽》：「金沙井在平樂縣府治東。」《平樂縣志》也有：「金沙井在塘背庵內，唐李義山所詠也，近為僧填，不可復問。」原載《平樂縣志》，原著下有注：「偶客昭州。」

宋若荀到周敬復鄧州，李商隱《題李上謨壁》：「舊著《思玄賦》，新編雜擬詩。江庭猶近別，山舍得幽期。嫩割周顒韭，肥烹鮑照葵。飽聞南燭酒，仍及撥醅時。」

由鄧州、上洛向長安。大中初河南少尹呂述接替崔珙為商州刺史，《寶刻類編》卷十引《集古錄目》：「《唐商於新路記》為唐翰林學士韋琮撰，太子賓客柳公權書，祕書省校書郎李商隱篆額，商州刺史呂述移建州之新驛，碑以大中元年正月立。」可見大中元年正月李商隱等到過商山。

會昌五年五月乙丑，戶部侍郎李回為中書侍郎同中書門下平章事，兼判戶部。（《新唐書 宰相表下》）李商隱作《為賀拔員外上李（回）相公狀》，賀拔基，與白敏中長慶二年進士第，先為祕書省官，後轉戶部判官。

《舊唐書 本紀第十八下 宣宗》：「元年三月，魏扶奏放進士，封彥卿、崔琢、鄭延休三人，實有詞藝，以父兄見居重位，不得令中選。詔韋琮重考覆，敕放及第。帝雅好儒士，留心貢舉之得失。每山池曲宴，學士詩什屬和。」李商隱作《獻侍郎鉅鹿公啟》，「某啟：今月某日，舍弟新及第進士義叟處，伏見侍郎所制《春闈于榜後寄呈在朝同年兼簡新及第諸先輩》五言司韻詩一首」，敘述自己詩歌創作主張：「屬詞之工，言志為最。自魯毛兆軌，蘇李揚聲，代有遺音，時無絕響。雖古今異制，而律呂同歸。我朝以來，此道尤盛。皆陷于偏巧，罕或兼才。枕石漱流，則尚于枯槁寂寥之句；攀麟附驥，則先於驕奢豔佚之篇。推李、杜則怨刺居多，效沈、宋則綺靡為甚，至于秉無私之刀尺，立莫測之門牆，自非託於降神，安可定夫眾制？」「某

比興非工，顧蒙有素。然早聞長者之論，夙託詞人之末。」

　　李商隱「大中元年，被奏入嶺」（《樊南甲集序》），「給事中鄭亞廉察桂州，請為觀察判官、檢校水部員外郎。」（《舊唐書 李商隱傳》）李商隱詩《謝往桂林至彤庭竊詠》：「辰象森羅正，句陳翊衛寬。魚龍排百戲，劍佩儼千官。月輪移枌詣，仙路下欄杆。城禁將開晚，宮深欲曙難。共賀高禖應，將陳壽酒歡。金星壓芒角，銀漢轉波瀾。王母來空闊，羲和上屈盤。鳳凰傳詔旨，獬豸冠朝端。造化中臺座，威風大將臺。甘泉猶望幸，早晚冠呼韓」為赴桂林前廷謝時作，「竊詠」為暗中回憶，謂當年你們姊妹在建章宮居住，後來你宋若茍又為皇帝宣詔官，如今我也官銜侍御，有自得之意。

　　赴桂管前，為鄭亞作辭謝公文：《為滎陽公謝除盧副使等官狀》、《為桂州盧副使（勘）謝聘錢啟》。大中元年至二年李執方為昭義節度使，李商隱《為滎陽公與昭義李（執方）僕射狀》：「某繆忝廉察，實憂尸祿。上黨頃集凶徒，近為王土，倉痍未復，愁怨尚多。果杖雄才，以孚至化，南則奮河橋之威斷，北則揚上谷之仁聲。」《為滎陽公與汴州盧（鈞）僕射狀》：「宣武兵多，大梁地要。永言今昔，常繼風流。不唯寄以安人，多是倚之為相。況當朔德，尤注群情。」

　　三月，韋琮為相（《新唐書 宰相表下》），當時文采大著，李商隱《為滎陽公謝集賢韋（琮）相公狀》，謝賜花犀腰帶，「縱拜辭而有期，懼立朝而無取」。崔鉉會昌六年至大中三年為河中，李商隱《為滎陽公上河中崔（鉉）相公狀一》，《為滎陽公上河中崔（鉉）相公狀二》。《宣宗紀》：「會昌六年四月，劍南西川節度使崔鄲檢校右僕射、同中書門下平章事如故。」李商隱為鄭亞作《為滎陽公上西川崔（鄲）相公狀》。

　　又，寫信給會昌六年九月接替李德裕為荊南鄭肅，為鄭亞作《為滎陽公上荊南鄭（肅）相公狀一》：「僕幸途徑荊楚，行拜旌麾，即於

今七日赴任。……李支使商隱常願拜叔子于荊州，謁季良于南郡，抒
其投跡之心，遂委行人之任。」

　　會昌六年七月，李讓夷為淮南節度使，李商隱為鄭亞作《為滎陽
公上淮南李（讓夷）相公狀》，此時李讓夷已經身體不支，文中有
「伏惟特加寢膳，以副禱祠。歸奉休期，遠登壽域」語。會昌六年九
月，以右散騎常侍李景讓為浙西觀察使，李商隱《為滎陽公與浙西李
（景讓）尚書狀》：「尚書允贊休明，克抱全德，直以高堂指訓，外鎮
悠閒，尚稽廉部之名，實積具瞻之望。即以今月七日赴鎮。」

　　大中元年三月，李拭代韋正貫為京兆尹，李商隱《為滎陽公與京
兆李（拭）尹狀》云：「未獲趨承。」會昌六年至大中元年崔璪由河
中為河南，《舊唐書 崔璪傳》：「會昌初，出為陝虢觀察使，遷河南
尹，入為御史中丞，轉吏部侍郎。」李商隱有《為滎陽公與河南崔
（璪）尹狀》。又，《為滎陽公與容州韋（廑）中丞狀》。

　　三月七日李商隱隨鄭亞赴桂管，作《為中丞滎陽公赴桂州長樂驛
謝敕設饌狀》、《為中丞滎陽公謝借飛龍馬送至府界狀》。

　　李商隱隨鄭亞到鄧州。盧弘止大中元年為戶部侍郎，李商隱《上
度支盧（弘止）侍郎狀》云：「某行已及鄧州，回望門欄，如隔霄
漢。感知佩德，不任血誠。某揣摩莫聞，疏拙有素。侍郎獎其技，夙
降重言。而時亨命屯，道泰身否，屬茲淹躓，不副提攜。今者萬里銜
誠，一身奉役，湖嶺重複，骨肉支離。交、廣之嘆袁忠，荊蠻之悲王
粲，思人撫事，古亦猶今。惟當幽禱鬼神，明祈日月，伏願榮從司
計，入贊大酋，鼓長楫以濟時，運洪鈞而播物。則某必計言還上國，
來拜恩門，一吐漢相之茵，一握周公之髮，斯願畢矣，伏惟圖之。伏
計亦賜念察。」謂宋若荀如袁忠浮海南投交阯，自己本來是希望到宋
若荀所在嶺南而求桂幕，而現在她又回到江漢，正如王粲《七哀詩》
中所言：「荊蠻非我鄉，何為久滯淫？方舟沂大江，日暮愁我

心。……羈旅無終極，憂思壯難任。」真是天公弄人啊！只有希望將來到你麾下效勞，請你為我籌劃才能如願了！可見盧弘止是瞭解李商隱和宋若荀的。其中「薛郎先輩，早敦分好，實慕風軌。是敢託以緘題，致之几案，就有心懇，資其口陳。」請帶信的「薛郎」有可能是杜牧《送薛處士序》和《送薛種遊湖南》中薛種，即會昌六年八月由安州調湖州，大中元年二月在湖州去世的薛袞後人。

　　經襄陽。大中元年盧簡辭檢校刑部尚書、山南東道節度使，駐守襄州（《新唐書　盧簡辭傳》）。李商隱作《上漢南盧（簡辭）尚書狀》：「某頃以聲跡幽沉，音輝懸邈，空滅許都之刺，竟乖梁苑之遊。」可見當年許昌、開封期間就與盧簡辭熟識，後來因境遇不佳無顏相見；「今幸假途奧壤，赴召逗藩，越賈生賦鵬之鄉，過王子登樓之地，豈期此際，獲奉餘恩，而又詢劉、范之世親，問欒、郤之官族。優其通舊，降以清談。言念古人，重難兄事。」《禮記　曲禮上》：「十年以長則兄事之。」謂盧氏與自己有親戚之誼，以盧簡辭為「尚書三兄」；「季布始拜于袁盎，蕭何近下于周昌。將用比方，彼有寥落。徒迫於祇役，嘗抱沉痾，空思韋曜之茶，莫及孔融之酒。」以季布弟季心因殺人亡吳，從袁絲匿，長事袁盎（盎字絲）；周昌因為直諫而為蕭何所卑作比方，謂宋氏姊妹忠而見逐，到處藏匿，希望能在你手下做事，使她有居留之所。「也許我的比方不太合適吧？可是差強能用吧。」告訴盧簡辭宋若荀曾在杜牧所刺睦州，宋若荀少時懂得「孔融讓梨」，如今在商山釀酒款待朋友；「遂不得仰霑美祿，一中聖人，歌山簡倒載之歡，睹定國益明之量。」可惜不能與詩友們同在你轄地長久聚會，「前騰郢路，卻望漢皋」以張衡《南都賦》：「游女弄珠于漢皋之曲」，《楚辭　九歌》：「惟郢路之遼遠兮，魂一夕而九逝。」謂當年如鄭交甫當年在此遇見宋氏姊妹，我之前為赴桂幕匆忙地離開此地，如今又急急忙忙趕到漢南，留下她宋若荀一個人在荊州

段成式故居，因而「行道遲遲，中心有違」。「夫歲星降氣，嵩岳生神，苟鼎飪之可逃，則天爵何寄？伏惟特以蒼生為慮也。」「倘得返身湖嶺，歸道門牆，粗依鳴盜之餘，以奉陶鎔之賜」，以江淹《詣建平王上書》中「備鳴道淺術之餘，預三五賤伎之末」，若回到江漢，還望您如當年的孟嘗君一樣將她收羅在下，想必她的文字能夠勝任，希望您能多多照應。

　　友人們前往舒州望江看望李珏，李商隱《贈田叟》：「荷蓑衰翁似有情，相逢攜手繞村行。燒畬曉映遠山色，伐樹暝傳深谷聲。鷗鳥忘機翻浹洽，交親得路昧平生。撫躬道直誠感激，在野無賢心自驚。」與溫庭筠《燒歌》中「燒畬為早田」相應。

　　閏三月，鄭亞等滯留江陵。「旬時，方集水潦。重湖吞吐，實亞滄溟。未濟之間，臨深是懼」（李商隱《為滎陽公上門下李（回）相公狀一》）。中旬，鄭亞一行由江陵向潭州，續發江陵時荊南節度使鄭肅贈物送行，李商隱為其作《為滎陽公謝荊南鄭（肅）相公狀》。李商隱「臨上孤舟」時寫信給周墀，「仰望玉音，俯佩金諾。」為周墀答應照應宋若荀而「下情不任攀賀結戀之至」。（李商隱：《於江陵府見除書狀》）

　　大中元年至三年，盧商為鄂岳，在江夏城頭李商隱作《聽鼓》：「城頭疊鼓聲，城下暮江清。欲問漁陽摻，時無禰正平。」《衛公兵法》：「鼓三百三十捶為一通。鼓止角動，吹十二聲為一疊。」謂自己也有禰衡那樣才藝和笑傲王侯氣概。

　　大中元年三月，鄭朗代李景讓為浙西觀察使，宋若荀與友人往江南。李商隱《為滎陽公上浙西鄭（朗）尚書啟》中：「道路綿邈，懷抱淒涼，未盡雲霧之披，空屬池塘之思。餘并付某乙口述。」以《晉書 樂廣傳》：「廣善談論，尚書令衛瓘見而奇之曰：『此人之水鏡，見之瑩然，若披雲霧而睹青天也。』」《南史 謝惠連傳》：「族兄謝靈運

嘗於永嘉西堂，思詩竟日不就，忽夢見惠連，即得『池塘生春草』，大以為工。」謂宋若荀從武昌、望江、句容到越州，其間道路遙遠，希望得到他的幫助。越州「地雄東海，境控南徐，當皇心妙簡之難，是國用取資之地。」文中對比桂林、潤州「此方且多雜俗，又異奧區，但餘江山，記在方志。然將以比西州東府，白下朱方，則亦遼豚為慚，葉龍知懼矣。」風物人文都不如江南，鄭朗對李、宋兩人感情情況心如明鏡，請求他予以照應。

大中元年至三年，盧商為鄂岳，在江夏城頭李商隱作《聽鼓》：「城頭疊鼓聲，城下暮江清。欲問漁陽摻，時無禰正平。」《衛公兵法》：「鼓三百三十捶為一通。鼓止角動，吹十二聲為一疊。」謂自己也有禰衡那樣才藝和笑傲王侯氣概。

鄭亞一行閏三月二十八日到長沙，作《為榮陽公上集賢韋（琮）相公狀一》，謂「某行役，今月二十八日達潭州迄」。崔元式會昌六年入為刑部侍郎，宣宗朝以本官同平章事，李商隱為鄭亞作《為榮陽公上弘文崔（元式）相公狀一》。《舊唐書 本紀十八下 宣宗》：「二月，以檢校太尉、東都留守李德裕為太子少保、分司東都。以給事中鄭亞為桂州刺史、御史中丞、桂管防禦觀察等使。」會昌六年四月，以兵部侍郎、翰林學士承旨白敏中守本官同中書門下平章事，李商隱《為榮陽公上史館白（敏中）相公狀一》、《為榮陽公上門下李（回）相公狀一》等。

李商隱為鄭亞作《為榮陽公上李（德裕）太尉狀》，文中有「伏惟慎保起居，俯鎮風俗，俟金縢質有見，俾玉鉉之重光。某竊意春初，曾蒙簡賜，故欲琴樽嵩嶺，魚釣平泉。」可見宣宗即位後李德裕罷相為東都留守、太子太傅，將其比作為流言所傷的周公。

裴休大中元年十二月前為湖南，鄭亞一行因大水滯留長沙，五月初才從湖南起程。「時逢積水，行滯長沙，擁皁蓋而久留，載青旌而

莫濟」（李商隱《為中丞滎陽公赴桂州至湖南敕書慰諭表》），《為滎陽
公上衡州牛（僧孺）相公狀》中有「會昭潭積雨，南楚增波，尚滯旬
日，若隔霄漢」。會昌六年八月，宣宗立，以循州司馬牛僧孺為衡州
長史，汝州，還為太子少師卒。可見此時牛僧孺在衡州。

五月端午前在湖南為鄭亞作《為滎陽公赴桂州在道換進賀端午銀
狀》，又《為滎陽公端午謝賜物狀》感謝朝廷賜物。《為中丞滎陽公赴
桂州至湖南敕書慰諭表》、《為滎陽公至湖南賀聽政表》、《為滎陽公進
賀壽昌節銀零陵香麂靴竹靴狀》等。

李商隱為鄭亞作《為滎陽公桂州謝上表》、《為滎陽公桂州上後上
中書門下狀》。裴休，浙東觀察使裴肅子，與鄭亞同為大和二年賢良
方正、能言極諫科，李商隱《為滎陽公桂州舉人（裴俅）自代狀》中
推薦裴俅，裴俅，字冠識，為裴儔（次之）、裴休（公美）弟，寶曆
二年進士及第狀元。另有《為滎陽公上集賢韋（琮）相公狀二》、《為
滎陽公上弘文崔（元式）相公狀二》、《為滎陽公上史館白（敏中）相
公狀二》。又，《為滎陽公上史館白（敏中）相公狀三》、《為滎陽公上
門下李（回）相公狀二》。

六月，牛僧孺遷汝州，還為太子少師，詔文七月到桂林，李商隱
為鄭亞作《為滎陽公賀牛（僧孺）相公狀》，「伏見除書，伏承遷寵，
相公允膺四輔，光贊六朝，靜則龍蟄存神，在一水而無門；動則鳳翔
覽德，自千仞以來儀。雖世途則有污隆，而吾道終無消長。憶昨暫非
利往，遠謫荒陬，仲尼之不陋九夷，子文之能安三巳。永言閭閾，實
貫品流。今者復自衡陽，去臨汝水。以舊丞相，兼老成人。竊計中
途，即有新命。俯移高尚，還處燮和。」

六月十九日，鄭亞一行到桂林，李商隱作《桂林》：「城窄山將
壓，江寬地勢浮。東南通絕域，西北有高樓。神護青楓岸，龍移白石
湫。殊鄉竟何禱，蕭鼓不曾休。」

李商隱在桂林為鄭亞作一系列應酬公文：

六月，周墀由江南西道以判度支為義成節度使，李商隱作《為榮陽公與度支周（墀）侍郎狀》。作《為榮陽公上門下李（回）相公狀三》、《為榮陽公與度支盧（弘止）侍郎狀》。崔元式繼李回為相，作《為榮陽公上通義崔（元式）公狀》（《長安志》：「西二街通義坊，荊南節度使同中書門下平章事魏國公崔鉉宅。」）。李回罷相陳讓兼職，《為榮陽公與魏（扶）中丞狀》。作《為中丞榮陽公賽城隍神文》

大中元年春，北部諸山奚皆叛，吐蕃、回鶻寇河西，河東節度使王宰伐之。五月，張仲武及奚北部落戰，敗之。盧龍張仲武禽酋渠，燒帳落二十萬，取其剌史以下面耳三百，羊牛七萬，輜貯五百乘獻京師。」（《新唐書 列傳第一百四十四 北狄》）張仲武，范陽人，會昌初為雄武軍使，史元忠、陳行泰、張絳相繼殺戮求帥軍，時回鶻點戞斯所破，張仲武遣屬入朝，請以本軍入回鶻，乃擢兵馬留後。絳為軍中所逐，拜仲武副大使。大中初，破奚北部及山奚，俘獲雜畜不貲。擢同中書門下平章事。李商隱《為榮陽公賀幽州破奚寇上中書狀》、《為榮陽公賀幽州張相公狀》、《為榮陽公賀幽州破奚寇表》，文中「況幽朔巨都，全燕重地，薦臻奚寇，猾亂華人。田豫之護鮮卑，莫能深入；祭肜之軍遼水，惟遣相攻」，指燕地、遼東的奚人侵掠邊境，「柳水載澄，桑河無事」，謂張仲武追擊直至桑乾河和營州。

又為鄭亞作《為榮陽公奉慰積慶太后上謚表》、《為榮陽公與裴、盧、孔、楊、韋諸郡守狀》、《為榮陽公舉王克明等充縣令主簿狀》、《為榮陽公桂管補逐要等官牒》等，《為榮陽公桂州署防禦等官牒》中「段協律」，因鄭亞曾為節度荊州段文昌幕僚，有可能是段成式子段安節；「呂佋」為呂述弟。

大中元年五月，吐蕃吐熱恐乘武宗之喪，誘党項及回鶻餘眾寇河西，詔河東節度使王宰將代北諸軍擊之，宰以沙陀朱邪赤心為前鋒，

自麟州濟河，與恐熱戰於鹽州，破走之。李商隱作《為滎陽公賀太尉王（宰）司徒啟》，「近者党項侵擾西道，掘強北邊，仰聞天威，將事電掃。果叢貴府，首建行臺。蓋以集司徒大鹵之先聲，壺關之舊戍，允屬當行。」又，《為滎陽公上陳許高（銖）尚書狀》等公文。

韋琮加集賢殿大學士，李商隱《為滎陽公上集賢韋（琮）相公狀三》中「況又高步瀛洲，領官仙掖」謂韋琮為宰相；「恩極臺階，榮兼祕府。通風池于冊府，擢雞樹于署林」，「鳳池」為中書省，「雞樹」切宰相；「書林」切集賢殿大學士，請求幫助宋若荀平冤。又作《為滎陽公上弘文崔（元式）相公狀三》，為賀崔元式加崇文館大學士職。

八月，試博學弘詞時座師李回出為成都尹、劍南西川節度使，李商隱有《為滎陽公上西川李（回）相公狀》。崔鄲內召，又作《為滎陽公上僕射崔（鄲）相公狀一》。李回為西川，崔鄲回朝，作《為滎陽公上僕射崔（鄲）相公狀二》。司天監李景亮奏八月六日寅時老人星見於南極，八月中秋作《為滎陽公賀老人星見表》。

秋，桂林旱情，作《賽舜廟文》（臨桂虞山舜廟黃潭）、《賽越王神文》（尉佗）、《賽北源神文》（興安、全義湘、漓二水之源）、《賽靈川縣城隍神文》（靈川）、《賽荔浦城隍神文》、《賽永福城隍神文》、《賽曾山蘇山神文》（賀縣）、《賽白石神文》、《賽龍蟠山神文》（全義縣）、《賽陽朔縣名山文》、《賽海陽神文》（陽朔）、《賽堯山廟文》、《賽古欖神文》（理定）、《為中丞滎陽公祭全義縣伏波神文》、《為中丞滎陽公賽理定縣城隍神文》、《賽蘭麻神文》（永富縣）、《賽侯山神文》（臨桂縣）、《賽建山神文》（建陵縣）、《賽石明府神文》、《賽莫神文》。八月二十七日，李商隱在桂林為鄭亞作《為中丞滎陽公祭桂州城隍神祝文》。桂管湖湘水旱收成不足、物力難繼，進狀請求暫停敘錄將士，作《為滎陽公奏請不敘錄將士狀》、《為滎陽公請不敘將士上

中書狀》。八月末，作《為滎陽公上僕射崔（鄲）相公狀二》。

湖州刺史令狐綯來信問起宋若荀近況，李商隱《酬令狐郎中見寄》：「望郎臨古郡，佳句灑丹青。應自邱遲宅，仍過柳惲汀。封來江渺渺，信去雨冥冥。句曲聞仙訣，臨川得佛經。朝吟攄客枕，夜讀漱僧瓶。不見銜蘆雁，空留腐草螢。土宜悲坎井，天怒識雷霆。象卉分疆近，鮫涎浸岸腥。補贏貪紫桂，負氣托青萍。萬里懸猶抱，危于訟閣玲。」告訴他宋若荀曾在盧山、臨川僧院，後又往昭州、雷州、象州一帶，以後大約還會往湖州白萍洲吧？湖州《郡守表》云令狐綯大中二年四月二日除翰林學士，可見信為大中二年四月前寄出。

從令狐綯信中知道薛袞於大中元年二月去世，李商隱應宜春令裴衡所請作誄文《為裴懿無私祭薛（袞）郎中文》。《新唐書　宰相表下》：「裴衡，字無私，憲宗相垍之弟輩，而思謙之兄也。」大中時為司勳員外郎；裴垍葬河南府福昌縣西南三十四里女几山，白居易有《題裴晉公女几山刻石詩後》。裴懿，薛袞婿。文中「某因承中外，獲奉恩知。通孔李道德之舊，兼盧劉姻戚之私」可見裴衡與薛郎中為姻戚。薛郎中薛袞，薛蘋子，會昌六年自安州刺史拜湖州，病逝；大中元年六月由令狐綯接任湖州。薛袞與薛放、薛戎為從兄弟。薛戎即白居易《和薛秀才尋梅花同飲見贈》、第二年《與諸客攜酒尋去年梅花有感》詩下注：「去年與薛景文同飲，今年長逝」的薛景文，元和十二年正月拜越州刺史、遷浙東觀察使（《舊唐書　本紀十五下　憲宗》），居數歲以疾辭官，長慶元年十月卒，年七十五。薛袞曾以刑部員外郎出為河南令，歷衢、湖、常三州刺史，為吏愛護民眾，曾親自主持衢州橘稅事務，廢衢州橘未貢先鬻者死法令，因而李商隱《為裴懿無私祭薛郎中文》中有「長洲樹古，茂苑山春」句，很可能薛袞蘇州有居處，宋若荀在江南得到薛袞保護；「橘稅既集，茶征是親，鶗度雪而去遠，鵠下亭而唳頻」，「終自膏肓，傅于骨髓」，謂薛郎中守

湖州而卒。「薛郎中」薛袞對李商隱、宋若荀情況很清楚，是當年熟
識大臣和長者。「有美令人，載稱清勁，訓在《詩》、《書》，樂惟名
教。王、謝標格，曹、劉才調。清如逐熱之風，明若觀潮之燎」，很
可能是當年尚書省女侍史宋若荀，「靈臺委鑒，虛室融和。秋水望闊，
春臺上多。鄉塾掉殃，文林厲戈。硯橫河漢，紙落煙波。澤宮貍首，
棘場楊葉。」《禮記》：於「諸侯歲貢于天子，天子試之于射宮。」又
「天子將祭，必先習射澤。諸侯以《貍首》為節。」如今她在鄉塾課
徒，不斷著作，紙落如雲。而「箭去星慚，弓懸月怯。兩書上第，五
辟名公。馬卿賦雪，陳琳愈風。平臺竹苑，淮山桂叢。營分細柳，幕
染芙蓉。顯備臺僚，榮從憲秩。冠鵝鐵勁，衣明繡密。霜下端簡，風
生落筆。庭夜烏徊，天秋隼疾。帝念允職，任于諫垣。依違絕想，從
容敢言。攀檻而空留跡在，削槁而不見書存。女史護衣，太官供食。
伏奏多可，分曹著績」，「漢榮出牧，晉議州兵」，「濟南之誅巨猾，揚
州之試諸生」，敘述宋若荀身世經歷，因對朝中政治漩渦餘悸，遠離
是非，自逐湘中，「將歡宋子，俄放湘南。綏黃楚檄，鬢百昭潭。桂
止謂卜，棄予是甘。許靖之悲方極，王粲之憂不堪」，以《詩經》中
「豈其娶妻，必宋之子」謂薛郎中所關心宋若荀如楚人屈原逐放湘
南，聽到長者去世消息悲傷無比，「靜龍門之風水，鑱羊腸之險巇」，
指宋若荀曾隨軍隊越太行山，到日南如「許靖無位」；而我亦如王粲
「登茲樓以四望兮，聊假日以銷憂」（《登樓賦》），心中憂慮無加。
「猶辱重言，將敦故約。玉無改行，金不如諾。勖大義于幽沉，軫遐
信于漂泊。使者尚在，凶書已來。雁足空遠，魚腸難回。淚和峽雨，
哭振巴雷。孰澆枯鮒，誰熱寒灰？」可見薛袞對宋、李二人有關懷愛
護之誼，不僅同情幫助他們，而且調解二人之間誤會隔閡。「執紼路
阻，佳城望賒。凌空乏翼，上漢無槎。或期他日，式返中華，認楊公
之石馬，撫周苞之辟邪」，謂薛郎中去世後宋若荀再無可一吐胸中苦

痛的忠厚長者了。查裴懿並無含冤流放嶺南之事，因此文中所言並非裴懿身世，而是宋若荀經歷，李商隱《為裴懿無私祭薛郎中文》其實是借好友裴懿之口抒寫自己與宋若荀對薛姓長者感激和哀悼之情，「今則言去郴江，當移澧浦，稍脫疑網，猶罹罪罟。念中慟以無期，豈沉冤之可吐！嗚呼哀哉！」也是宋氏冤案之人感嘆，不是裴衡經歷。

裴及會昌六年至大中三年以司農卿任邕府經略使、嶺南西道節度使，宋若荀等往西原和安南，李商隱失望之極，在送別宴會上作《離席》：「出宿金樽掩，從公玉帳新。依依向餘照，遠遠隔芳塵。細草翻驚雁，殘花伴醉人。楊朱不用勸，只是更霑巾。」我為了你才從幕桂林，而你卻又往他處，實在是讓人傷心啊！李商隱《為滎陽公桂州謝上表》中：「首南服以稱藩，控西原而遏寇。」會昌六年九月，蠻寇安南，經略裴元裕帥鄰道兵討之。

會昌六年九月，蠻寇安南，經略裴元裕帥鄰道兵討之。李商隱《為滎陽公論安南行營將士月糧狀》：「臣到任以來，為日雖淺，懸軍在遠，經費為虞。竊檢尋見在行營將士等，從去年六月已後，至今年六月以前，從發赴安南，用夫船程糧及船米賞設，並每月醬菜等，一年約用錢六千二百六十餘貫、米麵等七千四百三十餘石。大數雖破上供。餘用悉資當府。不唯褊匱，且以遙遐，有搬灘過海之，多巨浪颶風之患。須臾便信，動失程期。臣忝守戎行，不勝憂結。伏以裴元裕既開邊隙，又乏武經，抽三道之見兵，備一方之致寇，曾無戎捷，徒耀軍容。……側聞容廣守臣，亦欲飛章上請。臣緣午到，未敢抗論。……伏乞特詔裴元裕，使廣布仁聲，遠揚朝旨，無邀功以生事，勿耗國以進兵。庶令此境之人無擁思鄉之念。」是瞭解當地情形之後奏章。李商隱為裴及屬下裴希顏即《樊川集 邕府巡官裴君墓志》中「司農卿裴及為邕府經略使，辟君為從事，得南方病歸，大中二年某日卒于家」。

李商隱《和孫朴、韋蟾孔雀詠》：「此去三梁遠，今來萬里攜。西施因網得，秦客被花迷。可在青鸚鵡，非關碧野雞。約眉憐翠羽，刮目想金篦。瘴氣籠飛遠，蠻花向座低。輕于趙皇后，貴極楚懸黎。都護矜羅幕，佳人炫繡袿。屏風臨燭箱，捍撥倚香臍。舊思牽雲葉，新愁待雪泥。愛堪通夢寐，畫得不端倪。地錦排蒼雁，簾釘鏤白犀。曙霞星月外，涼月露盤西。妒好休誇舞，經寒且少啼。紅樓三十級，穩穩上天梯。」謂經過三梁（廣西永福）、去過冬天燕子還在的東南亞。

李商隱作《到秋》：「扇風淅瀝簟流離，萬里南雲滯所思。守到清秋還寂寞，葉丹苔碧閉門時。」用謝靈運《七月七日夜詠牛女一首》中「淅淅振條風」句，是七夕相思之情。

《資治通鑑 會昌六年》：「九月，右常侍李景讓（繼盧簡辭）為浙東觀察使。」令狐綯大中元年三月三十一日由左司郎中授湖州刺史，楊漢公為越州，宋若荀到江南。李商隱繁暑季節利用假期到江南探望，李商隱《失題 幽人不倦賞》：「幽人不倦賞，秋暑貴招邀。竹碧轉悵望，池清尤寂寥。露花終斂濕，風蝶強嬌嬈。此地如攜手，兼君不自聊。」指出「秋暑」間應「幽人」宋若荀「招邀」同遊，雖然環境不錯，但她如左芬《離思賦》中所云「心不自聊」，打不起勁來，自己也索然無味。

恰逢明州陸侍御奉命護送圓仁回國，李商隱聽說宋若荀為求不死藥隨日本僧人去了東瀛，作《海客》：「海客乘槎上紫氛，星娥罷織一相聞。只應不憚牽牛妒，聊用支機石贈君。」徒有相思難遣。

李商隱《離思》：「氣盡前溪舞，心酸子夜歌。峽雲尋不得，溝水欲如何。朔雁傳書絕，湘篁染淚多。無由見顏色，還自託微波。」是再次離別。

宋若荀與友人往江西廬山。溫庭筠詩《贈楚雲上人》：「松根滿苔石，盡日閉禪關。有伴年年月，無家處處山。煙波五湖遠，瓶屨一身

閒。岳寺蕙蘭晚，幾時幽鳥還。」(《全唐詩 卷五百八十二 溫庭筠》)中無家、有閒而在五湖飄蕩的宋若荀，以「楚人」和「宋公」聯合。李商隱有《題白石蓮花寄楚公》:「白石蓮花誰所共，六時常奉佛前燈。空亭苔蘚饒霜路，時夢西山老病僧。大海龍宮無限地，諸天雁塔幾多層。漫誇鶖子真羅漢，不會牛車是上乘。」

會昌六年至大中三年韋廑繼李景讓為容管觀察使，兼黔中觀察使，友人馬戴因直言被貶龍陽，宋若荀往黔中。韋康(韋廑兄)大中元年為黔南經略使，兼黔州刺史，(陳陶:《賀容府韋中丞大府賢兄新除黔南經略》，《全唐詩 卷七百四十六》)陳陶《賀容府韋中丞大府賢兄新除黔南經略詩》:「普寧都護軍威重，九驛梯航壓要津。」(《全唐詩 卷七百四十六 陳陶》)李商隱《為滎陽公與容州韋(廑)中丞狀》:「伏科旌旆，將及容州。某素無才文，忽被恩榮，實幸小藩，特來奧壤。即以某月日進發到任。」都是希望他們照應宋若荀的請託之詞。

李商隱《即目 地寬樓已迥》:「地寬樓已迥，人更迥于樓。細意經春物，傷醒屬暮愁。望賒殊易斷，恨久欲難收。大執真無利，多情豈自由！空園兼樹廢，敗港擁花流。書去青楓驛，鴻歸杜若洲。單棲奮應定，辭疾索誰憂？更替林鴉恨，驚頻去不休。」是無奈惆悵之感;《方輿勝覽》:青楓浦在潭州瀏陽縣。白石湫在桂林。《楚辭 招魂》:「采芳洲兮杜若。」打聽到他們後來從瀏陽回到蘄州黃梅縣。

宋若荀等轉而依靠睦州杜牧，經歙縣華陽鎮和嚴州梅城，李商隱作《訪隱者不遇成二絕》:「秋水悠悠浸墅扉，夢中來數覺來稀。玄蟬聲盡葉黃落，一樹冬青人未歸。城郭休過識者稀，哀猿啼處有柴扉。滄江白石樵漁路，日暮歸來雨滿衣。」描述當地環境。

李商隱在蘇州作《虱賦》

宋若荀去楊漢公任職浙東，李商隱《贈宗魯邛竹杖》:「大夏資輕策，全溪問所思。靜憐穿樹遠，滑想過苔遲。鶴怨朝還望，僧仙暮有

期。風流真底事。常欲傍輕贏。」

　　楊魯士去世，李商隱作《祭長安楊郎中文》：「于惟荔浦，言念金昆。毀冠裂帶，雪泣星奔。」「嗚呼！平生世路，繾綣交期。孫金盧米，百賦千詩。桂林崑嶠，一片一枝。終以浮沉，因兼險夷。對皋壤之搖落，成老大之傷悲。」對自己不能前往弔唁表示遺憾。「況南康解楊，早將清光；會稽繼組，昨辱餘芳。情分逾極，銜哀更長。三十年之間，難追往事；五千里之外，正恨殊鄉。」貶為虔州的楊虞卿和浙東觀察使楊漢公都幫助過他們，楊氏兄弟對他們恩重如山。三十年指大中元年（公元841年）前元和十三年（戊戌，公元818年），可見李商隱河陽謁見令狐楚時就認識楊氏兄弟。「地闊山深，川寒樹古，杳杳玄夜，荒荒宿莽」，時已近冬。

　　《湖州府天寧寺陀羅尼經石幢名款》十一月末尚在吳興。《郡守表》書：「二年四月二日，除翰林學士。」令狐綯問起宋若荀情況，李商隱作《寄令狐郎中》：「嵩雲秦樹久離居，雙鯉迢迢一紙書。休問梁園舊賓客，茂陵秋雨病相如。」謂自己與宋若荀一在長安，一在洛陽，僅靠書信聯繫，以自己身體有病有意迴避，是回到長安時所作。

　　令狐綯「自吳興除司勳郎中，入禁林」（《唐語林》，古典文學出版社1956年版，第58頁。）宋若荀等經池州往洛陽，杜牧文集《遊池州林泉寺金碧洞》中「攜茶臘月游金碧，合有文章病茂陵」，與李商隱《寄令狐郎中》中有「休問梁園舊賓客，茂陵秋雨病相如」相關。

　　從友人那裡聽說呂述八月去世，李商隱十分震驚，作《祭呂（述）商州文》（《文苑英華》和《全唐文》題首都沒有「為滎陽公」）。呂述，長慶元年登賢良方正、直言極諫科，除祕書省校書郎，改右拾遺。開成三年七月自鹽鐵推官、祠部郎中拜睦州刺史，至開成五年。會昌初為祕書少監，撰《戞斯朝貢圖傳》。會昌四年任河南少尹，後為商州刺史。李商隱文中：「既步京國，亦諫鄉里。與田蘇遊，有太

叔美。鄴都才運，洛陽年齒。何晏神仙，張良女子」，謂當年一起相
處詩友才華如鄴中七子，秀美如何晏，美好如張良者指大和年間在洛
陽、汴州等地文章切磋、如兄如弟的呂述；「蓮池易曉，蘭圃多喧。
涵波獨耀，弄影孤翻。王粲樓中，長經暇日。揚雄宅裡，幾弔遺魂。
參差覯閔，薆菲成冤。漢廷毀誼，楚國讒原。建禮門內，明光殿外，
直金既肆于猜疑，魏被竟從于沙汰。蒙犯霜露，支離埃磕。厲山遙鬱
於朝嵐，差水傍奔其素瀨。猶懷毒草，過農井以低窺；尚憶神珠，向
隨壇而獨酎。渚宮貳尹，相府中郎。將申蟪曲，將復鴛行。朱幡意
氣，皂蓋輝光。訓說則馬季長之居南郭，風流則殷仲文之守東陽。」
回憶當年一起從幕，假日經常在一起，多次一起探望住在曲江邊宋若
荀；當年她們姊妹曾為桂宮明光殿內尚書，宋若荀後來又為尚書郎值
勤侍史，她們姊妹就像賈誼、屈原一樣忠而見讒，姊姊在皇帝面前直
言相諫被賜死，她也多次被陷害，落得荊南、西蜀流落命運，來往於
湖湘江漢之間，愁臥在義陽至荊州漳浦一帶；如今她往返於武陵、嶺
南之間，曾如神農嘗百草，在南陽以賣藥為生，她們當年可是如同隋
侯之明月珠，人人想擁有而無由得見的尊貴之身啊！（沈約《和謝宣
城》：「晨趨朝建禮，晚沐臥郊園。」《左傳》：「除道梁差，營軍臨
隨。」嵇康《酒會詩》：「朝翔素瀨，夕棲靈洲。」《淮南子》：「隋侯
之珠。高誘曰：『隋侯見大蛇傷斷，以藥傅而塗之，純白而夜光，蓋
明月珠也。』《後漢書 地理志》：「南陽郡隨縣西，有斷蛇丘。」）當
年我如鄭交甫在鄭州初遇她們姊妹，而今漢皋臺下已經不是令狐楚軍
營，只有我一個人在此獨飲了；當年她曾在鄂州為文字侍從，文章如
庾信清新，而今她從隨州、浙東回來再也見不到風流儒雅如殷仲文的
朋友你了。（庾信《枯樹賦》：「殷仲文風流儒雅，海內知名，代異時
移，出為東陽太守。」）「玉泉嘉月，金谷清秋。陳思王之羅襪，郭有
道之仙舟。不無賦詠，聊以優游。」當年友人們在宜陽噴玉泉和洛陽

洛浦魏王堤、金谷園唱和情景至今還在眼前，可是已經時過境遷。「漢
入崤關，晉分陰地。籍賢太守之政，有古諸侯之貴。載揚筆陣，復清
劍氣。長卿消渴，士安風癉。逝川幾嘆於不徊，朝露俄聞于溘至。」
（任昉《宣德皇后令》：「劍氣凌雲，而屈跡于萬夫之下。」《史記》：
「相如善著書，常有消渴疾。」《晉書　皇甫謐傳》：「年二十，始就鄉
人席坦受書，帶經而農，博綜百家，以著述為務。後得風痹疾，猶守
不輟卷。」鮑照詩：「東海並逝川，西山道落暉。」《論語　子罕》：
「子在川上曰：逝者如斯夫，不舍晝夜！」）太原幕中互相切磋詩文
書藝，促膝談心。「嗚呼！昔也風塵投分，平生少年。雕龍競巧，倚
馬爭妍。開襟隋岸，促膝伊川。月中乃共誇科桂，池裡亦相矜幕蓮。
劉楨屢擲，畢甕多眠。中以世道紛綸，物情推斥，撫事傷年，減歡加
戚。路泣楊朱，絲悲墨翟。」年輕詩人意氣相投，相互之間推心置
腹，當年我被稱作司馬相如，而你被稱作任昉，與令狐緒等友人朝夕
相處，十分投緣，雖然世道變化（《淮南子》：楊朱見歧路而哭之，為
其可以南，可以北。墨子見練絲而泣之，為其可以黃，可以黑也。），
相隔遙遠，但我們之間始終如兄如弟，你在商州刺史任上，「華樽旨
酒，綺席佳餚」，對我們照顧有加，如今你呂述先行仙去，「書斷三
湘，哀聞五嶺。天涯地末，高秋落景」，湖嶺重複，難以前往弔唁，
從此天人路分，怎不叫人傷心痛哭呢！「縱風至而音來，競月同而地
隔」，「待予廉部，及子頒條。華樽旨酒，綺席佳餚。各懸章綬，俱失
簞瓢。雖論金而契在，終照玉而顏凋。子牟之思魏闕，望之之憶漢
朝。誠知舌在，不覺魂消。書斷三湘，哀聞五嶺。天涯地末，高秋落
景。重疊憂端，縱橫淚緪。漏虯夜促，隙駒朝騁。恐藻繪之無睢，惜
《陽春》之亂郢。言念令季，託餘屬城。鴒原雁序，昔日歡情；蠻圻
瘴嶠，今朝哭聲。潛支體遽亡于手足，況弟兄不如其友生！」謂經
過江陵時還一起歡宴暢敘，但到了三湘浦（岳州臨湘城陵磯下為湘

水、沅水、蒸水匯合之處，即瀟湘、沅湘、蒸湘的三湘。）就沒有收到呂述信，從知道去世消息離分別只有很短時間《為滎陽公桂州署防禦等官牒》中有「故人令弟」謂呂述弟呂劭，「一言相託，萬里爰來。未及解巾，俄悲斷手」，手足相離，可見此時呂述已經去世。

又作《為滎陽公與魏博何（弘敬）相公狀》。

九月，李德裕將會昌朝所作冊命、典誥、奏議、碑贊、檄文等編定《會昌一品集》，在《與桂州鄭中丞書》中囑鄭亞為序，李商隱作《為滎陽公上李（德裕）太尉狀》，「伏惟武宗皇帝，英斷無疑，綠疇輯美，瑞鼎刊規。太尉妙簡宸襟，式光洪祚，有大手筆，居第一功。」《太尉衛公會昌一品集序》，後鄭亞有改本。

裴休任職資州，宋若荀等經巫峽往川中，李商隱《送崔珏往西川》詩：「年少因何有旅愁，欲為東下更西遊。一條雪浪吼巫峽，千里火雲燒益州。卜肆至今多寂寞，酒墟從古擅風流。浣花箋紙桃花色，好好題詩詠玉鉤。」請崔珏帶信給宋若荀，她在薛濤製箋的成都浣花裡繼續題詩，希望如當年鉤戈夫人再得皇帝寵信吧！

十月，李商隱奉命「冬如南郡（江陵）」（《樊南甲集序》）公幹，臨行前為鄭亞作《為滎陽公謝賜冬衣狀》、《為滎陽公進賀冬銀狀》、《為滎陽公上白（敏中）相公、杜（悰）相公、崔（元式）相公、韋（琮）相公、鳳翔崔（珙）相公賀正啟》。

舟行近江陵時「削筆衡山，洗硯湘江」，「舟中序所為四六，作二十編。」（《樊南乙集序》）十月十二日夜月明時編定《樊南甲集》。

到江陵往使荊南節度鄭肅，《為滎陽公上荊南鄭（肅）相公狀二》，文中「屬楚南越北，苦異繁華」謂宋若荀如今在川中；「李支使商隱，雖非上介，曾受殊恩。常願拜叔子于荊州，更詁魯史；謁季長於南郡，重議《齊論》」，感謝鄭肅對宋若荀照應。詩《自桂林奉使江陵，途中感懷，寄獻尚書》下注：「公與江陵相國韶敘叔侄。」將鄭

蕭和鄭亞叔侄比作竹林七賢中阮籍和阮咸，感謝他們對宋若荀幫助；詩中「迎來青書闈，從到碧瑤岑」、「瀧通伏波柱，簾對有虞琴」相應，詩中對宋若荀所居描述與與韓愈詩句「山是碧玉簪」相應，所指為桂林；「張衡愁浩浩，沈約瘦惜惜。蘆白疑黏鬢，楓丹欲照心」宋若荀經過禍患、流浪已經頭髮斑白，但是我與她的感情沒有變。「未嘗貪偃息，那復議登臨。彼美迴清鏡，其誰受曲針？人皆向燕路，無奈費黃金」，李商隱對宋若荀上書皇帝不抱希望，認為受到奸臣誣陷之後要想再次得到皇帝信任是不可能的。李商隱在江陵未等到宋若荀，作《夜雨寄北》：「君問歸期未有期，巴山夜雨漲秋池。何當共剪西窗燭，卻話巴山夜雨時。」

李商隱《獻鄧州周（敬復）舍人啟》是在南陽所作，《翰學壁記》云周敬復會昌二年九月守中書舍人出院，大中四年十二月自華州刺史授江西觀察，至大中七年。文中「孤燭扁舟，寒更永夜，迴腸延首，書不盡言」謂宋若荀孤苦無依，感謝周敬復送來生活用品和文具經金鳳山秀閣讀書堂。李商隱《歸墅》：「行李逾南極，旬時到舊鄉。楚芝應偏紫，鄧桔未全黃。渠濁村春急，旗高酒器香。故山歸夢喜，先入讀書堂。」可是她不在那裡。

李商隱由商山回長安，過荊州與襄陽交界樂鄉作《獻襄陽盧（簡辭）尚書狀》：「爰自弱齡，叨從名輩，遭迴二紀，慶弔一空。詞苑招魂，文場出涕。重膺疊翮，零落無遺；高幹修條，凋摧略盡。乘風匪順，無水憂沉。豈謂窮途，再逢哲匠。昇堂辱顧，披卷交談，不獨垂之空言，屬又存之真跡。爰增懦氣，載動初心。庶或武陵之溪，微接桃源之境；平昌之井，暗通荊水之津。況異物以達誠，餌中阿而攀德。南向旌旗，實所知歸。」謂南赴桂林經此有《上漢南盧尚書狀》，此次北歸再經襄陽；希望宋若荀能夠在他所管轄武陵地區居住。

李商隱到南陽聽說詩人們已經先他而往長安。李商隱《九日於東

逢雪》：「舉家忻共報，秋雪墮前峰。嶺外他人憶，于東此日逢。粒輕還自亂，花薄未成重。豈是驚離鬢，應來洗病容。」反白居易《和劉郎中望終南秋雪》中「遍覽古今集，都無秋雪詩」意。

劉瑑會昌六年六月擢翰林學士。大中元年閏三月加職方員外郎，宋若荀等回長安，在鄠屋西南駱谷崔戎舊宅暫住，李商隱有《宿駱氏亭寄懷崔雍崔袞》：「竹塢無塵水檻清，相思迢遞隔重城。秋陰不散霜飛晚，留得枯荷聽雨聲。」

邊境擾亂，崔珙大中元年為陝虢隴州節度使，力主邊境事宜，詩人們隨之沿秦直道到邊境，經三原敬宗莊陵，想起當年宋若荀為敬宗陵園妾事，李商隱作《無愁果有愁北齊歌》：「東有青龍西白虎，中含福星包世度。玉壺渭水笑清潭，鑿天不到牽牛處。麒麟踏雲天馬獰，牛山撼碎珊瑚聲。秋娥點滴不成淚，十二玉樓無故釘。推煙唾月拋千里，十番紅桐一行死。白楊別屋鬼迷人，空留暗記如蠶紙。日暮向風牽短絲，血凝血散今誰是？」感嘆當年宋若憲被賜死後屍骨被拋在水中，宋若荀又被迫為陵園妾，這一切都是皇帝造的孽。

詩人們對元和以來帝王功過加以評論，李商隱作《昭肅皇帝挽歌辭三首》：「九縣懷雄武，三靈仰睿文。周王傳叔父，漢后重神君。玉律驚朝露，金莖夜切雲。茄簫淒欲斷，無復詠橫汾。玉塞驚宵柝，金橋罷舉烽。始巢阿閣鳳，旋駕鼎湖龍。門咽通神鼓，樓凝警夜鐘。小臣觀吉從，猶誤欲東封。莫驗昭華管，虛傳甲帳神。海迷求藥使，雪隔獻桃人。桂寢青雲斷，松扉白露新。萬方同象鳥，辇束滿秋塵。」涉及宋氏姊妹冤案，希望宋若荀看清皇帝本質，不要抱什麼幻想。

是年李商隱四十九歲。

宋若荀四十三歲。

大中二年（戊辰，公元 848 年）

正月，宰臣率文武百僚上徽號曰：「聖敬文思和武光孝皇帝，御宣政殿，獻受冊訖，宣德音。」（《舊唐書　本紀十八下　宣宗》）

正月丙寅，白敏中兼刑部尚書，崔元式兼戶部尚書，韋琮兼禮部尚書。乙卯，刑部侍郎、諸道鹽鐵轉運使馬植同中書門下平章事。崔元式罷為刑部尚書，兵部侍郎、判度支周墀同中書門下平章事。三月，周墀、馬植、崔龜從先後同平章事。五月己未朔，日有食之。兵部侍郎、判度支周墀、刑部侍郎、諸道鹽鐵轉運使馬植，同中書門下平章事。（《新唐書　本紀八　宣宗》）六月庚戌，白敏中、韋琮為門下侍郎，馬植、周墀為中書侍郎。十月，魏謩為御史中丞，兼戶部侍郎，尋以本官同中書門下平章事。（《舊唐書　列傳一百二十六　魏謩》）十一月壬午，韋琮罷韋太子賓客，分司東都。（《新唐書　宰相表下》）張仲武，范陽人，會昌初，為雄武軍使。……大中初，破奚北部及山奚，俘獲雜畜不訾，擢中書門下同平章事。（《新唐書　藩鎮　盧龍》）

正月，中書舍人崔嘏坐草李德裕之不盡其罪，己丑，貶端州刺史。西川節度使李回、桂管觀察使鄭亞坐前不能直吳湘冤，乙酉，李回責授湖南觀察使，亞貶循州刺史，李紳追奪三任告身。二月，詔拜令狐綯為考功郎中，尋知制誥、充翰林學士。楊嗣復內徵為吏部尚書，裴夷直遷江州刺史。（《舊唐書　本紀第十八下　宣宗》）六月，令狐綯召拜考功郎中，尋知制誥，其年召入，充翰林學士。（《舊唐書　列傳第一百二十二　令狐楚》）

正月，裴休由湖南觀察使改為宣、歙觀察使。（《新唐書　列傳一百七　裴休》）二月，召楊漢公入朝，李拭自京兆尹為浙東，十月追赴闕（《掇英》），李褒自禮部侍郎檢校禮部尚書為浙東。浙西李景讓入為尚書左丞，鄭朗由鄂岳檢校工部尚書，代李景讓，盧商遷鄂岳。二月，責授湖南觀察史、桂州刺史、御史中丞、桂管防禦觀察使鄭亞貶

循州刺史，三月，韋瓘接替鄭亞為桂管，後分司東都，十二月七日，太僕卿、分司東都韋瓘，經湖南。（《浯溪題名》）（《舊唐書 本紀第十八下 宣宗》）令狐定接任桂管。二月，杜悰為為劍南西川節度使，治益州。中書侍郎、同平章事、汝南縣開國子周墀檢校為刑部尚書、充東川節度使。二月，制劍南西川節度、光祿大夫、檢校吏部尚書、同平章事、成都尹、上柱國、隴西郡開國公、食邑二千戶李回責授湖南觀察使。西川節度使李回坐前不能直吳湘冤，乙酉，回左遷湖南觀察使，九月甲子，再貶賀州刺史，裴識為湖南。（《資治通鑑 大中二年》）七月，續畫功臣像於凌煙閣，李德裕及當年功臣均被排除在外。九月，白敏中等興吳湘之獄，再貶李德裕為崖州司戶，李回為賀州刺史，前鳳翔節度使石雄除左龍武統軍，崔珙為鳳翔隴右節度，康季榮為涇原。盧簡辭坐事貶衢州刺史。卒。（《新唐書 盧簡辭傳》）七月，以前山南西道節度使高元裕為吏部尚書，拜山南東道節度使，接替盧簡辭。李彥佐為鄜坊節度使。（沈詢：《授李彥佐鄜坊節度使制》）《北嶽題名》：「十二月二十一日，定州刺史、易定等州觀察使李公度。」李祐子行修，年三十餘為南海節度，罷歸，卒於道。（《獨異志》韋廑為容管觀察使。裴元裕領安南經略使。韋有翼為陝虢。（《杜牧 授韋有翼御史中丞制》）

　　三月，日本國王子入朝，貢方物。王子善棋，帝令待詔顧師言與之對手。（《舊唐書 宣宗紀》）至三十三下，勝負未決，師言懼辱君命而汗下，凝思方政落指，則謂之押神頭，乃是解兩征勢也。王子徊語鴻臚曰：「待詔第幾手耶？」鴻臚詭對曰：「第三手也。」王子曰：「願見第一。」曰：「王子勝第三，得見第二；勝第二，方得見第一。」王子掩局而吁之：「小國之第一，不妨大國之第三，信矣！」（《西陽雜記》）

　　七月上巳，續圖功臣于凌煙閣。（《新唐書 本紀八 宣宗》）前鳳

翔節度使石雄詣政府自陳黑山、烏嶺之功，求一鎮以終老。執政以雄李德裕所薦，曰：「向日之功，朝廷以蒲、孟、岐三州酬之，足矣。」除左龍武統軍。雄怏怏而卒。（《資治通鑑 唐紀六十四 大中二年》）

湖南觀察使李回為賀州刺史。（《資治通鑑 唐紀六十四 大中二年》）楊嗣復大中二年自潮陽泛，至岳州病，一日而卒。

九月，李德裕由潮州司馬再貶崖州司戶，時大中二年秋。（《舊唐書 列傳第一百二十四 李德裕》）冬，貶崖州司戶參軍。《李德裕傳》：「大中元年秋，尋再貶潮州司馬。敏中等又令前永寧尉吳汝納進狀訟李紳鎮揚州時謬斷刑獄。明年冬，又貶潮州司戶。德裕既貶，大中二年自洛陽水路經江淮赴潮州。其年冬至潮陽，又貶崖州司戶，至三年正月方達珠崖郡，十二月卒，時年六十三。」

十月二十九日，太子太師分司東都牛僧孺卒，贈太尉。杜牧《僧孺墓志銘》：「大中二年十月二十七日薨于東都城南別墅。天子慟傷，冊贈太尉。」

八月，杜牧由睦州刺史內擢為司勳員外郎，為史館修撰。

詩人們北疆歸來，經蒲城西北二十里馮翊郡奉先金熾山憲宗景陵，李商隱作《過景陵》：「武皇精魄久離升，帳殿淒涼煙霧凝。俱是蒼生留不得，鼎湖何異魏西陵。」控訴皇帝以活人守陵。

李商隱弟羲叟中舉，有《喜舍弟羲叟及第上禮部魏（扶）公》：「國以斯文重，公仍內署來。風標森太華，星象逼中臺。朝滿遷鶯侶，門多吐鳳才。寧同魯司寇，惟鑄一顏回。」《曉坐 後閣罷朝眠》：「後閣罷朝眠，前墀思黯然。梅應未假雪，柳自不勝煙。淚續淺深綆，腸危高下絃。紅顏無定所，得失在當年。」如今你到處流浪，當年不應當進宮的啊！此詩又作「後邠」，是在去邠州之後。

　　《會稽掇英總集　唐太守題名》：「楊漢公，大中元年五月自桂管觀察使授浙東。二年二月追赴闕」。李商隱作《為滎陽公與浙東楊（漢公）大夫啟》：「越水稽峰，乃天下之勝概；桂林孔穴，成夢中之舊遊。……庾樓吟望，謝墅遊娛，方知繼組之難，不止頒條之事。今者冰消雪薄，江麗山春，訪古蹟于暨羅，探異書于禹穴，不知兩樂，何者為先？幸謝故人，勉自珍攝，未期展豁，唯望音符。」可見友人們會稽暢遊，有請託楊漢公照應之意。

　　大中元年至二年，白居易好友韋有翼為同州刺史，接替會昌六年陝虢觀察使陳商。宋若荀往太行山，與李商隱在新豐小酒店分別，李商隱《風雨》：「淒涼寶劍篇，羈泊欲窮年。黃葉仍風雨，青樓自管弦。新知遭薄俗，舊好隔良緣。心斷新豐酒，銷愁斗幾千。」黃葉村在江南，如蘇軾《書李世南所畫秋景》「扁舟一棹歸何處，家在江南黃葉村」句，青樓指長安皇宮；「新知」——王氏「遭薄俗」妒忌，而「舊好」——宋若荀「隔良緣」，「心斷新豐酒，銷愁斗幾千」，你我在新豐酒店飲酒，可是再有美酒也消除不了心裡的難受和遺憾啊！

　　《舊唐書　李珏傳》：「大中二年崔鉉、白敏中逐李德裕，徵入朝，為戶部尚書。出為河陽節度使。」詩人們經河陽，拜謁李珏。李商隱作《河陽詩》：「黃河搖落天上來，玉樓影近中天臺。龍頭瀉酒客壽杯，主人淺笑紅玫瑰。梓澤東來七十里，長溝復塹埋雲子。可惜秋眸一霎光，漢陵走馬黃塵起。南浦老魚腥古涎，珍珠密字芙蓉篇。湘中寄到夢不到，衰容自去拋涼天。憶得鮫絲裁小卓，蛺蝶飛徊木棉薄。綠繡笙囊不見人，一口紅霞夜深嚼。幽蘭泣露新香死，畫圖淺縹松溪水。楚絲微覺竹枝高，半曲新詞寫綿紙。巴陵夜市紅守宮，後房點臂斑斑紅。堤南渴雁自飛久，蘆花一夜吹西風。曉簾串斷蜻蜓翼，羅屏但有空青色。玉灣不釣三千年，蓮房暗被蛟龍惜。濕銀注鏡井口平，鸞釵映月寒錚錚。不知桂樹在何處，仙人不下雙金莖。百尺相風

插重屋，側近嫣紅伴柔綠。伯勞不識對月郎，湘竹千條為一束。」

楊漢公二年二月召為給事中赴闕，李拭自京兆尹授浙東，宋若荀等隨楊漢公回長安。

宋若荀等經博陵，李商隱以鬥雞民俗為題作《賦得雞》：「稻粱猶足活諸雞，妒敵專場好自娛。可要五更驚曉夢，不辭風雪為陽烏。」到邯鄲元城作《代元城吳令為答》：「背闕歸藩路欲分，水邊風日半西曛。荊王枕上原無夢，莫枉陽臺一片雲。」經晉陽，李商隱作《北齊二首》：「一笑相傾國便亡，何勞荊棘始堪傷。小憐玉體橫陳夜，已報周師入晉陽。巧笑知堪敵萬機，傾城最在著戎衣。晉陽已陷休回顧，更請君王獵一回。」把宋若荀比作北齊妃子馮小憐。

經河陽往湖州，李商隱作《擬沈下賢》：「千二百輕鸞，春衫瘦著寬。倚風行稍急，含雪語應寒。帶火遺金斗，兼珠碎玉盤。河陽看花過，曾不問潘安。」把宋若荀比作黃帝所御一千二百女中的一個，曾為皇家尚衣，「清寒衣省夜，金斗熨沉香」；因經歷長途流浪跋涉，現在身體很瘦弱。（《帝王世紀》：紂欲重刑，乃先為大熨斗，以火熱之，使人舉，不能勝則爛其手。《三輔黃圖》：「董偃嘗臥延清之室，以紫玉為盤，又以水晶為盤，貯冰于膝前。侍者謂冰無盤必融濕席，乃拂玉盤落，冰玉俱碎。」張衡：美人贈我青玕琅，何以報之雙玉盤。），《白帖》：「晉潘岳為河陽令，遍樹桃樹，號河陽一縣花。」庾信《春賦》：「若非金谷滿園樹，即是河陽一縣花。」

李商隱在宣州作《涼思》：「北斗兼春遠，南陵寓使遲。永懷當此節，倚立自移時。北斗兼春遠，南陵寓使遲。天涯占夢數，疑誤有新知。」我因為等你、找你，已經耽誤了出差的期限了啊！我身在天涯，頻占夢訊，你是不是有了新朋友會把我忘記了呢？

裴休接替高元裕為宣歙觀察使。宣州新興寺碑由歙州刺史盧肇撰並書、越州刺史楊嚴篆刻，《寶刻叢編》卷十五引《集石銘目》中

有：「宣宗大中初，復惡武宗所毀佛寺。刺史裴休修之而立此碑。大中二年立。」李商隱《為榮陽公上宣州裴（休）尚書啟》云：「待詔漢廷，已成老大，留歡湘浦，暫復清狂。思如昨晨，又已改歲。」《水經傳》：「湘水又北，左會瓦官水口，湘浦也。」杜甫詩句「放蕩趙齊間，裘馬頗清狂」指宋若荀等待朝廷恩典從年輕時直到現在，如《樂府 長歌行》中「老大徒傷悲」，但還是希望新皇帝宣宗能為宋氏平反；如今與裴休等友人相聚，回憶當年青春年少已經過去許多年了！「以公美之才之望，固合早還廊廟，速泰寰區。而辜負明時，優游外地，豈是徐公多風亭月觀之好，為復孟守專生天成佛之求？」以《宋書 徐湛之傳》：「湛之出為南兗州刺史，起風亭、月觀、吹臺、琴室，招集文士，盡遊玩之適。時有沙門釋惠休善屬文，辭采綺麗，湛之與之甚厚。」文中「幸當審君子之行藏，同丈夫之憂樂，乃故人之深望也」；「李處士藝術深博，議論縱橫，敢曰賢于仲尼，且慮失之子羽」者即為李遠，李商隱用《史記 仲尼弟子列傳》「澹臺滅明，字子羽。狀貌甚惡，欲事孔子，孔子以為材薄。退而修行，南游至江，名施于諸侯。孔子聞之，乃曰：『以貌取人，失之子羽。』」可見李遠雖具有琴棋書畫等各種藝術才能，但其貌不揚，李商隱信中所言失於忠厚。我如今「云于江沔，要有淹留，邊加以節巡，託之好幣，十一月初離此訖。」然後又去了江陵和川中，我以節度使巡官身分往江陵出差，在江沔之地來回等待直到正月初，不得不走了啊！

韋瓘大中二年為楚州刺史，詩人們經淮陰往江南。到宜興，和橋李花盛開，李商隱《李花》：「李徑獨來數，愁情相與懸。自明無月夜，強笑欲風天。減粉與園籜，分香沾渚蓮。徐妃久已嫁，猶自玉為鈿。」在溧陽，李商隱有《日射》：「日射紗窗風撼扉，香羅拭手春事違。回廊四合掩寂寞，碧鸚鵡對紅薔薇。」是屋上薔薇盛開。在金陵，作《陳後宮 玄武開新苑》：「玄武開新苑，龍舟宴幸頻。渚蓮參

法駕，沙鳥犯勾陳。壽獻金莖露，歌翻《玉樹塵》。夜來江令醉，別詔宿臨春。」以江淹自居。

《樊南乙集序》：「明年正月，自南郡歸。」到江陵，得知周墀「榮兼史職」，作《於江陵府見除書狀》，有請他關照推薦之意：「況某嘗被恩知，曾蒙講教，唯望精聞變例，窺見先經。」臨行「方之遲嶠，臨上孤舟。仰望玉音，俯配金諾。」

二月，李商隱回到桂林。長達數月公務，引起同僚非議。《樊南乙集序》：「余為桂林從事，明年二月府貶。」《新唐書 宰相表係》：大中二年正月丙寅，敏中兼刑部尚書，元式兼戶部尚書，韋琮諫禮部尚書。」李商隱為鄭亞作《為滎陽公賀白（敏中）相公加刑部尚書啟》、《為滎陽公賀韋（琮）相公加禮部尚書啟》、《為滎陽公賀崔（元式）相公轉戶部尚書啟》。

李德裕為江都尉吳湘案再貶潮州司馬，李回、鄭亞坐不能直吳湘冤而竄逐，李商隱為鄭亞作《為滎陽公上馬（植）侍郎啟》中：「不知何怨，乃爾相窮！容易操心，加誣唱首。門生之分，尚或如斯；長僚之情，固無足算。九重邃邈，五陵幽遐。若從彼書辭，信其文致即處以嚴遣，為白黨辜。」有馬植被誣陷左遷憤激情緒。《為滎陽公與三司事大理盧（言）卿啟》中：「蒙恩左遷，不任感懼。某頃以疏拙，謬付紀綱，不能辯軍府之獻囚，折王廷之坐獄。……故府李相公，知舊之分，與道為徒。戎幕賓筵，雖則深蒙獎拔；事縱筆蹤，實非曲有指揮。……座主既不免于款中，雜端固無逃于筆下。乘市幸遠，背惠加無。既置對之無由，豈自明之有望？若據其證對，按彼詞連，則處以嚴科，無所逃責。猶賴九天知其乖運，伏念非欲固用深文，不能鍛鍊之科，得在平反之數。」明顯為牽連羅織罪名。大中二年二月鄭亞被貶為循州刺史，李商隱《為滎陽公與前浙東楊（漢公）大夫狀》中：「近已遣押衙喬可方，齎少信幣聘謁，計程已過衡湘。」

「今月二十日，專使林押衙至，緘詞重迭，贈祝豐厚。……尚蒙恩宥，獲頒詔條……某尚蒙恩疳，獲頒詔條，已在漢公召後。……以今月二十三日南去，家無甚累，官忝古候。」李商隱隨鄭亞往循州。「大中初，白敏中執政，令狐綯在內署，共排李德裕逐之。亞坐德裕黨亦貶循州刺史。商隱隨亞在嶺表累載。」（《舊唐書 李商隱傳》）

友人們前往翠微宮，李商隱有《池邊 玉管瑕灰》：「玉管瑕灰細細吹，流鶯上下燕參差。日西淺繞池邊樹，憶把枯條撼雪時。」

李商隱《戊辰會靜中出貽同志二十韻》中「來尋真中友，相攜侍帝辰」的思想由來。正月七日、七月七日、十月五日為道家入靜之日，「大道諒無外，會越自登真」，你想必是還復道教了吧？「吟弄東海若，笑倚扶桑春」有沒有去扶桑呢？「三山誠迴視，九州揚一塵」，蓬萊三山、九州大地對於你來說都不是困難的事。「我本玄元胤，秉華由上津。中迷鬼道藥，沉為下土民。託質屬太陰，鍊形復為人」，我當年因你們姊妹同道，將來如果有條件我還會修隱，希望你我有機會「相期保妙命，騰景侍帝宸」吧！

《樊南乙集序》：「二月府貶，選為盩厔尉。」在圭峰，李商隱作《五月十五日夜憶往歲秋與徹師同宿》：「紫閣相逢處，丹巖託宿時。墮蟬翻敗葉，棲鳥定寒枝。萬里漂流遠，三年問訊遲。炎方憶初地，頻夢碧琉璃。」謂宋若荀從漠北歸來之後曾住在圭峰草堂寺。

宋若荀回到長安，在神禾原小住，複雜心緒使李商隱作《錦瑟》：「錦瑟無端五十弦，一弦一柱思華年。莊生曉夢迷蝴蝶，望帝春心託杜鵑。滄海月明珠有淚，藍田日暖玉生煙。鈞天雖許人間聽，閶闔門多夢自迷。」使宋若荀憤怒。

宋若荀去東川協助處理民族事務，又往蕭關和青海，經雲陽、巫山向宜昌，于興宗邀請友人去綿州。回程中李商隱作《風》：「迴拂來鴻急，斜摧別燕高。已寒休慘淡，更遠尚呼號。楚色分西塞，夷音接

下牢。歸舟天外有，一為戒波濤。」

　　經武昌，李商隱《寄成都高、苗二從事》：「紅蓮幕下紫梨新，命斷湘南病渴人。今日問君能寄否，二江風水接天津。」請往成都任職的高、苗二從事，為就是託友人向川中宋若荀轉告問候。下注：「時二公從事商隱座主府」，謂李回當時尚未罷相被貶賀州前在川中。「苗從事」為杜牧大和二年中舉同年上黨苗愔，牛僧孺長女婿。（《樊川文集　唐故太子少師奇章郡開國公贈太尉牛公墓志銘》）

　　李回以與李德裕善不決吳湘獄而罷相，二年「二月，制劍南西川節度、光祿大夫、檢校吏部尚書、同平章事、成都尹、上柱國、隴西郡開國公、食邑二千戶李回責授湖南觀察使。」李商隱從桂林灕江、沅江到潭州李回湖南長沙。李商隱《寄裴衡》：「別地蕭條極，如何更獨來。秋應為黃葉，雨不厭青苔。沈約只能瘦，潘仁豈是才。離情堪底寄，只有冷如灰。」謂兩人感情已經疏遠。

　　司農卿裴及會昌六年至大中三年為邕府經略使，韋縝任刺史象州。詩人們去永州九嶷山，李商隱有《丹丘》：「青女辛勤結夜霜，羲和辛苦送朝陽。丹丘萬里無消息，幾對梧桐憶鳳凰。」以李白透過天柱山道士元丹丘（屈原《楚辭　遠遊》：仍羽人於丹丘兮，留不死之舊鄉。）得以接近玉貞公主、唐玄宗，謂宋若荀又從天柱山、撫州又到了湘中，而今你如鳳凰不歸，梧桐空憶。

　　《新唐書　本紀八　宣宗》：「大中二年五月乙未朔，日有食之。崔元式罷。兵部侍郎、判度支周墀，刑部侍郎、諸道鹽鐵轉運使馬植，同中書門下平章事。」五月廿一馬植為相，作《為湖南座主隴西公（李回）賀馬（植）相公登庸啟》：「早忝恩光，今當譴責」隴西公即李回。五月己卯（二十一日），周墀拜相，李商隱《賀相國汝南公（周墀）啟》：「某早峰輝光，常蒙咳唾。牛心致譽，塵尾交談。而契闊十年，流離萬里。《扶風歌》則劉琨抱膝，《白頭吟》則鮑照撫膺。

重至門闌，空餘皮骨。」聽到座主為相消息，不禁「無任忭舞踴躍之至」希望再次得到周墀幫助。

詩人們經洞庭湖，李商隱有《岳陽樓 欲為平生》:「欲為平生一散愁，洞庭湖上岳陽樓。可憐萬里堪乘興，枉是蛟龍解覆舟。」就是在岳陽城西門所作。再經南陽回洛陽。

李商隱《無題 萬里風波》:「萬里風波一葉舟，憶歸初罷更夷猶。碧江地沒沉相引，黃鶴沙邊亦少留。益德冤魂終報主，阿童高義鎮橫秋。人生豈得長無謂，懷古思鄉共白頭。」是在江夏所作，《晉書 羊祜列傳》:時吳有童謠曰:「阿童復阿童，銜刀浮渡江。不畏岸上虎，但畏水中龍。」) 你以為我一向的奔走無所謂嗎？面對滔滔江水我之所以猶豫不定，是因為想起歷史和現實的種種、懷念家鄉和親人啊！

「二年七月，以前山南東道節度使高元裕為吏部尚書。」(《舊唐書 本紀八 宣宗》) 杜牧大中二年八月入為司勳員外郎前在睦州刺史任上有《上吏部高尚書狀》，李商隱《為滎陽公上陳、許高（元裕）尚書書》，有請他照應意。

宋若荀等到江東寧國白雲山，李商隱《訪白雲山人》:「瀑進懸崖屋，陰陰草木青。自言山底住，長向月中畊。晚雨無多點，初蟬第一聲。煮茶未歸去，刻竹為題名。」李商隱作《白雲夫舊居》:「平生誤識白雲夫，再到仙簷憶酒壚。牆外萬株人絕跡，夕陽惟照欲棲烏。」

許渾家鄉潤州，在茅山遇見高元裕子高璩，有《贈茅山高拾遺二首》:「諫獵歸來綺裡歌，大茅峰影薄秋波。山齋留客掃紅葉，野徑送僧披綠莎，長復舊圖棋勢盡，偏添新名藥品多。雲中黃鵠日千里，自宿自飛無網羅。 一笛迎風萬葉飛，強攜刀筆換征衣。潮寒水國秋砧早，月暗山城曉偏遲。岩響遠催行客還，浦深遙送釣魚歸。中年未識從軍樂，虛近三茅望少微。」(《茅山志》第925頁，《全唐詩卷五百三

十三》又作許渾詩二首。）謂宋若荀書劍從軍、轉戰邊境數年深知從
軍非樂事。

　　與友人謝石一起在宣州謝公亭，李商隱《謝先輩防紀念拙詩甚
多，異日偶有此寄》：「曉用雲添句，寒將雪命篇。良辰多自感，作者
豈皆然。熟寢初同鶴，含嘶欲並蟬。題詩長不卷，得處定應偏。南浦
無窮樹，西樓不住煙。改成人寂寂，寄與路綿綿。星勢寒垂地，河聲
曉上天。夫君自有恨，聊借此中傳。」中「謝先輩」即許渾《遊樵山
新興寺宿石屏村謝叟家》詩中石屏村「謝叟」——茅山昇龍觀道士謝
舜咨，此詩為與謝道士談論自己詩作技法。

　　宋若荀等到睦州，九月，杜牧由睦州刺史內擢為司勳員外郎、史
館修撰，詩人們自睦州啟程赴京，經青弋江時作《江上憶嚴五廣
休》：「征南幕下帶長刀，夢筆深藏五色毫。逢著澄江不敢詠，征西留
與謝功曹。」「嚴五廣休」是杭州刺史嚴休復後人。《大唐傳載》云：
「李相國程執政時，嚴暮、嚴休復皆在南省。」元稹《永富寺石壁法
華經記》：「元和十二年，嚴休復為杭州刺史。」又云「其輸錢最貴者
若杭州刺史、吏部郎中嚴休復。」可見嚴休復在白居易之前為杭州刺
史；白居易《酬嚴十八郎中見寄》「口厭含香握厭蘭，紫薇青瑣舉頭
看。」「承明長短君應入，莫憶家江七里灘。」嚴氏祖先是漢代隱居
富春七里灘嚴子陵，睦州與湖州靠近。杜牧《唐故進士龔軺墓志》中
談到與進士嚴惲相交，「嚴五廣休」與吳興人嚴惲、字玄錫者有沒有
關係？是不是皮日休《傷嚴子重視並序》文中描述的中與杜牧交好、
作《落花》詩的嚴惲？李商隱會昌五年到江南時已經結識嚴惲，此時
再次經過青弋江。

　　經淮陰，京兆尹韋瓘會昌末至大中二年為楚州刺史，（《新唐書
列傳八十七　韋夏卿》）李商隱《江上》：「萬里風來地，清江北望樓。
雲通梁苑路，月帶楚城秋。刺字從漫滅，歸途尚阻修。前程更煙水，

吾道豈淹留。」為不能久留遺憾。

　　大中二年六月，令狐綯「召拜考功郎中，尋知制誥，其年召入，充翰林學士」（《舊唐書　列傳第一百二十二　令狐楚》）李商隱希望令狐綯推薦自己，有《寄令狐學士》：「秘殿崔嵬拂彩霓，曹司令在殿東西。賡歌太液翻黃鵠，從獵陳倉獲野雞。曉飲豈知金掌回，夜吟應訝玉繩低。鈞天雖許人間聽，閶闔門多夢自迷。」除了恭維令狐綯升任翰林學士外，也涉及當年宋若荀在建章宮、九成宮、甘泉宮、太液池往事，有懊悔因情所困貽誤正途之意，引起宋若荀憤怒和友人不滿。

　　杜牧為大和五年去世李賀作《李長吉歌詩序》，李商隱《李賀小傳》為補充之說。「王、楊（敬之）輩時復來探取寫去。長吉往往獨騎往還京雒，所至或時有者，隨棄之。故沈子明家所餘四卷而已。」《小傳》涉及李賀平日「苦吟」及臨死異事，文中「嗚呼！天蒼蒼而高也，上果有帝乎？帝果有苑圃宮室館閣之玩乎？苟信然，何獨眷眷于長吉而使其不壽耶？噫！又豈世所謂才而奇者，不獨地上少，即天上亦不多耶？長吉生時二十七年，位不過奉禮太常，時人亦多排擯毀斥之。又豈才而奇者，帝獨重之，而人反不重耶？又豈人見會勝帝耶？」（陳治國：《李賀研究資料》，北京師範大學出版社1983年3月第一版，第3頁。）可見李商隱為李賀作傳心理。

　　詩人們到李商隱任盩厔尉戶縣，七月上巳，續圖功臣于淩煙閣。（《新唐書　本紀八　宣宗》）李商隱針對排斥功臣的情況，對所知人物進行評論，作《漫成五章》，之一至三：「沈宋裁詞矜變律，王楊落筆得良朋。當時自謂宗師妙，今日惟觀對屬能。李杜操持事略齊，三才萬象共端倪。集賢殿與金鑾殿，可是蒼蠅惑曙雞。生兒古有孫征虜，嫁女今無王右軍。但問琴書終一世，如何旗蓋仰三分。」涉及自己人生道路上影響最大的詩師白居易、宋氏姊妹，謂其文才、人品超過「宗師」令狐楚、元稹。之四、五：「代北偏師銜使節，關中裨將建行臺。

不妨常日饒輕薄，且喜臨戎用草萊。郭令素心非黷武，韓公本意在和戎。兩都耆舊皆垂淚，臨老中原見朔風。」肯定和頌揚李德裕功績。

杜牧《街西長句》與李商隱《街西池館》：「白閣他年別，朱門此夜過。疏簾留月魄，珍簟接煙波。太守三刀夢，將軍一箭歌。國租容客旅，香熟玉山禾。」指宋氏姊妹當年長安住宅。

詩人遊覽京城，李商隱《龍池》：「龍池賜酒敞雲屏，羯鼓聲高眾樂停。夜半宴歸宮漏永，薛王沉醉壽王醒。」以南內興慶宮殿後龍池為題，聯繫唐明皇與楊貴妃驪山事。

回長安。經驪山華清宮，李商隱作《驪山有感》：「驪岫飛泉泛暖香，九龍呵呼玉蓮房。平明每幸長生殿，不從金輿惟壽王。」針對當年唐玄宗和楊貴妃事。

杜悰為西川，杜牧推薦瞭解戎俗的宋若荀往川中協助處理民族事務，李商隱《籌筆驛》：「猿鳥猶疑畏簡書，風雲常為護儲胥。徒令上將揮神筆，終見降王走傳車。管樂有才真不忝，關張無命欲如何。他年錦里經祠廟，梁父吟成恨有餘。」與杜牧《和野人殷潛之題籌筆驛十四韻》是到川中接應宋若荀。

至利州，李商隱有《利州江潭作》：「神劍飛來不易銷，碧潭珍重駐蘭橈。自攜明月移燈疾，欲就行雲散錦遙。河伯軒窗通貝闕，水宮帷箔卷冰綃。此時燕脯無人寄，雨滿空城蕙葉凋。」

鄭畋去循州探視父親鄭亞，李商隱作《送鄭大臺文南覲》：「黎辟灘聲五月寒，南風無處報平安。君懷一匹胡威絹，爭拭酬恩淚得乾？」當年桂管人已去，惟黎辟灘聲在，紀念乃父操守清白。《嘉泰會稽志》云循州博羅縣羅浮山號稱蓬萊，為鄭亞作《為滎陽公黃籙齋文》中：「臣某幸生昭代，素秉玄風。」「因循官牒，漸染君恩。既乖紫氣之沾，遂阻丹丘之會。五嶺之表，再麾始臨。撫凋瘵之民人，壓蠻髦之雜俗。竊恐見聞所及，未契玄科；舉措之間，有踰真裕。或散

為疾瘼，或構作凶饑。敢薦真師，式陳妙會。況此府水環湘、桂，山
類蓬、瀛，固亦武陵之溪，桃源接境；平昌之井，荊水同津。洞乳凝
華，巖煙結氣。浮丘別館，薊子郵亭。豈直發地五千，獨稱于太華；
去天三百，惟迷于武功？實幸廉車，得親靈境。今則涼飆已戒，漵暑
尋徂。九外八遐，靜無氛翳；二元三景，靄有輝光。」可見是夏末秋
初所作。「臣限以嚴局，屬此戎寄，不獲恭齋素簡，親詣黃壇，望紫
府以馳誠，向清都而潔慮。謹附臣李道琮墨辭上啟。」

　　《李德裕傳》：「大中元年秋，尋再貶潮州司馬。敏中等又令前永
寧尉吳汝納進狀訟李紳鎮揚州時謬斷刑獄。明年冬，又貶潮州司戶。
既貶潮州，大中二年春自洛陽水路經江淮赴潮州。其年冬至潮陽，十
月十六日再貶崖州司戶，至三年正月方達珠崖郡。」宋若荀與友人決
定往南方送李德裕一程。

　　韋瓘接替鄭亞為桂林，李商隱有《席上作》：「淡雲輕雨拂高唐，
玉殿秋來夜更長。料得也應憐宋玉，一生惟事楚襄王。」題下自注
云：「予為桂州從事，故府鄭公出家妓，令賦《高唐》詩。」是在鄭
亞席上所作，謂自己遲鈍，未能知道當年宋若荀對自己的情意，導致
「別娶」，難怪她有怨言，但也有為自己辯解的意思。

　　宋若荀在陽朔居住。桂林有海陽山，李商隱《海上謠》：「海底覓
仙人，香桃如瘦骨。紫鸞不肯舞，滿翅蓬山雪。借得龍堂寬，曉出撲
雲髮。雲孫帖帖臥秋煙，上元細字如蠶眠。」桂林原為海地，李商隱
《海上謠》中「海底覓仙人，香桃如瘦骨」謂宋若荀瘦弱無比，「雲
孫帖帖臥秋煙，上元細字如蠶眠。」「雲孫」即「天孫」織女宋若
荀，謂其從川中而來，在那裡抄寫道教《靈飛經》。

　　李商隱作《腸》：「有懷非惜恨，不奈寸腸何。即席徊彌久，前時
斷固多。熱應翻急燒，冷欲徹微波。隔樹澌澌雨，通池點點荷。倦程
山向背，望國闕嵯峨。故念飛書急，新歡借夢過。染筠休伴淚，繞雪

莫追歌。擬問陽臺事，年深楚語訛。」在紫桂樓，恰逢嶺南八九月黃
茅瘴，作《燈》：「皎潔終無倦，煎熬亦自求。花時隨酒遠，雨後背窗
休。冷暗黃茅驛，喧明紫桂樓。錦囊名畫掩，玉局敗棋收。何處無佳
夢，誰人不隱憂。影隨簾押轉，光信簟紋流。客自勝潘岳，儂今定莫
愁。故因留半焰，迴照下幃羞。」謂與宋若荀有短暫相聚。

李德裕子燁亦坐德裕故，貶蒙州立山尉，之前其子李燁為盧鈞宣
武軍節度判官，年二十二。詩人們陪李德裕到蒙州，李德裕再貶崖州
司戶經過昭州，在昭州洗墨池停留。李商隱作《念遠》：「日月淹秦
甸，江湖動越吟。蒼梧應露下，白閣自雲深。皎皎非鸞扇，翹翹失鳳
簪。床空鄂君被，杵冷女嬃砧。北思驚沙雁，南情屬海禽。關山已搖
落，天地共登臨。」

河南尹盧貞會昌五年起為嶺南節度使，大中元年初李玭由山南唐
州調為嶺南東道節度使（《舊唐書 本紀十八下 宣宗》），以李商隱暫
攝廣州，《南海百詠朝漢臺》中有：「刺史李玭于其上創餘莫亭」，可
見亦有詩人在此詠吟。李商隱詩《故番禺侯以贓罪至不辜，事覺母
者，他日過其門》：「飲鴆非君命，茲身亦厚亡。江陵從種菊，交廣合
投香。不見千金子，空餘數仞牆。殺人須顯戮，誰舉漢三章？」《漢
書 蕭望之傳》：「中書令弘恭、石顯急發執金吾車騎馳圍其第。望之
欲自殺，其夫人止之，以為非天子意；門下生朱雲勸自裁，竟飲鴆自
殺。」以呂子被殺影射當年宋若憲被賜死「飲鴆」，皇帝在沒有她們
姊妹犯罪證據時就判罪，至今還不肯糾正。

宋若荀由西江經端州往廣州、安南，宋若荀等從安南回來經韶
州、閩中、臺州到江南。

有消息杜悰即將節度西川。李商隱謁見杜悰，作《獻相國京兆公
啟一》中有「人秉五行之秀，備七情之動，必有詠歎，以通性靈」，
因而《獻相國京兆公啟一》中：「伏惟相公，既康大政，復振斯文」

語，「舊詩一百首，謹封如別。延之設問，希鮑昭之一言；何遜著名，系沈約之三讀。干冒嚴重，延望恩輝，進退之間，若據泉谷。」「某爰自弱齡，側聞古義。留連薄宦，感念離群。東至泰山，空吟《梁父》；南遊郢澤，徒和《陽春》。」是回憶自己過去經歷，尤其是大和八年從崔戎兗海幕，同時將「舊詩一百首，謹封如別。」希望看後能理解他與宋若荀之間情感，同情並幫助他們。

冬，蘇滌為合州刺史，宋若荀又去川中，在漢州金堂縣三學山，李商隱《詠三學山》：「五色玻璃白晝寒，常在佛腳印楠檀。萬絲織出三衣妙，貝葉經傳一偈難。夜看聖燈紅菡萏，曉驚飛石碧琅玕。更無鸚鵡因緣塔，八十山僧試說看。」「八十山僧」有可能是知玄。

李商隱作《無題 紫府仙人》：「紫府仙人號寶燈，雲漿未飲結成冰。如何雪月交光夜，更在瑤臺十二層。」謂宋若荀在川中。

宋若荀隨杜悰回長安，在華山寺院掛單。

李商隱任職盩厔尉，李商隱《樊南甲集序》自謂：「樊南生十六能著《才論》、《聖論》，以古文出諸公間。後聯為鄆鄲相國、華太守所憐，居門下時，執定奏記，始通今體。後又兩為祕省房中官，恣展古集，往往咽噱于任、范、徐、庚之間，有請作文或時得好對切事，聲勢物景，哀上浮壯，能感動人。十年京師寒且餓，人或目曰韓文、杜詩、彭陽章檄，樊南窮凍，人或知之。」

褒師出生。是年李商隱五十歲。

宋若荀四十四歲。

大中三年（己巳，公元 849 年）

正月，皇帝與宰相論元和循吏，周墀曰：「臣嘗守江西，韋丹有大功，德被八州，老幼思之不忘。」乃詔觀察使紇干臮上丹功狀，命刻功于碑。（《新唐書 列傳一百二十二 韋丹》）詔司勳員外郎兼史館

修撰杜牧撰丹遺愛碑以記之。(《資治通鑑 唐紀六十四 大中三年》)

　　大中三年，令狐綯特恩拜中書舍人，襲封彭陽男。四月，兵部侍郎判戶部事魏扶同中書門下平章事。(《舊唐書 本紀十八下 宣宗》)三月，周墀兼刑部尚書，白敏中為尚書右僕射，四月，同平章事馬植檢校禮部尚書、天平軍節度使，貶常州。(《資治通鑑 大中三年》)四月，御史大夫崔鉉守中書侍郎、同中書門下平章事，周墀檢校刑部尚書、東川節度使、兵部侍郎，判戶部事魏扶守本官、同中書門下平章事。六月十四日，劉瑑由翰林學士、司封郎中正拜中書舍人。(《重修承旨學士壁記》)

　　崔鉉再輔政，罷崔璪吏部侍郎，任河中節度使。李珏為吏部，李拭為河陽。三月，崔鄲卒於淮南(《東觀奏記》)，以李珏為淮南節度使。(《文苑英華 蔣伸：授李珏淮南節度使制》)令狐定為桂管。四月十一日，廣州刺史李行脩，掌書記施肱，巡官李黨赴闕過此。(《湖南志金石 浯溪題名》)韋正貫為嶺南節度使。四月，同平章事周墀為東川節度使，二月，杜悰為西川。裴休由宣、歙觀察使入授吏部侍郎，裴諗為宣歙觀察使。紇干臮入朝，裴儔為江西觀察使。裴識改澤州刺史，充湖南觀察使。五月，徐州軍亂，逐節度使李廓，以義成節度使盧弘止檢校戶部尚書，為武寧節度使，軍不敢譁。後徙宣武，卒。鄭涓為武寧。六月，右巡使奏：義成軍節度使韋讓，前任宮苑使，日侵街造屋。(《唐會要》)六月，以張直方為留後，閏十一月，盧龍軍亂，逐張直方，推周琳為留後。崔琪為太子少師分司；十一月，鳳翔節度使李玭、山南西道節度使鄭涯奏開文川谷路。十二月，華州刺史周敬復檢校左散騎常侍，兼洪州刺史、江西觀察使。薛元賞為昭義。崔于代替殷儔為福建。(《舊唐書 本紀十八下 宣宗》)

　　正月，涇原節度使康季榮奏：「吐蕃宰相論熱恐以秦、原、安樂及石門等七關之邊民歸國。詔靈武節度使朱叔明、邠寧節度使張君緒

各促本道兵馬接應其來。二月，吐蕃論恐熱于河州、婢婢諸將欲擊恐熱，婢婢曰：「不可。我軍驟勝而輕敵，彼窮困而致死，戰必不利。」諸將不從，婢婢知其必敗，據河橋以待之，諸將果敗。婢婢收餘眾，焚橋，歸鄯州。（《資治通鑑 大中三年》）吐蕃以秦原安樂三州，石門驛、藏木峽、制勝、六磐石峽、蕭七關歸于有司，以太僕卿陸耽為宣諭使，詔涇原、寧武、鳳翔、邠寧、振武皆出兵應接。（《新唐書 本紀八 宣宗》）閏十一月，丁酉，宰相以克復河湟，請上尊號，上曰：「憲宗常有志復河湟，以中原方用兵，未遂而崩，今乃克成先志耳。其議加順、憲二廟尊諡以昭功烈。」（《資治通鑑 大中三年》）

　　四月癸巳，幽州盧龍節度使張仲武卒，其子直方自稱留後。五月，武寧軍亂，逐其節度使李廓。（《新唐書 本紀八 宣宗》）以義成節度使盧弘止為武寧節度使。武寧士卒素驕，有銀刀都尤甚，屢逐主帥，弘止至鎮，都虞候胡慶方復謀亂，弘止誅之，撫循其餘，訓以忠義，軍府由是獲安。（《資治通鑑 大中三年》）

　　九月，李聽之子李琢自洺州刺史為義昌節度使。（《資治通鑑 大中三年》）李丕徙振武節度使，刑部尚書。党項叛，李彥佐徙鄜坊，卒。（《新唐書 李丕傳》）田布子在宥為安南都護，頗立邊功。（《舊唐書 田弘正傳》）八月，武昌節度使盧商以疾求代鄂岳，徵拜戶部尚書，卒于漢陰驛。（《新唐書 列傳一百七 盧商》）韋損代。十月，李拭自京兆尹檢校左散騎常侍授，追赴闕。李褒自禮部侍郎除禮部尚書，授浙東。（《嘉泰會稽志》）京兆尹鄭涓年底出守青州。《新唐書卷七十五上 宰相世系表》大中三年七月，鳳翔節度使李玭取秦州，十一月，奏先准開文川谷路。十月，西川節度使杜悰奏取維州。山南西道節度使鄭涯奏取扶州。（《資治通鑑 大中三年》）「十二月，鳳翔節度使崔珙奏破吐蕃，克清水。」（《資治通鑑 大中二年》）

　　河東節度使王宰入朝，以貨結權倖，求以使相領宣武，刑部尚書、同平章事周墀上疏論之，宰遂還鎮。三月，駙馬都尉韋讓求為京兆尹，周墀言京兆尹非才望不可為，讓議竟寢。(《資治通鑑 大中三年》) 墀又諫上開邊，由是忤旨。夏四月，以墀為東川節度使，以御史大夫崔鉉為中書侍郎、同平章事、兵部侍郎，判戶部魏扶同平章事。翰林學士鄭顥言於上曰：「周墀以直言入相，亦以直言罷相。」上深感悟，甲午，墀入謝，加檢校右僕射。

　　崔鄲薨於淮南。(《東觀奏記》)《文苑英華 蔣伸 授李珏淮南節度使制》：守吏部尚書李珏，輔弼二帝，始終一心。泊受鉞孟津，宣風列郡，而能訓齊師旅，潤澤黎蒸。望洽冢卿，操鑒惟允。式崇端揆之重，仍兼亞相之雄。

　　司徒李公（固言）再理留務。(《千唐志 張季戎墓志》) 周墀罷知政事。同列有疑仲郢與墀善，左授祕書監。數月，復出為河南尹。(《舊唐書 柳仲郢傳》)《金石補正》卷七十五《再建圓覺塔志》：「大中庚午歲八月十五日，詔河南尹河東公再建斯塔。」

　　大中三年閏十一月已未李德裕卒于崖州貶所，時年六十三。(《舊唐書 列傳第一百二十四 李德裕》)

　　鄭蕭大中三年卒，贈司空。

　　宋若荀進京獻書，正月十五舉燈，文人詞客隨行。李商隱作《正月十五夜聞京師有燈火恨不得觀》：「月色燈光滿帝都，香車寶輦隘通衢。身閒不睹中興盛，羞逐鄉人賽紫姑。」與《賀相國汝南公（周墀）啟》中「日者慶屬中興」相關，為在周至。

　　大中三年「五月，以義成軍節度盧弘止為武寧節度使」(《資治通鑑》)，李商隱《為度支盧（弘止）侍郎賀畢學士啟》中：「昨慕繡衣，尚遣蒼鷹出使，今晨彩筆，遂令丹鳳銜書。聞仙家勿洩之言，見

人世未知之事。便當圖南勢就，拱北功成。擊水搏風，一舉千里。」
文中「郎中學士，吞鳥推華，奪袍著美，才端風憲，俄上雲衢。昨暮
繡衣，尚遣蒼鷹出使；今晨彩筆，遂令丹鳳銜書。聞仙家勿泄之言，
見人世未知之事。便當圖南勢就，拱北功成。」謂其之前為侍御史知
雜事，治理大獄，而今為翰林學士，職掌禁密，高步雲衢。並非恭維
畢誠，而是指接下來聽說即將有戰事，畢誠為皇帝特使，想必可以青
雲直上，希望他幫助宋若荀。

党項糾結回紇侵擾大同，大中二年至四年，李丕由汾、晉二州刺
史拜振武節度使，宋若荀隨軍參謀。杜牧設宴為宋若荀送行，李商隱
作《杜司勳》：「高樓風雨感斯文，短翼差遲不及群。刻意傷春復傷
別，人間惟有杜司勳。」

宋若荀經汾陽、交城往太原。交城在太原晉祠西側，李商隱作
《過故府中武威公交城舊莊感事》：「信陵亭館接郊畿，幽象遙通晉水
祠」指舊莊勝景遙接晉祠，幽深之象可與之比美于晉川；「新蒲似筆
思投日，芳草如茵憶吐時」回憶當年從柳公綽「故府公」幕，以及會
昌年間受贊皇知遇介紹往石雄幕情景；「日落高門喧燕雀，風飄大樹
撼熊羆。山下只今黃絹字，淚痕猶墮六州兒」為李德裕被貶崖州、石
雄被排擯罷鎮而憤慨，謂如今李德裕在此空留文字，然而功高蓋世雖
熊羆而難撼也。

軍隊直至易定紫荊關，戰事結束後宋若荀經邯鄲、安陽、鶴壁、
新鄉、溫縣、陽城回永濟，在溫縣晉元帝故鄉李商隱作《晉元帝
廟》：「青山遺廟與僧鄰，斷鏃殘碑銷暗塵。紫蓋適符江左運，翠華空
憶洛中春。夜臺無月照朱戶，秋殿有風開玉宸。弓箭神靈定何處，年
年春綠上麒麟。」

時清明，李商隱《評事翁寄賜餳粥走筆為答》：「粥香餳白杏花
天，省對流鶯坐綺筵。今日寄來春已老，風樓迢遞憶鞦韆。」謂長者

劉評事惦記宋若荀寄來餳粥，還記得當年宋若荀在宮中盪鞦韆樣子。

回到長安昭國坊，李商隱《漫成三首》之一：「不妨何范盡詩家，未解當年重物華。遠把龍山千里雪，將來擬並洛陽花。」當年我隨令狐楚去了太原，如今你隨軍出征并州回來，都是牡丹時節；之二、三：「霧夕詠芙蓉，何郎得意初。清新俱有得，名譽底相傷。沈約憐何遜，延年毀謝莊。此時誰先賞，沈范兩尚書。」「何遜」為李商隱自指，「沈約」、「范雲」則指宋氏姊妹和白居易，回憶大和三年為令狐楚所看重，閒暇時與你們姊妹學詩白傅，師友相得，如今你為什麼不理解我呢？

弟羲叟大中元年進士及第後大中三年為祕書省校書郎兼宗正表疏者，李商隱為弟羲叟作《謝座主魏（扶）相公啟》、《謝宗卿啟》。《舊唐書 宣宗紀》：「大中三年四月，魏扶同中書門下平章事。六月卒。」

大中三年，崔鄲薨，吏部尚書李珏檢校左僕射、淮南節度使。《文苑英華 蔣伸 授李珏淮南節度使制》：「守吏部尚書李珏，輔弼二帝，始終一心。自授域孟津，宣風列郡，而能訓齊師旅，潤澤蒸黎。望洽冢卿，操鑒惟允。式崇端揆之重，仍兼亞相之雄。」

李商隱作《病中早訪招國李十將軍遇攜家遊曲江》：「十頃平波溢岸清，病來惟夢此中行。相如未是真消渴，猶放沱江過錦城。家近芙蕖曲水濱，全家羅襪起秋塵。莫將越客千絲網，網得西施別贈人。」希望到江南順利。

李商隱在長安西明寺作《題僧壁》：「若信貝多真實語，三生同聽一樓鐘。」按照佛家語，本來我們應當是三生石上有緣的啊！希望用佛教信仰來解脫內心痛苦、解釋人生之謎。在南山，李商隱作《訪人不遇留別館》：「卿卿不惜鎖窗春，去作長楸走馬身。閒倚繡簾吹柳絮，日高深院斷無人。」在那裡等得無聊，以吹柳絮打發時間，與溫

庭筠《偶題》中「自恨青樓無近信，不將心事許卿卿」相應。

經洛陽平泉莊，時李德裕正月方達珠崖郡。李商隱作《李衛公》：「絳紗弟子音塵絕，鸞鏡佳人舊會稀。今日置身歌舞地，木棉花暖鷓鴣飛。」

李商隱《板橋曉別》：「回望高城落曉河，長亭窗戶壓微波。水仙欲上鯉魚去，一夜芙蓉紅淚多。」你不要再像薛靈芸那樣自艾自怨，我不久就會像子英那樣騎著大鯉魚來看你。

回江南，李商隱在金陵梁臺作《讀任彥昇碑》：「任昉當年有美名，可憐才調最縱橫。梁臺初建應惆悵，不得蕭公作騎兵。」《齊宮詞》：「永壽兵來夜不鋦，金蓮無復印中庭。梁臺歌管三更罷，猶自風搖九子鈴。」謂亡齊遺物九子鈴成為梁臺新主荒淫相繼標誌，預示重蹈覆轍。

傳說劉宋時舒鄉人吳子英入水捕得赤鯉魚，愛其色好持歸不殺養池中，一年長丈餘，生角有翅，子英怖，拜謝之，魚言：「我來迎汝，上我背，與汝俱升天。」歲來歸見其妻子，魚復迎之。故吳中門戶，並作神魚子英祠。（宋范成大：《吳郡志卷四十五》，江蘇古籍出版社1999年版，第599頁。）

大中三年，宋若荀到蘇州嘉興，李商隱在煙雨樓作《微雨》：「初隨林靄動，稍共夜涼分。窗迥侵燈冷，庭虛近水聞。」在陸贄舊宅放鶴洲，李商隱有《鴛鴦》詩：「雌去雄飛萬里天，雲羅滿眼淚潸然。不須長結風波願，鎖向金籠始兩全。」謂不如池塘中的水禽得以雙雙在池中游泳，表現惜別和憤激交加心情。

李商隱作《三月十日流杯亭》詩：「身屬中軍少得閒，木蘭花盡失春期。偷隨柳絮到城外，行過水西聞子規。」

裴衡為宜春令，宋若荀再去監利，李商隱有《過鄭廣文舊居》：「宋玉平生恨有餘，遠循三楚吊三閭；可憐留著臨江宅，異代應教庾

信居。」想起宋若荀當年亦喜書畫，善詩，而今「遠循三楚」——南楚江陵、東楚吳、西楚彭城，與屈原冤魂相吊。

李商隱作《自喜》：「自喜蝸牛舍，兼容燕子巢。綠筠遺粉籜，紅藥綻香苞。虎過遙知阱，魚來且佐庖。慢行成酩酊，鄰壁有松膠。」

在天臺，作《訪隱》詩：「路到層峰斷，門依老樹開。月從平楚轉，泉自上方來。韭白羅朝饌，松黃暖夜盅。相留笑孫綽，空解賦天臺。」謂與孫綽作遙想之思的《天臺山賦》不同。

在宣州東溪，李商隱《俳諧》：「短顧何由遂，遲光且莫驚。鶯能歌子夜，蝶解舞宮城。柳訝眉雙淺，桃猜粉太輕。年華有情狀，吾豈怯平生。」仿杜甫俳諧體，以鶯、蝶、柳、桃指代宋若荀，我又則怎麼敢吝嗇自己的年華呢！

大中三年八月至四年，柳仲郢為河南。李商隱在宜陽作《鏡檻》：「鏡檻芙蓉入，香臺翡翠過。撥弦驚火鳳，交扇拂天鵝。隱忍陽城笑，喧傳鄴市歌。仙眉瓊作葉，佛髻鈿為螺。五裡無因霧，三秋只見河。月中供藥剩，海上得綃多。玉集胡沙割，犀留聖水磨。斜門穿戲蝶，小閣鎖飛蛾。騎襜侵轙卷，車帷約幰軛。傳書兩行雁，取酒一封駝。橋回涼風壓，溝橫夕照和。待烏燕太子，駐馬魏東阿。想像鋪芳褥，依稀解醉羅。散時簾隔露，臥後幕生波。梯溫從攀桂，弓調任射莎。豈能拋斷夢，聽鼓事朝珂。」以時空倒換方式懷念宋氏姐妹，「梯穩從攀桂，弓調任射莎」謂宋若荀勤勞王事，希望通過建立功勳來獲得宋氏平反。

回洛陽，聽說邊疆有事，宋若荀有意從軍，分別時李商隱作《臨發崇讓宅紫薇》：「一樹穠姿獨看來，秋庭暮雨類輕埃。不先搖落應為有，已欲別離休更開。桃綬含情依露井，柳綿相憶隔章臺。天涯地角同榮謝，豈要移根上苑栽。」如果你當年不進宮，哪有後來的種種禍患，又何必孤獨生活呢！

　　戰事結束後往江南，經澠池紫桂宮，那裡原有兩棵高大梧桐樹，李商隱作《景陽宮井雙桐》：「秋港菱花乾，玉盤明月蝕。血滲兩枯心，情多去未得。途經白門伴，不見丹山客。未待刻作人，愁多有魂魄。誰將玉盤與，不死翻相誤。天更闊于江，孫枝覓郎主。昔妒鄰宮槐，道類雙眉斂。今日繁紅櫻，拋人占長簟。翠襦不禁綻，流淚啼天眼。寒灰劫盡問方知，石羊不去誰相伴？」謂「白璧門」的宋若荀，她經睢陽蔡崗漢太守喬公墓時是誰在陪伴她呢？

　　回到長安已是櫻花開後，李商隱《櫻桃花下》：「留鶯舞蝶兩相欺，不取花芳正結時。他日未開今日謝，嘉辰長短是參差。」感嘆未能趕上花開時節。

　　宋若荀與友人及李商隱作京師之遊。有《茂陵》：「漢家天馬出蒲梢，苜蓿榴花遍近郊。內苑只知含鳳嘴，屬車無復插雞翹。玉桃偷得憐方朔，金屋修成貯阿嬌。誰料蘇卿老歸國，茂陵松柏冷蕭蕭。」在黃山宮漢武帝當年為李夫人所建廟堂作《漢宮詞　青雀西飛》：「青雀西飛竟未還，君王長在集靈臺。侍臣最有相知渴，不賜金莖露一杯。」在奉天宮作《漢宮　通靈夜醮》：「通靈夜醮達清晨，承露盤晞玉帳春。王母不來方朔去，更須重見李夫人。」到乾縣甘泉宮，《人欲》：「人欲天從竟不疑，莫言圓蓋便無私。秦中久已烏頭白，卻是君王未備知。」以宋玉《大言賦》：「方地為車，圓天為蓋。」既然說天地是公平無私，為什麼宋若荀貧困無依呢？回東都洛陽經壽安，有《舊頓》：「東人望幸久諮嗟，四海于今是一家。猶鎖平時舊行殿，盡無宮戶有宮鴉。」為當時所作，符合傳記「俄而茂元卒，來遊京師，久之不調」（《舊唐書　李商隱傳》）記載。

　　七月，党項在雲州（大同）榆關（龍山）一帶騷擾邊境，直至太原，中書舍人劉瑑為伐党項行營宣慰使，李愬子李玭大中三年至四年為鳳翔節度使。沈詢《玭授鳳翔制》云：「刑部尚書李玭，生王侯之

大家，傳帶礪之世業。信以自立，誠而致名。」宋若荀隨李批軍隊往
西北，李商隱《重有感》：「玉帳牙旗得上遊，安危須共主共憂。竇融
表來已關右，陶侃軍宜次石頭。豈有蛟龍愁失水，更無鷹隼與高秋。
畫號夜哭兼幽顯，早晚星關雪涕收。」是希望早日收復邊關。

　　溫庭筠有《題西平王舊賜屏風》，李商隱作《送千牛李（批）將
軍赴闕五十韻》：「照席瓊枝秀，當年紫綬榮。班資古直閣，勳伐舊西
京。在昔王綱紊，因誰國步清。如無一戰霸，安有大橫庚。內豎依憑
切，凶門責望輕。中臺終惡直，上將更要盟。且陛祥煙滅，皇闈殺氣
橫。喧闐眾狙怒，容易八鑾驚。檮杌寬之久，防風戮不行。素來矜異
類，此去豈親征。舍魯真非策，居邠未有名。曾無力牧御，寧待雨師
迎。火箭侵乘石，雲橋逼禁營。何時絕刁斗，不夜見欃槍。屢亦聞投
鼠，誰其敢射鯨。世情休念亂，物議笑輕生。大鹵思龍躍，蒼梧失象
耕。靈衣愧沾汗，儀馬困陰兵。別館蘭熏酷，深宮蠟焰明。黃山遮舞
態，黑水斷歌聲。縱未移周鼎，何辭免趙坑。空拳轉鬥地，數板不沉
城。且欲憑神算，無因計力爭。幽囚蘇武節，棄市仲由纓。下殿言終
驗，增埤事早萌。蒸雞殊滅膳，屑麴異和羹。否極時還泰，屯餘運果
亨。流離幾南渡，倉卒得西平。神鬼收昏黑，奸凶首滿盈。官非督護
貴，師以丈人貞。覆載還高下，寒暄急改更。馬前烹莽卓，壇上揖韓
彭。扈蹕三才正，回軍六合晴。此時惟短劍，仍世盡雙旌。顧我由群
從，逢君嘆老成。慶流歸嫡長，貽厥在名卿。隼擊須當要，鵬搏莫問
程。驅朝排玉座，出位泣金莖。幸籍梁園賦，叨蒙許氏評。中郎推貴
婿，定遠重時英。政已標三尚，人今佇一鳴。長刀懸月魄，快馬駁星
精。披豁慚深眷，睽離動素誠。蕙留春畹晚，松待歲崢嶸。異縣期回
雁，登時已飯鯖。去程風刺刺，別夜漏丁丁。庾信生多感，楊朱死有
情。弦危中婦瑟，甲冷《想夫》箏。會與秦樓鳳，俱聽漢苑鶯。洛川
迷曲沼，煙月兩心傾。」杜牧《題永崇西平王宅太尉愬院六韻》，結

云：「隴山兵十萬，嗣子握彤弓。」注曰：「今鳳翔李尚書，太尉長子。」即李愬子李玭。李商隱詩謂你的父輩李願、李愬、李聽、李憲，都有功於國家，你們兄弟位列公卿，又視我若兄弟，想必會對我的困難予以援手。這是寫給李晟長孫李玭將軍的詩，其中涉及李玭為嶺南，請求他幫助自己和戀人明年春天在洛陽故宅再見，能一起欣賞池上明月。

杜牧奉詔為韋丹立碑，宋若荀與友人隨行，經滕王閣和岳陽樓。李商隱《贈司勳杜十三員外》：「杜牧司勳字牧之，清秋一首杜秋詩。前身應是梁江總，名總還曾字總持。心鐵已從干鏌利，鬢絲休嘆雪霜垂。漢江遠弔西江水，羊祜韋丹盡有碑。」詩下自注「杜牧奉詔作韋丹碑」，稱讚他當年正直仗義在此作《杜秋詩》，如今又為羊祜作碑。

馬植為常州，宋若荀到宜興荊溪。重陽節諸人賦詩，李商隱《和馬郎中移白菊見示》：「陶詩只采黃金實，郢曲新傳白雪英。素色不同籬下發，繁花疑是月中生。浮杯小摘來雲母，帶露全移綴水精。偏稱含有五字客，從茲得地方始榮。」

詩人們回到江南，經金陵，李商隱《亂石》：「虎踞龍盤縱復橫，星光漸滅雨痕生。不須並礙東西路，哭殺廚頭阮步兵。」《七夕》：「鸞扇斜分鳳幄開，星橋橫過鵲飛回。爭將世上無期別，換得年年一度來。」是到蘇州看望宋若荀。

宋若荀又到廬山，時中秋，李商隱作《月桂》又稱彭道士寂寥：「莫羨仙家有上真，仙家暫謫亦千春。月中桂樹高多少，試問西河斫樹人。」

大中三年起裴識接替李回為潭州刺史、湖南觀察使，宋若荀往湘中，李商隱《懷求古翁》：「何時粉署仙，傲兀逐戎旃。關塞由傳箭，江湖莫繫船。欲收棋子醉，竟把釣車眠。謝朓真堪憶，多才不忌

前。」向李遠請求幫助。

聽說友人到漵浦，李商隱《有懷在蒙飛卿》：「薄宦頻移疾，當年久索居。哀同庾開府，瘦極沈尚書。城綠新陰遠，江清返照虛。所思惟翰墨，從古待雙魚。」希望有書信來告知近況。

兩河口亂，宋若荀為平羌事務往川中，由荊渚往巫峽，李商隱《過楚宮》：「巫峽迢迢舊楚宮，至今雲雨暗丹楓。微生今戀人間樂，只有襄王憶夢中。」

吐蕃襲西鄙，宋若荀等往川中。李商隱在成都有《武侯廟古柏》：「蜀相階前柏，龍蛇捧閟宮。陰成外江畔，老向惠陵東。大樹思馮異，甘棠憶召公。葉凋湘燕雨，枝折海鵬風。玉壘經綸遠，金刀歷數寒。誰將出師表，一為問昭融。」詩人們自巴蜀由湘潭回江南。李商隱在梓潼縣北七曲山五丁拔蛇處作《張惡子廟》：「下馬捧椒漿，迎神白玉堂。如何鐵如意，獨自與姚萇。」

大中三年九月，西川節度使杜悰收復維州；十月，西川節度使杜悰降先沒吐蕃維州，復入相，加司空，繼加司徒。李商隱《行次西郊作一百韻》中「蛇年建丑月，我自梁還秦」是從略陽西縣經大散關回咸陽途中所作，對官吏魚肉百姓，民眾大批逃亡感到憤慨。

宋若荀回中條山，經河清，李商隱《河清與趙氏昆季宴集得擬杜工部》：「勝跡殊江右，佳名逼渭川。虹收清嶂雨，鳥沒夕陽天。客鬢行如此，滄波坐渺然。此中真得地，飄蕩釣魚船。」

党項糾結回紇侵擾大同，大中三年七月，党項在雲州（大同）榆關（龍山）一帶騷擾邊境，直至太原，中書舍人劉瑑為伐党項行營宣慰使。宋若荀隨友人轉戰河東大鹵。

《唐文苑傳》：「大中中，（唐持）自工部郎中出為容州刺史、御史中丞、容管經略招討使。」宋若荀由函谷關經江南往湘黔。李商隱有《房君珊瑚散》：「不見常娥影，清秋守月輪。月中閒搗杵，桂子搗成塵。」

在湘潭作《江村題壁》：「沙岸竹森森，維艄聽越禽。數家同老壽，一逕自陰深。喜客嘗留橘，應官說採金。傾壺真得地，愛日靜霜砧。」謂宋若荀珍惜孝敬父母的日子。

韋廑為黔中，韋瓘被貶康州，宋若荀與母親往黔中。李商隱《寓懷》：「彩鸞餐顥氣，威鳳入卿雲。長養三清境，追隨五帝君。煙波遺汲汲，綃繖任云云。下界圍黃道，前程合紫氛。《金書》惟是見，玉管不勝聞。草為回生種，香緣卻死熏。海明三島見，天迴九江分。騫樹無勞援，神禾豈用耘？鬥龍風結陣，惱鶴露成文。漢殿霜何早，秦宮日易曛。星機拋密緒，月杵散靈氛。陽烏西南下，相思不及群。」謂與宋若荀總是分離。

八月，李玭奏收復秦州。《樊南乙集序》：「二月府貶，選為盩厔尉，與班縣令、武功劉官人同見尹（鄭涓），尹即留假參軍事，專章奏。屬天子事邊，康季榮首得七關。數月，李玭得秦州。月餘，朱叔明又得長樂州。而益丞相亦尋取維州，連為章賀。時同僚有京兆韋觀文、河南房魯、樂安孫朴、京兆韋嶠、天水趙璜、長樂馮顓、彭城劉允章。是數輩者，皆能文字。每著一篇，則取本去。」（《樊南乙集序》）宋若荀等回長安經興平昭陵，李商隱《復京》：「虜騎胡兵一戰摧，萬靈回首賀軒壇。天教李令心如日，可要昭陵石馬來。」歌頌當年李晟功勳。

李商隱為「京兆尹奏署掾曹，令典箋奏」，《乙集序》：「屬天子事邊，康季榮首得七關。數月，李玭得秦州。月余，朱叔明得長樂州，而益丞相尋取維州，聯為章賀。」「是歲，葬牛（僧孺）太尉，天下設祭者百數。他日尹言：『吾太尉之薨，有杜司勳之誌，與子之奠文，二事為不朽。』」（《樊南乙集序》）

九月，李丕徙振武節度使，刑部尚書。党項叛，李彥佐徙鄜坊，卒。宋若荀在蘇州小息後又往邠州前線，參與邊疆戰事，對李丕燒殺

政策提出異議，退出軍隊。

　　李商隱在長安城南樊川居住，收入微薄，生活困窘，「十月，尚書范陽公以徐戎凶悍，節度闕判官……奏入幕。」(《樊南乙集序》) 李商隱《上尚書范陽公（盧弘止）啟》:「仰蒙仁恩，俯賜手筆，將虛右席，以召下材。承命恐惶，不知所措。」自述雖然當年「幸承舊族，早預儒林。鄴下詞人，夙蒙推獎」，曾被「鄴下詞人」推獎為「洛陽才子」，但一向「時亨命屯，道泰身否。成名踰于一紀，旅宦過於十年。恩舊凋零，路岐悽愴。薦禰衡之表，空出人間；嘲揚子之書，僅盈天下」，仕途困頓，世交親戚亡故，如阮籍《詠懷》中所言「楊朱泣路岐，墨子悲素絲」，尤其「去年遠從桂海，來返玉京。無文通半頃之田，乏元亮數間之屋。隘傭蝸舍，危託燕巢。」《左傳》: 吳公子札「宿于戚，聞鍾聲焉」，「曰:『夫子之在此也，猶燕之巢於幕上。』」杜預注:「言至危。」謂宋若荀在武陵住在像蝸牛殼一樣的圓廬裡，住在長安則要時時防備小人；「春畹將遊，則蕙蘭絕徑；秋庭欲掃，則霜露霑衣。」《漢書 伍被傳》:「今臣亦將見宮中生荊棘，露霑衣也。」謝莊《月賦》:「佳期可以還，微霜霑人衣。」《善哉行》:「溪谷多風，霜露霑衣。」我「勉調天官，獲升甸壤。歸惟卻掃，出則卑趨」，雖在京兆府專章奏，但生活困難，還不如江淹《恨賦》中所言「敬通見抵，罷歸田里，閉關卻掃，塞門不仕」。「仰燕路以長懷，望梁園以結慮」以孔融《論盛孝章書》云:「向使郭隗倒懸，而王不解，則士亦將高翔遠引，莫有北首燕路者矣。」當年燕昭王為郭隗改築宮而師事之，樂毅自魏往，鄒衍自齊往，劇辛自趙往，士爭趨燕，今宋若荀為國勤勞，書劍從軍，皇帝至今不肯為她們姊妹平反，如此下去還有什麼人願意為國效勞呢？如今朋友們與我冷淡，想起當年在令狐楚開封梁園情景，不禁心灰意懶，「竊思上國投書，東都及門，惟交抵掌之談，遂辱知心之契。載返浮沉，頻涉光陰。豈期咫尺之書，終

訪蓬蒿之宅。感義增氣，懷仁識歸」，感到前途有了希望。

十月，盧弘止鎮徐州，奏為判官，得侍御史。盧弘止奏請李商隱入幕得到批准，為掌書記。李商隱作《上尚書范陽公第二啟》表示感謝，言「未離紫陌之塵，已夢清淮之月。依仁佩德，白首是歸。」迫切之情可鑒。《上尚書范陽公第三啟》為感謝盧弘止賜備行李。

故太子少傅白居易，大中三年十二月，中書侍郎平章事白敏中上疏請行諡典，從之。下太常，諡曰文。《唐會要 卷七十九 諡法門》聞十一月，白居易嗣子景受請李商隱撰寫墓志銘，李商隱《與白秀才狀》：「伏思大和之初，便獲通刺，昇堂辱顏，前席交談。陳蔡及門，功稱文學；江黃預會，尋列春秋。雖跡有合離，時多遷易，而永懷高唱，嘗託餘暉。遂積分陰，俄踰一紀。」《論語 先進》：「從我于陳蔡者，皆不及門也。」謂從大和初年受業於白居易，成為文學及門弟子，會昌年間在江州、黃州參與詩會，直至白居易去世前還得到他老人家及其友人的多方幫助。「繼志述事，必在博求雄筆，鴻生豈謂愛忘，忽茲謀及！悚怍且久，辛酸不勝，欲遂固辭，慮乖莫逆。」可見對白居易深厚感情。

是年李商隱五十一歲。

宋若荀四十五歲。

大中四年（庚午，公元 850 年）

《舊唐書 本紀十八下 宣宗》：「大中三年四月，魏扶同中書門下平章事。六月卒。」戶部侍郎、判度支崔龜從守戶部尚書、同中書門下平章事，判如故。八月，罷判。十月辛未，翰林學士承旨、兵部侍郎令狐綯守本官、同中書門下平章事。周墀大中四年罷相，檢校刑部侍郎、梓州刺史、御史大夫、劍南東川節度使；未行，追制檢校右僕射。（《新唐書 宰相表下》）十一月二十八日劉瑑守中書舍人兼御史中丞。

正月，以太常卿封敖檢校兵部尚書，為興元尹、山南西道節度使，八月，奏修斜谷路。孫範為平盧節度使，代鄭涓，《寶刻叢編》唐平盧節度使孫公妻滎陽郡君鄭氏墓志。大中四年韋有翼為陝虢。（《樊川集 授刑部侍郎韋有翼中丞制》：爰試佐輔，移理陝虢，壺漿迎路，繈屬攀車。）盧商轉荊南，韋損為鄂岳觀察使，接替盧商，至大中六年。蕭俶為兗海。（《舊唐書 列女傳》：大中五年，兗州瑕丘人鄭神佐女往慶州護父喪，還，誓不適人。節度蕭俶以狀奏。）九月，以檢校禮部尚書、河陽節度使李拭為河東節度使，代王宰。十一月，幽州周琳卒，軍人立張允伸為留後。十二月，吏部侍郎孔溫業求外官，為宣歙。（《資治通鑑 大中四年》）十二月，華州刺史周敬復檢校左散騎常侍、洪州刺史、江西觀察使，代裴儔。（《舊唐書 本紀十八下 宣宗》）李知讓為邠寧。（《全唐文 卷七百四十九 杜牧 李知讓加御史中丞依前邠州刺史等制》）鄭涓為徐州。（《全唐文 卷七百八十八 蔣伸 授鄭涓許州節度使制》）封敖出為興元尹、山南西道節度使。《舊唐書 封敖傳》十一月，党項羌寇邠寧，壬寅，以翰林學士劉瑑為京西招討党項行營宣慰使。（《資治通鑑 大中四年》）十二月，鳳翔節度使李業、河東節度使李拭為招討党項使。（《新唐書 本紀八 宣宗》）盧鈞入為太子太師，進上柱國、范陽郡開國公。（《舊唐書 列傳一百二十七 盧鈞》）鄭朗檢校戶部尚書、汴州刺史、宣武軍節度使。入為戶部尚書，判度支。（《舊唐書 鄭朗傳》）

大中四年七月「墀輔政，以澳為考功員外郎、史館修撰，不周歲，以本官知制誥，轉召充翰林學士。」極承恩遇。（岑仲勉：《郎官石柱題名新考訂》，上海古籍出版社1984年5月第一版，第148頁。）崔統為京兆尹。李固言分司東都。韓乂為河南尹。李珏召為吏部尚書。八月，幽州盧龍軍亂，逐其節度使張直方，衙將張允伸自稱留後。（《新唐書 本紀八 宣宗》）九月，党項為邊患，發諸道兵討党

項，連年無功，戍饋不已，右補闕孔溫裕上書切諫，上怒，貶柳州司馬。(《資治通鑑 大中四年》) 李丕為鄜坊，卒。(《新唐書 李丕傳》)

正月，朝廷以張義潮為沙州防禦使。二月壬戌，天德軍奏沙州刺史張義潮遣使來降，義潮，沙州人，時吐蕃大亂，義潮陰結豪傑，謀自拔歸唐。一旦，帥眾被甲譟於州門，唐人皆應之，吐蕃守將驚走，義潮逐攝州事，奉表來降。六月，季榮收復原州、石門驛、藏木峽、制勝、六盤、石峽等六關；甲子，邠寧節度使張君緒取蕭關；敕於蕭關置武州，改安樂為威州。甲戌，鳳翔節度使李玭奏收復秦州。秋七月丁巳，靈武節度使朱叔明奏取長樂州⋯⋯八月乙酉，河隴老幼千餘人詣闕。己丑，上地延喜門樓見之，歡呼舞躍，解胡服，襲冠帶，觀者皆呼萬歲。(《資治通鑑 大中三年》)(十月)張義潮收復瓜、沙、伊、蕭、鄯、甘、河、西、蘭、岷、廓十一州，河湟之地盡入於唐。十一月，置歸義軍于沙州，以義潮為節度使。(《資治通鑑 大中四年》)宣宗已復三州、七關，征西戍皆罷，乃遷沙陀赤心蔚州刺史、雲州守捉使。(《新唐書 列傳第一百四十三 沙陀》)大中四年，(党項)內掠邠寧，詔鳳翔李玭、河東李拭合節度兵討之，宰相白敏中為都統。⋯⋯不閱月，羌果破殄，餘種竄南山。(《新唐書 列傳第一百四十六上 西域上》)

大中四年「夏六月廿日，次于鄧，(高元裕)無疾暴薨于南陽縣之官舍，享年七十六。」(《全唐文》卷七百六十四《大唐故吏部尚書贈尚書右僕射渤海高公神道碑》)李景讓代高元裕為山南東道。《全唐文》卷七百六十四《大唐故吏部尚書贈尚書右僕射渤海高公神道碑》殘闕云：「公諱元裕，鄭注敗，復入為諫議大夫，兼充侍講學士，尋兼太子賓客⋯⋯未幾，擢拜御史中丞⋯⋯晉尚書右丞，改京兆尹。未幾，授左散騎常侍，遷兵部侍郎，轉尚書左丞，知吏部尚書銓事。會恭僖皇太后陵寢有日，充禮儀使，公為左右轄也。⋯⋯尋改宣歙池觀

察處置使……入拜吏部尚書，……遷檢校吏部尚書、山南西道節度觀
察等使……大中四年夏六月廿日，次於鄧，無疾暴薨於南陽縣之官
舍。」

四月，馬植由天平節度使貶常州刺史。

韋瓘再貶連州，詩人們經昭州往連州，李商隱《異俗二首》：「鬼
虐朝朝避，春寒夜夜添。未驚雷破柱，不報水齊簷。虎箭侵膚毒，魚
鉤刺骨尖。鳥言成諜訴，多是恨彤蟾。戶盡懸秦網，家多事越巫。未
嘗容獺祭，只是縱豬都。點對連龜餌，搜求縛虎符。賈生兼事鬼，不
信有洪爐。」對當時黑暗政治下民眾怯弱健訟性格有深刻揭示。

韋瓘又貶夷陵，詩人們從連州向江陵。大中二年，李回以與李德
裕善不決吳湘案由門下侍郎、同平章事為湖南觀察使，俄分司東都，
大中三年九月貶為賀州刺史，宋若荀等往賀州看望，李商隱《射魚
曲》：「思牢弩箭磨青石，繡額蠻渠三虎刀。尋潮背日伺洇鱗，貝闕夜
移鯨失色。纖纖粉篲馨香餌，綠鴨回塘養龍水。含冰漢語遠于天，何
由回作金盤死。」宋人楊伯嵒《臆乘》：「南番思牢國產竹，質甚澀，
可以礪指甲。」古稱思牢國的思州即今雲南思茅，現改名普洱；詩中
涉及賀州蒡竹，即今廣西賀州，可見從桂林經容管思茅再到賀州。

《二月二日》：「二月二日江上行，東風日暖聞吹笙。花須柳眼各
無賴，紫蝶黃蜂俱有情。萬里憶歸元亮井，三年從事亞夫營。新灘莫
悟遊人意，更作風簷夜雨聲。」

大中四年春，宋若荀再次往中條山，李商隱作《北青蘿》：「殘陽
西入崦，茅屋訪孤僧。落葉人何在，寒露路幾層。獨敲初夜磬，閒倚
一枝藤。世界微塵裡，吾寧愛與憎。」看到宋若荀被佛教迷惑得麻木
不仁的狀態，李商隱痛心之極。

李珏大中四年由河陽節度使召為吏部尚書，河東戰事，宋若荀往

易定薊州，直至雲中白登。戰後回河中。到永濟，李商隱作《永樂縣所居一草一木無非自栽今春悉已芳菲因書即事一章》：「手種悲陳事，心期玩物華。柳飛彭澤雪，桃散武陵霞。枳嫩棲鸞葉，桐香待鳳花。綬藤縈弱蔓，袍草展新芽。學植功雖倍，成蹊跡尚賒。芳年誰共玩，終老邵平瓜。」謂會昌五年永樂閒居時所栽花木已經長大，希望宋若荀早日回到家鄉常住。

到濟源，王屋山經麻姑廟（今濟源承留鄉玉陽村西北），李商隱《謁山》：「從來繫日乏長繩，水去雲回恨不勝。欲就麻姑買滄海，一杯春露冷如冰。」你執意去東海為姊姊尋找返魂香，就像長繩難以繫住落日一樣難以挽留啊！

大中三年九月李聽之子李琢自洺州刺史為義昌節度使（《資治通鑑 大中三年》），朝廷派使者送新羅使回國，宋若荀在登州欲隨新羅王子去國，李商隱《海上》：「石橋東望海連天，徐福空來不得仙。直遣麻姑與搔背，可能留命待桑田。」是在海州即將登上去日本船的宋若荀。

京兆尹鄭涓大中三年十一月出守青州，《新唐書 卷七十五上 宰相世系表》杜牧《上宰相求湖州第三啟》：「去歲閏十一月十四日，乞守錢塘，伏蒙曲語今青州鄭長侍。」宋若荀來到登州，在東海送日本僧人往扶桑，李商隱《送臻師二首》：「昔去靈山非拂席，今來滄海欲求珠。楞伽頂上清涼地，善眼仙人憶我無。苦海迷途去未因，東方過此幾微塵。何當百億蓮花上，一一蓮花見佛身。」其中「昔去靈山非拂席，今來滄海欲求珠」，明確說到「臻師」曾去五臺山，如今又往東海；「苦海迷途去無因，東方過此幾微塵。」更是點明宋若荀是以佛教徒身分往東海，「何當百億蓮花上，一一蓮花見佛身」，我們究竟還要經過多少磨難才能脫離苦海？

大中三年「五月，徐州軍亂，逐節度使李廓……以義成軍節度盧

弘止為武寧節度使」(《資治通鑑》),加檢校戶部尚書出鎮徐州刺史、武寧軍節度使、徐泗濠觀察等使。《舊唐書‧盧弘正傳》:「徐方自智興之後,軍士驕怠,有銀刀都尤勞姑息,前後屢逐主帥。弘正在鎮期年,皆去其首惡,喻之忠義,訖於受代,軍旅無譁。」李商隱隨之往徐州撫軍,一行由青州經魯地往徐州,經清河,李商隱《清河》:「舟小仍迴數,樓危憑亦頻。燕來從及社,蜨舞太侵晨。絳雪除煩後,霜梅取味新。年華無一事,只是自傷春。」是在清河故居憑樓傷感的宋若荀。

在徐州,李商隱為盧弘止作《為尚書范陽公賀吏部李(珏)相公啟》云:「伏見今月某日制書,榮加寵。自頃事有消長,時屬往居,未啟金縢,且分竹使,龍樓入護,虎節出征。今又顯執銓衡,是稱宰冢。」

時正值「沛國東風吹大澤」,李商隱作《偶成轉韻七十二句贈四同舍》:「沛國東風吹大澤,蒲青柳碧春一色。我來不見隆準人,瀝酒空餘廟中客。征東同舍鴛與鸞,酒酣勸我懸征鞍。藍山寶肆不可入,玉中仍是青琅玕。武威將軍使中俠,少年劍道驚楊葉。戰功高後數文章,憐我秋齋夢蝴蝶。詰旦天門傳奏章,高車大馬來煌煌。路逢鄒枚不暇揖,臘月大雪過大梁。憶昔公為會昌宰,我時入謁虛懷待。眾中賞我賦高唐,回看屈宋由年輩。公事武皇為鐵冠,歷廳請我相所難。我時憔悴在書閣,臥枕芸香春夜闌。明年赴辟下昭桂,東郊痛哭辭兄弟。韓公堆上跋馬時,回望秦川樹如薺。依稀南指陽臺雲,鯉魚失鈎猿失群。湘妃廟下已春盡,虞帝城前初日曛。謝遊橋上澄江館,下望山城如一彈。鷦鴣聲苦曉驚眠,朱槿花嬌晚相伴。傾之失職辭南風,破帆壞槳荊江中。斬蛟破壁不無意,平生自許非匆匆。歸來寂寞靈臺下,著破藍衫出無馬。天官補吏府中趨,玉骨瘐來無一把。手封狴牢屯制囚,直廳印巢黃昏愁。平明赤帖使修表,上賀嫖姚收賊州。舊山

萬仞青霞外，望見扶桑出東海。愛君憂國去無能，白道青松了然在。
此時聞有燕昭臺，挺身東望心眼開。且吟王粲從軍樂，不賦淵明歸去
來。彭門十萬皆雄勇，首戴公恩若山重。廷評日下握靈蛇，書記眠時
吞彩鳳。之子夫君鄭與裴，何甥謝舅當世才。青袍白簡風流極，碧沼
紅蓮傾倒開。我生粗疏不足數，梁父哀吟鴝鵒舞。橫行闊視倚公憐，
狂來筆力如牛弩。借酒祝公千萬年，吾徒禮分常周旋。收旗臥鼓相天
子，相門出相光青史。」回憶自己與宋若荀多年來與盧弘止的交往，
其中「愛君憂國去無能，白道青松了然在」，指宋若荀愛國憂主，不
會在日本待很長時間。

又往滄州和魯地，李商隱作《齊魯二生》。姚合《贈劉叉》：「自君
離海上，垂釣更何人。獨宿空堂雨，閑行九陌塵。避時曾變姓，救難
似嫌身。何處相期宿，咸陽酒市春。」（全唐詩卷四百九十七姚合）

大中三年，崔鉉再輔政，罷璪使務，檢校兵部尚書、兼河中尹、
河中節度使。宋若荀再次往中條山。

崔璪由河中為祕書監，回到長安。李商隱《與白秀才第二狀》：
「今狀，聞便龍門，仰遵遺令，事同踊塔，兆異佳城。敢於不朽之
文，須演重宣之義。則不敢更稽誠意，俟命強宗。敬惟照亮。」答應
並撰寫《刑部尚書致仕贈尚書右僕射太原白公墓碑銘》「公以致仕刑
部侍郎，年七十五，會昌六年八月薨東都，贈右僕射。十二月，遂葬
龍門。子景受，大中三年自穎陽尉典治集賢御書，侍太夫人弘農郡君
楊氏來京師，胖胖兢兢，奉公之道，畏不克己，乃件右功世，以命其
客刻碑，文曰：『公字樂天，諱居易，前進士，避祖諱，遷書判拔
萃，注祕省校書。元年，對憲宗詔策，予切不得為諫官，補盩厔尉，
明年試進士，取故消遂州浣為第一。事畢，帖集賢校理。一月中，詔
由右銀臺門入翰林院，試文五篇。明日以所試制《加段佑兵部尚書領
涇州》，遂為學士、右拾遺。滿將擬官，請掾京兆，以助供養，授戶

曹。……在職三年，每宴見，多前笏留上輦，是否意詔，……五年，會憂掩坎盧墓。七年，以左贊善大夫著吉。武相遇盜殊絕，賊棄刃天街，日比午，長安中盡知。公以此紙為疏，言元衡死狀，不得報，即貶江州。移忠州刺史。穆宗用為司門員外，四月，知制誥，加秩主客，真守中書舍人，敘緋。……燕趙相殺不已，公又上書列言河朔畔岸，復不保，又貶杭州。既至，築堤捍江，分殺水孔道，用肥見田，發故鄉侯泌五井，停儲甘清，以變飲食。循錢塘上下，民迎禱祠神，伴侶舞蹈。徙右庶子，出蘇州，授祕書監，換服色，遷刑部侍郎。乞官分司，得太子賓客，除河南尹，復為舊官。進階開國。九年除同州，不上。改太子少傅，申百日假。又二歲，得所薨官。……始公生七月，能展書指『之』『無』二字，橫縱不誤。既長，與弟行簡俱有名，故李刑部建、庾左丞敬休，友最善。家居以戶小飲薄酒，朔望晦轍不肉食。攜鄧同、韋楚，白服遊人間。姓名過海，流入雞林、日南有文字國。為中書舍人三日，如建中詔書，上鄭公覃自代，後為相，稱質直。……公老于東，遂葬其地。』」

友人們來到曲江，李商隱有《曲江》：「望斷平時翠輦過，空聞《子夜》鬼悲歌。金輿不返傾城色，玉殿猶分下苑波。死憶華亭聞唳鶴，老憂王室泣銅駝。天荒地變心雖折，若比傷春意未多。」謂宋若憲死去已經多年。《與同年李定言曲水閒話戲作》：「海燕參差溝水流，同君身世屬離憂。相攜花下非秦贅，對泣春天類楚囚。碧草暗侵穿苑路，珠簾不卷枕江樓。莫驚五勝埋香骨，地下傷春亦白頭。」「地下傷春」指賜死後屍骨被拋入渭水的宋若憲。

二月，杜悰為西川，川西羌人一再叛亂，宋若荀進川協助杜悰處理民族事務。李商隱在興元作《行至金牛驛寄興元渤海尚書》：「樓上春雲水底天，五運章色破巴箋。諸生個個王恭柳，從事人人庾杲蓮。六曲屏風江雨急，九枝燈繁夜珠圓。深慚走馬金牛路，驟和陳王白玉篇。」

李商隱詩《張惡子廟》中「下馬捧椒漿，迎神白玉堂。如何鐵如意，獨自與姚萇。」當年「白玉堂」女學士宋若荀來到此地向梓潼帝君奉祀；以「秦五女」指宋氏五女，與「運去不逢青海馬，力窮難拔蜀山蛇」（《詠史》）句相合。《華陽國志蜀志》中秦惠王許嫁五女於蜀，「蜀遣五丁迎之，還到梓潼，見一大蛇入穴中，一人攬其尾拔之，不禁，至五人相助，大呼拽蛇。山崩，壓殺五人及秦五女。」

宋若荀為嘉州、犍為監郡。李商隱《寄蜀客》：「君到臨邛問酒壚，近來還有長卿無。金徽卻是無情物，不許文君憶故夫。」是否友人們不許你和我通信呢？《井絡》：「井絡天彭一掌中，漫誇天設劍為峰。陣圖東聚夔江石，邊析西懸雪嶺松。堪嘆故君成杜宇，可能先主是真龍。將來為報奸雄輩，莫向金牛訪舊蹤。」

《方輿勝覽》：「長卿山在梓潼縣治西南，舊名神山。唐明皇幸蜀，見山有司馬相如讀書之窟，因改名長卿山。」《梓潼往長卿山至巴西復懷譙秀》：「梓潼不見馬相如，更欲南行問酒壚。行到巴西問譙秀，巴西惟是有寒蕪。」謂到巴西未見宋若荀等。

大中三年二月，貶殿中侍御史蔡京為澧州司馬（《舊唐書》），宋若荀去澧州。後經郢州、洪州回長安，李商隱在南塘作《即日 小鼎煎茶》：「小鼎煎茶面曲池，白鬚道士竹間棋。何人書破蒲葵扇，記著南塘移樹時。」

詩人們一起到崔璪祕書省，李商隱作《代秘書贈弘文館諸校書》：「清切曹司近玉除，比來秋興復何如？崇文館裡丹霜後，無限紅梨憶校書。」其中有對當年失去秘書省職位惆悵。秘書省與門下省相近，詩人們想起當年門下平章事裴度前輩，《舊唐書裴度傳》：「立第於崇賢里，築山穿池，竹木叢翠，有風景水榭梯橋架閣，島嶼徊環，極都城之勝概。」

李商隱《少年》：「外戚平羌第一功，生平二十有重封。直登宣室

螭頭上，橫過甘泉豹尾中。別館覺來雲雨夢，後門歸去蕙蘭叢。灞陵
夜獵隨田竇，不識寒郊自轉蓬。」謂少年時友人宋若荀如今轉戰南
北，功勞高過漢代的劉尚，當年隨皇帝出入雲陽宮別館，現在又與皇
親國戚一起在永濟打獵。

　　大中四年，（党項）內掠邠寧，詔鳳翔李玭、河東李拭合節度兵
討之，宰相白敏中為都統。大中三年李丕徙振武節度使，刑部尚書，
宋若荀隨軍參謀，越過太行山飛狐口。

　　戰事結束後宋若荀回王屋山。崔璪由河中為御史中丞，李商隱有
《喜聞太原同院崔侍御臺拜兼寄在臺三二同年之作》：「鵬魚何事遇屯
同，雲水升沉一會中。劉防未歸雞樹老，鄒陽新去兔園空。寂寞我對
先生柳，赫奕君乘御史驄。若向南臺見鴛友，為傳垂翅度春風。」謂
崔璪如果回長安時見到宋若荀請代我致意。

　　大中四年時李商隱弟羲叟岳父盧鈞為宣武，駐開封。「大中初，檢
校尚書、右僕射、汴州刺史、御史大夫、宣武軍節度、宋、汴、穎觀
察等使，就加檢校司空。四年，入為太子少師。」（《舊唐書 列傳一百
二十七 盧鈞》）由盧弘止接替。李商隱到開封，有《故驛迎弔桂府常
侍有感》：「饑烏翻樹晚雞啼，泣過秋原沒馬蹄。二紀征南恩與舊，此
時丹旐玉山西。」《榕園本》，《函海本》有「故池州」三字，而「故池
州」即刑部尚書、贈司空貞公李遜長子李景業，會昌五年四月某日，
卒於宣城客舍，年四十三；李景業與李景儉是兄弟，李景儉與李翱友
善，曾有「二紀征南」：一為元和初為與王叔文等善罪左遷，景儉坐
貶江陵戶曹，累轉忠州刺史。元和末入朝，執政惡之，出為澧州刺
史。二為穆宗時貶建州、漳州、楚州刺史，不得志而卒。（《舊唐書
列傳一百二十二 李景儉》）這裡所說的「桂府常侍」是李景儉、李景
業、李景儒兄弟伯父散騎常侍李仍叔，「大父」當為「伯父」，「李常
侍」與李景業父李遜、李翱及李從易是兄弟，宋若荀在建州和合浦得

到「李常侍」李仍叔幫助，在開封遇到李常侍靈柩歸來十分悲傷。

　　許渾大中元年入京任監察御史，大中三年因病辭去官職，棄官東歸，宋若荀隨之經靈壁、揚州回江東。時李從簡為濠州。

　　為李弘毅作《為李兵曹祭兄濠州刺史文》，李兵曹即李從簡弟李從易子李弘毅。大和七年六月丁丑，以左金吾衛將軍李從易為桂管觀察使。九年四月丙戌，以桂管觀察使李從易為廣州刺史、嶺南節度使，開成元年十二月卒。《新唐書 宗室世系表下》：「讓皇帝房蓬、劍、滁、光等州刺史弘毅。」李從簡，《冊府元龜 外臣部 通好》：「大和九年十一月，以宗正少卿李從簡守本官、兼御史中丞，持節，充入吐蕃答賀正使，仍賜金魚袋。」《奉使部 失指》：「李從簡開成初為左金吾衛將軍、兼御史中丞，將命虜廷，不能專對，貶復州（競陵郡）刺史。」再貶濠州（鍾離郡），因此文中有「競陵山水，鐘離控扼」語，可見此時濠州刺史李從簡已經去世。

　　經淮陰回南方，在蘇州葑門外松江用直陸龜蒙家暫住，宋若荀到蘇州木瀆靈岩山下居住，又去吳江、桐廬、蘭溪。

　　大中四年，裴識「改司農卿，進湖南觀察使」，宋若荀到湘中，李商隱有《復至裴明府所居》：「伊人卜宅自幽深，桂巷杉籬不可尋。柱上雕蟲對書字，槽中瘦馬仰聽琴。求之流輩棋易得，行矣關山方獨吟。賒去松醪一斗酒，與君相伴灑煩襟。」

　　時柳璟為郴州刺史，宋若荀和溫庭筠等來到郴州，友人盧獻卿開始生病，死在郴州，李商隱作《聞著明凶問哭寄飛卿》：「昔嘆饑銷骨，今傷淚滿膺。空餘雙玉劍，無復一壺冰。江勢翻銀漢，天文露玉繩。何因攜庾信，同去哭徐陵。」盧獻卿死在郴州，「著明」即盧獻卿。

　　六月，杜牧要求為杭州刺史，又為罷三原縣令堂兄杜慥求澧州，作《為堂兄慥求澧州啟》。

　　八月，幽州盧龍軍亂，逐其節度使張直方，衙將張允伸自稱留

後。(《新唐書　本紀八　宣宗》)大中四年九月,太原党項亂,發諸道兵討之,連年無功,戍饋不已。(《資治通鑑　大中四年》李拭由河陽調任河東,宋若荀隨軍出征,經酈州在壺口渡黃河往太原,過霍山時李商隱作《登霍山驛樓》:「廟列前峰迴,樓開四望窮。嶺騧嵐色外,陂雁夕陽中。弱柳千條露,衰荷一面風。壺關有狂孽,速記老生功」希望朝廷記住平定兵亂的功臣。

李商隱在晉昌坊作《宿晉昌亭聞驚禽》:「羇絲鰥鰥夜景侵,高窗不掩見驚禽。飛來曲渚煙方合,過盡南塘樹更深。胡馬嘶和榆塞笛,楚猿吟雜橘村砧。失群掛木知何限,遠隔天涯共此心。」

再經邯鄲、臨漳回江南,李商隱有《代魏宮私贈》:「來時西館阻佳期,去後漳河隔夢思。若知宓妃當時意,春松秋菊可同時」謂當年如果知道你有意,我們就不至於分離。

宋若荀經淮陰,李商隱《楚澤》:「夕陽歸路後,霜野物聲乾。集鳥翻漁艇,殘虹拂馬鞍。劉楨原抱病,虞寄數辭官。白袷經年卷,西來及早寒。」回到潤州,在京口養傷。

李商隱作《城外》:「露寒風定不無情,臨水當山又隔城。未必明時勝蚌蛤,一生長共月虧盈。」

大中四年九月,以檢校禮部尚書、河陽三城節度使李拭為河東(《舊唐書　本紀十八下　宣宗》。宋若荀回河內,李商隱《河內詩　樓上》:「鼉鼓沉沉蚪水煙,秦絲不上蠻弦絕。嫦娥衣薄不禁寒,蟾蜍夜豔秋河月。碧城冷落空蒙煙,簾輕幕重金鉤闌。靈香不下兩皇子,孤星直上相風竿。八桂林邊九芝草,短襟小鬢相逢道。入門暗數一千春,願去閏年留月小。梔子交加香蓼繁,停辛儲苦留待君。」《湖中》:「闔門日下吳歌遠,陂路綠菱香滿滿。後溪暗起鯉魚風,船旗閃斷芙蓉乾。傾身奉君畏身輕,雙橈兩槳樽酒清。莫因風雨罷團扇,此曲腸斷唯此聲。低樓小徑城南道,猶自金鞍對芳草。」其中「梔子交

加香蓊繁，停辛儲苦留待君」是春末她再來王屋山，而「閶門日下吳歌遠，陂路綠菱香滿滿。後溪暗起鯉魚風，船旗閃斷芙蓉乾」是臨行前秋天江南景色。

重陽將近，宋若荀等往長安，經萬年縣厲玄處，李商隱作《菊暗暗淡淡紫》：「暗暗淡淡紫，融融冶冶黃。陶令籬邊色，羅含宅裡香。幾時禁重露，實是怯殘陽。願泛金鸚鵡，升君白玉堂。」回憶當年在郢州重陽賦菊之會，戀人姊妹是多麼英才煥發；而今不免對前途充滿疑慮，但願皇帝信任你吧！

在江陵逢重陽，李商隱作《九日》詩：「曾共山翁把酒卮，霜天白菊繞階墀。十年泉下無消息，九日樽前有所思。不學漢臣栽苜宿，空教楚客詠江蘺。郎君官貴施行馬，東閣無因再得窺。」回憶令狐楚時李商隱與令狐綯、宋若荀一起過重陽節的事，而今令狐楚已經去世十年，宋若荀像屈原一樣在楚地流浪，而你（令狐綯）不願與我相見，更不肯援手相助。

李商隱作《城外》：「露寒風定不無情，臨水當山又隔城。未必明時勝蚌蛤，一生長共月虧盈。」

大中四年十月，令狐綯守兵部侍郎、充制誥同中書門下平章事，兼太清宮使，李商隱《上兵部相公啟》為應令狐綯命寫元和中太清宮寄張相公舊詩事，有「況惟菲陋，早預生徒，仰夫子之文章，曾無具體；辱郎君之謙下，尚遺濡翰。空塵寡和之音，素乏入神之妙。恩辰感集，格鈍慚深。但恐涕溢，終斑琬琰。下情無任戰汗之至！」與「令狐綯作相，商隱屢啟陳情，綯不令省。」（《舊唐書 李商隱傳》）相符。

朝廷徵召，宋若荀江東安置好母親，由郢州、襄陽、嵩山回長安。李商隱《秋日晚思》：「桐槿日零落，雨餘方寂寥。枕寒莊蝶去，窗冷胤螢消。取適琴與酒，忘名牧與樵。平生有遊舊，一一在煙霄。」則

謂宋若荀等至今還未能達到「上士忘名」境界，還希望建功立業。

宋若荀經商洛回長安，李商隱作《陸發荊南始至商洛》：「昔去真無奈，今還豈自知！青辭木奴橘，紫見地仙芝。四海秋風闊，千巖暮景遲。向來憂際會，猶有五湖期。」謂春天經過這裡時橘樹開花，而如今又是秋天，往年與宋若荀還能有五湖會面約會，可是如今連這樣的機會都不給我。過商山，李商隱《四皓廟》：「羽翼殊勳棄若遺，皇天有運我無時。廟前便接山門路，不長青松長紫芝。」

太原虜平後，李商隱移家黃河邊永樂，作《大鹵平後移家到永樂縣居，書懷十韻，寄劉、韋兩前輩，二公嘗于此縣寄居》，「驅馬繞河干，家山照露寒。依然五柳在，況值百花殘」，會昌五年曾來虞鄉中條山和永濟蒲津渡，「家山」指宋若荀中條山故居，「歸途仍近節」，希望宋若荀回來可以住在故居，離自己較近；「昔去驚投筆，今來分掛冠」，以《後漢書 逢盟傳》：「解冠掛東都城門，歸，將家屬浮海，客于遼東。」為宋若荀到海東，希望她早日歸來；「甌破寧迴顧，舟沈豈暇看。脫身離虎口，移疾就豬肝」是對前輩稟告；「鬢入新年白，顏無舊日丹。自悲邱荻少，誰懼夏畦難。逸志忘鴻鵠，清香披蕙蘭。還持一杯酒，坐想二公歡。」雖然貧困但是可以耕種，不願脅肩諂笑，鴻鵠之志仍然不減。

又作《四年冬以退蒲之永樂，渴然有農夫望歲之志，遂作憶雪，又作殘雪詩各一百言，以寄情于遊舊》，《憶雪》敘述當年雪中賦梅聚會；《殘雪》，取《毛詩 小雅 信南山》「上天同雲，雨雪紛紛。」和《毛詩 邶風 北風》中「北風其涼，雨雪其雱。」以謝惠連《雪賦》「徒聞周雅什，願賦朔風篇」起興，看到「千箱慶」、「六出妍」雪花，不僅想起當年「詠留飛絮後，歌唱落梅前」情景；《殘雪》中「焦寢忻無患，梁園去有因。莫能知帝力，空此荷平均」，則以《高士傳 焦先》：「野火燒其廬，先因路寢，遭冬雪大至，先祖臥不移，

人以為死，就視如故。」事蹟比宋若荀漠北之行艱難，用《擊壤歌》中「鑿井而飲，耕田而食，帝力于我何有哉？」希望遠離朝中是非，與宋若荀在此為農居；與敦煌詩寫本《瑤池新詠》中《古意》詩：「轆轤曉轉素絲綆，桐花夜落蒼苔磚。涓涓吹溜若時雨，口口佳蔬非用天。丈人不解此中意，抱甕當時徒自賢。」相關聯，希望宋若荀能回到「家山」長住。

是年李商隱五十二歲。

宋若荀四十六歲。

大中五年（辛未，公元 851 年）

三月，白敏中為特進，守司空兼門下侍郎、同平章事，招討南山、平夏党項行營兵馬都統制置使，並南北路供軍使兼邠寧慶等州節度使。四月，崔鉉守尚書右僕射兼門下侍郎，崔龜從為中書侍郎檢禮部尚書，四月乙卯，同平章事令狐綯為中書侍郎兼禮部尚書。十月，戶部侍郎判戶部魏謩守本官、同中書門下平章事，判如故。十一月，崔龜從罷同平章事，檢校吏部尚書、宣武節度使。杜牧拜中書舍人。（《新唐書 宰相表下》）

二月，以裴休為鹽鐵轉運使。盧弘止徙宣武，卒於鎮，浙西鄭朗為宣武節度使，後由崔龜從接任。裴識入拜大理卿，崔慎由接任湖南。（《新唐書 裴識傳》）五月，以河東節度使李拭為鳳翔節度使，李業為河東節度使。二月十七日，周墀卒於東川節度使任所，年五十九。（杜牧《祭周相公文》）。七月，柳仲郢任梓州刺史，接替周墀為劍南東川節度使。楊漢公由戶部侍郎拜荊南節度使，李景讓拜天平節度使。夏侯孜為陝虢。敬晦接替鄭朗為浙西。劉瑑大中五年轉刑部侍郎，出為河南尹。盧鈞復檢校司空、太原尹、北都留守、河東節度使，至大中九年。紇干臮代替韋正貫為嶺南東道節度使。（沈詢《授

紇干臬嶺南節度使制》）韋愨為義成節度使。（沈詢：《前鄭滑韋愨授武昌節度使制》）李丕為鄜坊節度使。（沈詢：《授李丕鄜坊節度使制》）孔溫業為宣歙，九月，裴諗為兵部侍郎。（《舊唐書 本紀十八下 宣宗》）盧弘止卒於鎮，十一月，以中書侍郎、同平章事崔龜從同平章事、充宣武節度使。（《資治通鑑 大中五年》）崔慎由接任湖南節度使，裴識襲晉國公半封，為涇原節度使。裴諗入朝為刑部侍郎。李貽孫大中五年至七年為福建都團練觀察處置使。《金石萃編華嶽題名》：「福建都團練觀察處置等使、兼御史中丞李貽孫之鎮，大中五年七月二十七日。」《樊川集 陶祥除福建支使制》：「守臣貽孫曰祥之學溫慎，可在賓階。」由王源植代。

春正月，党項叛，上頗知党項之反由邊帥利其牛馬，數欺奪之，或妄誅殺，党項不勝憤怒，故反。乃以右諫議大夫李福為夏綏節度使。自是繼選儒臣以代邊帥之貪暴者，行日復面加戒勵，党項由是遂安。（《資治通鑑 大中五年》）上以南山、平夏党項久未平，頗厭用兵。崔鉉建議，宜遣大臣鎮撫。三月，以白敏中為司空、同平章事，敏中請用裴度故事，擇廷臣為將佐，許之。五月，罷相，檢校司空，出為招討党項行營都統、制置等使，南北兩路供軍使兼邠寧節度使。（《舊唐書 白敏中傳》）夏四月，以左諫議大夫孫景商為左庶子，充邠寧行軍司馬；知制誥蔣伸為右庶子，充節度副使。伸，係之弟也。（《資治通鑑 大中五年》）八月，白敏中奏，南山党項亦請降。時用兵歲久，國用頗乏，詔並赦南山党項，使之安業。十月，制以党項既平，罷白敏中都統，但以司空、平章事充邠寧節度使。（《資治通鑑 大中五年》）

十月，蓬、果群盜依阻雞山，寇掠三川，果州刺史王贄弘充三川行營都知兵馬使進行鎮壓。（《資治通鑑 大中五年》）

大中六年七月丙辰，遷淮南節度使李珏卒，杜悰為淮南節度使。

四月，馬植罷相，貶常州刺史；時許渾與河南尹劉瑑過從甚密，屢請為之斡旋，一麾出守，歷虞部員外郎，睦州刺史，宋若荀隨之經廬山到宣州，又到丹陽和常州，往蘇州、睦州、杭州、越州、婺州、衢州。

韋博為京兆尹。十月乙亥，京兆尹韋博奏：「京畿富戶為諸軍影占，苟免府縣色役，或有追訴，軍府紛然。請准會昌三年十二月敕，諸軍使不得強奪百姓入軍。」(《舊唐書 宣宗紀》)

崔鉉復執政，琪懼，以疾自乞，下除太子少師，分司東都，就拜留守。(《新唐書 崔琪傳》)大中五年春正月，相國崔琪以公道可兼人，加勾當衙事。(《千唐志 張季戎墓志》)柳仲郢由河南為東川。

韋曙為蘇州。

春，李商隱《春雨》：「悵望新春白袷衣，白門寥落意多違。紅樓隔雨相望冷，珠箔飄燈獨自歸。遠路應悲春晼晚，殘宵猶得夢依稀。玉璫緘札何由達？萬里雲羅一雁飛。」謂宋若荀即將遠行。宋若荀寄居韋曲，李李商隱《寄懷韋蟾》：「謝家離別正淒涼，少傅臨歧賭佩囊。卻憶短亭回首處，夜來煙雨滿池塘。」又將分別。

春正月，党項叛，授李丕為鄜坊，領鄜、坊、丹、延四州，皇帝派河東李拭合兵攻之，李彥佐駐守朔州、大同一帶。友人同到太原，途中經過汾州孝義西南二十里冷泉驛，李商隱以附近靈石縣東介推山作《寒食行次冷泉驛》：「驛途仍近節，旅宿倍思家。獨夜三更月，空庭一樹花。介山當驛秀，汾水繞關斜。自怯春寒苦，那堪禁火賒。」

經絳州稷山，《左傳 襄公三十年》：「晉悼公夫人食輿人之城杞者，絳縣人或年長矣，無子而往，與于食。」據說稷山驛吏王全有道術，壽數已經四百多歲，途徑蒲東絳州時作《戲題贈稷山驛吏王全》：「絳臺驛吏老風塵，耽酒成仙幾十春。過客不勞詢甲子，惟書亥字與時人。」

宋若荀回長安已是暮春，李商隱作《促漏》：「促漏遙鐘動靜聞，報章重疊杳難分。舞鸞鏡匣收殘黛，睡鴨香爐換夕熏。歸去定知還向月，夢來何處更為雲。南塘漸暖蒲堪結，兩兩鴛鴦護水紋。」曲江南塘地蒲草已經可以縮結了，鴛鴦也在那裡雙雙對對地游弋，可是我和你宋若荀終究沒有能成為夫妻啊！

宋若荀在唐昌觀寄居，春雪，李商隱心情落寞，作《自貺》：「陶令棄官後，仰眠書屋中。誰將五斗米，擬換北窗風。」

曲池。李商隱《曲池》：「日下繁香不自持，月中流豔與誰期。迎憂急鼓疏鐘斷，分隔休燈滅燭時。張蓋欲判江灩灩，回頭更望柳絲絲。從來此地黃昏散，未信河梁是別離。」以李陵《別蘇武詩》：「攜手上河梁，遊子暮何之？」是怨憤、痛心相互交織心情：至今我還不相信當年黃河南邊河陽宮就是你我分離開始啊！使詩人憤激到難以相信世上究竟有沒有如李陵和蘇武的真摯情誼。

大中四年十月，翰林學士承旨、兵部侍郎令狐綯守本官、同中書門下平章事；五年四月，令狐綯為中書侍郎兼禮部尚書。李商隱《上時相啟》：「暮春之初，甘澤承降，既聞霑足，又欲開晴。實關燮和，克致豐阜」，「僾仰興居，惟有歌詠。瞻仰闉闍，不勝肺肝。」

友人們到咸陽，李商隱作《咸陽》：「咸陽宮闕鬱嵯峨，六國樓臺豔綺羅。自是當時天帝醉，不關秦地有山河。」咸陽大雨，李商隱《滯雨》：「滯雨長安夜，殘燈獨客愁。故鄉雲水地，歸夢不宜秋。」希望她早日歸來。

湖州刺史杜牧在宜興茶山主持貢茶採摘，有嘗茶之會。杜牧有《入茶山下題水口草市絕句》：「倚溪侵嶺多高樹，誇酒書旗有小樓。驚起鴛鴦豈無恨，一雙飛去卻回頭！」李商隱《無題 相見時難》：「相見時難別亦難，東風無力百花殘。春蠶到死絲方盡，蠟炬成灰淚始乾。曉鏡但愁雲鬢改，夜吟應覺月光寒。蓬山此去無多路，青鳥殷

勤為探看。」謂分別之際難堪之情。

杜牧大中五年入拜考功郎中，大中四年十二月，華州刺史周敬復檢校左散騎常侍、洪州刺史、江西觀察使，代裴儔。（《舊唐書 本紀十八下 宣宗》）經江州柴桑，李商隱《即日 一歲林花》：「一歲林花即日愁，江間亭下悵淹留。重吟細把真無奈，已落猶開未放蕊。山色正來銜小苑，春陰只欲傍高樓。金鞍忽散銀壺漏，更醉誰家白玉鉤？」謂宋若荀借酒澆愁。

宋若荀往衡陽採摘靈仙草，見到往北飛大雁，李商隱《北禽》：「為戀巴江暖，無辭瘴霧蒸。縱能朝杜宇，可得值蒼鷹。石小虛填海，蘆鉊未破繒。知來有乾鵲，何不向雕陵。」李商隱將宋若荀比作「萬里雲羅一雁飛」的飛禽，總是為躲避人的暗算而提心吊膽。

回長安，途中經宜陽連昌宮，李商隱《寓目》：「園桂懸心碧，池蓮飫眼紅。此生真遠客，幾別即衰翁。小幌風煙入，高窗霧雨通。新知他日好，錦瑟傍朱櫳。」其中有她留下的錦瑟。

在臨潼停留，李商隱《端居》：「遠書歸夢兩悠悠，只有空床敵素秋。階下青苔與紅樹，雨中寥落月中愁。」經華下，李商隱《幽人丹灶三年火》：「丹灶三年火，蒼崖萬歲藤。樵歸說逢虎，棋罷正留僧。星斗同秦分，人煙接漢陵。東流清渭苦，不盡照衰興。」

宋若荀與友人遊覽玄都觀、住在杜氏城南別墅中，聚會詠牡丹。宋若荀寄住在杜氏故居，李商隱有《尸杜馬上念漢書》：「世上蒼龍種，人間武帝孫。小來惟射獵，興罷得乾坤。渭水天開苑，咸陽地獻靈。英靈殊未已，丁傅漸華軒。」

五月，河中節度鄭光奏：「永樂道士侯道華上昇。」（《唐會要》）宋若荀經潼關渡河到芮城道靜院，李商隱前往探望，《題道靜院，院在中條山，故王顏中丞所置，虢州刺史舍官居此，今寫真存焉》：「紫府丹成化鶴群，青松手植變龍文。壺中別有仙家日，嶺上猶多隱士

雲。獨坐遺芳成故事，褰帷舊貌似元君。自憐築室靈山下，徒望朝嵐與夕曛。」宋若荀往中條山。

裴度晚年為河東，在此地民眾中留下深刻印象，李商隱作《韓碑》：「元和天子神武姿，彼何人哉軒與羲。誓將上雪列聖恥，坐法宮中朝四夷。淮西有賊五十載，封狼生貙貙生羆。不據山河據平地，長矛利戈日可麾。帝得聖相相曰度，賊斫不死神扶持。腰懸相印作都統，陰風慘淡天王旗。愬武古通作爪牙，儀曹外郎載筆隨。行軍司馬智且勇，十四萬眾猶虎貔。入蔡縛賊獻太廟，功無與讓恩不訾。帝曰汝度功第一，汝從事愈宜為辭。愈拜稽首蹈且舞，金石刻畫臣能為。古者世稱大手筆，此事不係于職司。當仁自古有不讓，言訖屢頷天子頤。公退齋戒坐小閣，濡染大筆何淋漓。點竄堯典舜典字，塗改清廟生民詩。文成破題書在紙，清晨再拜鋪丹墀。表曰臣愈昧死上，詠神聖功書之碑。碑高三丈字如斗，輔以靈鼇蟠以螭。句奇語重喻者少，讒之天子言其私。長繩百尺拽碑倒，粗砂大石相磨治。公之斯文如元氣，先時已入人肝脾。湯盤孔鼎有述作，今無其器存其辭。嗚呼聖皇與聖相，相與烜赫流淳熙。公之斯文不示後，曷與三五相攀追。願書萬本誦萬過，口角流沫右手胝。傳之七十有二代，以為封禪玉檢明堂基。」

經徐州。盧弘止「鎮徐四年」（《舊唐書 盧弘止傳》），「徙宣武，卒」於汴州（《新唐書 盧弘止傳》）。大中五年五月，宋若荀等往往盧弘止宣武駐地開封。

《華清宮 華清恩幸》：「華清恩幸古無倫，猶恐蛾眉不讓人。未免被他褒女笑，只教天子暫蒙塵。」《華清宮 朝元閣迴》：「朝元閣迴羽衣新，首按昭陽第一人。當時不來高處舞，可能當時有胡塵。」《過華清宮內廄門》：「華清別館閉黃昏，碧草悠悠內廄門。自是明時不巡幸，至今青海有龍孫。」

在長安，李商隱有《歸來》：「舊隱無何別，歸來始更悲。難尋白

道士，不見惠禪師。草徑蟲鳴急，沙渠水上遲。卻將波浪眼，清曉對紅梨。」

「（盧弘止）府罷入朝，復以文章干絢，乃補太學博士。」（從六品上階，《舊唐書李商隱傳》）「在國子監太學，始主事講經。申誦古道，教太學生為文章。」（《樊南乙集序》）李商隱作《詠懷寄祕閣舊僚二十六韻》：「年鬢日堪悲，衝茅益自嗤。攻文枯若木，處世鈍如槌。敢忘垂堂訓，寧將暗室欺？懸頭曾苦學，折臂反成醫。僕御嫌夫懦，孩童笑叔癡。小男方嗜栗，幼女漫憂葵。遇灸誰先啖，逢齋即更吹。官銜同畫餅，面貌乏凝脂。典籍將蠡測，文章若管窺。圖形翻類狗，如夢肯非羆。自哂成書簏，終當祝酒巵。懶霑襟上血，羞鑷鏡中絲。橐籥言方喻，樗散豈詎知？事神徒愒慮，佞佛愧虛詞。曲藝垂麟角，浮名狀虎皮。乘軒寧見寵？巢幕更逢危。禮俗拘稚喜，侯王欣戴達。途窮方結舌，靜勝但搘頤。糲食空彈劍，亨衢詎置錐！柏臺成口號，芸閣暫肩隨。悔逐遷鶯伴，誰觀擇虱時？甕間眠太率，床下隱何卑。奮跡登弘閣，摧心對董帷。校讎如有暇，松竹一相思。」其中「悔逐遷鶯伴，誰觀擇虱時？」與之前李商隱《虱賦》：「亦氣而孕，亦卵而成。晨梟露鵠，不如其生。汝職惟齧，而不善齧。回臭而多，蹠香而絕。」相合。

回長安經商山途中，李商隱作《四皓廟》：「本為留侯慕赤松，漢廷方識紫芝翁。蕭何只解追韓信，豈得需當第一功。」《商於》：「商於朝雨霽，歸路有秋光。背塢猿收果，投巖麝退香。建瓴真得勢，橫戟豈能當。割地張儀詐，謀身綺季長。清渠州外月，黃葉廟前霜。今日看雲意，依依入帝鄉。」謂當年張儀以割地楚國滅亡。

宋若荀與友人經洛陽往南，臨行李商隱作《離亭賦得折楊柳二首》：「暫憑樽酒送無聊，莫損愁眉與細腰。人世死前惟有別，春風爭擬惜長條。含煙惹霧每依依，萬絮千條拂落暉。為報行人休盡折，半

留相送半迎歸。」希望不久之後再見。

　　宋若荀等往湘中，李商隱在郎川作《擬意》：「悵望逢張女，遲會送阿侯。空看小垂手，忍問大刀頭。妙選茱萸帳，平居翡翠樓。雲屏不取暖，玉扇未遮羞。上掌真何有，傾城豈自由。楚妃交薦枕，漢后共藏鉤。夫向羊車覓，男從鳳穴求。書成祓禊帖，唱殺畔牢愁。夜杵鳴江練，春刀解若榴。象床穿憶網，犀帖釘窗油。仁壽遺明鏡，陳倉拂彩球。真防舞如意，佯蓋臥箜篌。濯錦桃花水，裙濺杜若洲。魚兒衙寶劍，燕子合金甌。銀箭催搖落，華宴慘去留。幾時銷薄怒，從此抱離憂。帆落啼猿峽，樽開畫鷁舟。急弦腸對斷，剪蠟淚爭流。璧馬誰能帶，金蟲不復收。銀河撲醉眼，珠串咽歌喉。去夢隨川后，來風貯石郵。蘭叢銜露重，榆莢點星稠。解佩無遺跡，凌波有舊遊。曾來十九首，私識詠牽牛。」回憶一生與宋若荀情感經歷。

　　由商山往江南，《商於新開路》：「六百商於路，崎嶇古共聞。蜂房春欲暮，虎阱日初熏。路向泉間辨，人從樹杪分。誰更開快捷，速擬上青雲。」青雲是商山驛站，此處雙關云宋若荀即將為朝廷所用。

　　經姑孰到越州，想起當年隨令狐楚來此地，李商隱有《寄在朝鄭（茂休）、曹（確）、獨孤（雲）李（定言）四同年》：「昔歲陪遊舊跡多，風光今日兩蹉跎。不因醉本蘭亭在，兼忘當年舊永和。」可見李定言、獨孤雲等四同年當年曾一起在會稽賦詩。

　　回杭州，李商隱作《夜出西溪》：「東府憂春盡，西溪許日曛。月澄新漲水，星見欲銷雲。柳好休傷別，松高莫出群。軍書尚倚馬，猶未能當文。」「東府」，山謙之《丹陽記》：「東府城池，即晉簡文為會稽王時第，東則丞相會稽王道子府。道子統揚州，故俗稱東府」，謂從揚州又到了蘇州和杭州。

　　經淮南楚山（八公山）、固始往商山，李商隱作《送豐都李尉》：「萬古商於地，憑君泣路岐。固難尋綺季，可得信張儀。雨氣燕先

覺，葉陰蟬遽知。望鄉尤忌晚，山晚更參差。」

到長安，李商隱《蟬》：「本以高難飽，徒勞恨費聲。五更疏欲斷，一樹碧無情。薄宦梗猶泛，故園蕪已平。煩君最相禁，我亦舉家清。」寄託自己志行高潔卻窮困潦倒、滿腔悲憤竟無人同情的人生悲劇。以《南史 陶潛傳》：「弱年薄宦，不潔去就之跡。」指從陶生家鄉蘇州崑山而來。

大中五年正月，李福為夏綏節度使，大中五年五月，李業為河東。宋若荀往塞外處理民族事務，友人們將其比作當年王昭君出塞，李商隱有《王昭君》：「毛延壽畫欲通神，忍為黃金不顧人。馬上琵琶行萬里，漢宮長有隔生春。」

韓琮，李商隱《為濮陽公陳許奏韓琮等四人充判官狀》，會昌初和白居易永豐柳詩時以常侍為東都留守，大中四年起為戶部郎中，大中八年為中書舍人，李商隱《為舉人獻韓郎中琮啟》，文中「某少承嚴訓，早學古文。非聖之書，未嘗關慮；《論都》之賦，頗亦留神。徒以不授彩毫，未吞瑞鳥，馳名江左，陸機莫及于多才；擅譽鄴中，王粲終聞于體弱。上下群士，差池累年。頃者輒露疏蕪，不思狂簡，捧爝火以乾日御，動以廣銷；抱布鼓以詣雷門，忽然聲寢。不謂郎中搜才路廣，登客門寬。」是敘述當年友人如今境遇不同；「同孟陽之觀蜀，比孝若之歸齊」，謂宋若荀曾由王屋山去鄭涓青州，往越州依靠李褒；尤其「若某者，雖醜若左思，瘦同沈約，無庾信之腰腹，乏崔琰之鬚眉。然至于感分識歸，銜誠議報，將酬楊寶，則就雀求環；欲答孔愉，則從龜覓印。推其異類，不後他人。」而「某在京多時，自夏有疾。失外郡薦名之限，俯神皋試士之期。物情既集于師，公選果歸于今季。懷才者皆雲道泰，抱器者自謂時來。」《漢書 董仲舒傳》：「制曰：『廣延四方之還豪俊，郡國諸侯公選賢良修絜博習之士。』」《易 繫辭下》：「君子藏器于身，待時而動，何不利之有？」

並非指應試舉子，而是請韓琮向朝廷推薦宋若荀。「以卞和為玉人，
無不收之瓊玖；得蹇修為媒氏，無不嫁之娉婷……伏惟郎中與先輩賢
弟，價重兩劉，譽高二陸，比李膺則仙舟對棹，方馬融則絳帳雙
褰。」與李商隱互相推敬的「賢弟」、與韓琮同等「玉人」，獻書不果
如獻玉卞和的宋若荀，不是柳仲郢兒子柳壁；有學者按文中有「一日
三秋，空詠《馬嵬》之清什」語，《舊唐書 柳壁列傳》：「文格高雅，
嘗為馬嵬詩，詩人韓琮、李商隱嘉之。」認為是為柳仲郢子柳壁作，
但此言之前「任重道遠，方懷驥阪之長鳴」，之後「知深可恃，言切
成煩。幽谷未見于鶯喬，曲沼空勤于梟藻。仰瞻几閣，伏待簡書。」
《論語 泰伯》：「士不可以不弘毅，任重而道遠。」《詩》：「伐木丁
丁，鳥鳴嚶嚶。出自幽谷，遷于喬木。」《後漢書 杜詩傳》：「將帥和
睦，士卒梟藻。」指同輩朋友，很難解釋與柳壁有關，「一日三秋，
空詠《馬嵬》之清什」為咸陽詩人聚會，「任重道遠，方懷驥阪之長
鳴」是之前隨李丕鄜坊從軍。如今北疆戰事再起，希望韓琮能推薦宋
若荀參與軍事。

去醴泉，李商隱《曼倩辭》：「十八年來墮世間，瑤池歸夢碧桃
間。如何漢殿穿針夜，又向窗中覷阿環。」

往杜愷任職三原。時七夕，李商隱作《辛未七夕》：「恐是仙家好
別離，故教迢遞作佳期。由來碧落銀河畔，可要金風玉露時。清漏漸
移相望久，微雲未接過來遲。豈能無意酬烏鵲，惟與蜘蛛竊巧絲。」

李商隱為李光顏子李昌元妻作《為故鄜坊李（昌元）尚書夫人王
鍊師黃籙齋文》。

宋若荀隨湖州刺史杜牧東歸，李商隱《樂遊原 萬樹鳴蟬》：「萬
樹鳴蟬隔岸紅，樂遊原上有西風。羲和自趁虞泉宿，不放斜陽更向
東。」謂將往王屋山崦嶬峰。李商隱作《淚》詩：「永巷長年怨綺
羅，離情終日思風波。湘江竹上痕無限，峴首碑前灑幾多。人去紫臺

秋入塞，兵殘楚帳夜聞歌。朝來灞水橋邊問，未抵青袍送玉珂。」近年來多次分別，都不如這次心中難受。

經華山回洛陽，李商隱《寄華嶽孫逸人》：「靈嶽幾千仞，老松逾百尋。攀崖仍躡壁，啖葉復眠陰。海上呼三鳥，齋中戲五禽。唯應逢阮籍，長嘯作鸞音。」寄住在孫某家中。

宋若荀往江南，臨行前李商隱作《崇讓宅東亭醉後沔然有作》：「曲岸風雷罷，東亭霽日涼。新秋仍酒困，幽興暫江鄉。搖落真何遽，交親或未亡。一帆彭蠡月，數雁塞門霜。俗態雖多累，仙標發近狂。聲名佳句在，身世玉琴張。萬古山空碧，無人鬢免黃。驊騮憂老大，鶗鳩妒芬芳。密竹沈虛籟，孤蓮泊晚香。如何此幽勝，淹臥劇清漳。」宋若荀歷經磨難，如今又要離開洛陽。李商隱《七月二十九日崇讓宅宴作》：「浮世本來多聚散，紅蕖何事亦離披」是看到風雨中荷花離披，不禁聯想到浮世離散，「豈到白頭只長爾，嵩陽松雪有心期。」相約冬天在洛陽再見面。

宣武節度使盧弘止春天去世，由鄭涓接替。時李郢為汴州幕僚，有事蘇州，李商隱作《汴上送李郢之蘇州》：「人高詩苦滯夷門，萬里梁王有舊園。煙幌自應憐白紵，月樓誰伴詠黃昏。露桃塗頰依苔井，風柳誇腰住水村。蘇小小墳今在否？紫蘭香徑與招魂。」《史記 信陵君傳》：「吾過大梁之墟，求問其所謂夷門。夷門者，城之東門也。」為請李郢帶信給宋若荀。

經淮南李珏處，到金陵，李商隱《別智玄法師》：「雲鬢無端怨別離，十年移易住山期。東西南北皆垂淚，卻是楊朱真本師。」

宋若荀往杭州、越州，上天臺，到盧山，李商隱《華師》：「孤鶴不睡雲無心，衲衣箃杖來西林。院門晝鎖回廊靜，秋日當階柿葉森。」來西林寺探望，可是她不在那裡。

大中四年裴識改司農卿，進湖南觀察使。(《舊唐書 本紀十八 宣

宗》），詩人門再次到湖南宜春，李商隱《洞庭魚》：「洞庭魚可拾，不假更垂罾。闇若雨前蟻，多於秋後蠅。豈思鱗作簟，仍計腹為燈。浩蕩天池路，翺翔欲化鵬。」是在湘陰所作，希望如鯤鵬飛去，可見前途遙遠。李商隱《夜意》：「簾垂幕半卷，枕冷被仍香。如何為相憶，魂夢過瀟湘。」思念纏繞，夜不能寐。

詩人們繼續向南，廣州韋正貫設宴接待，聽到李德裕臨終前後悲慘情景，詩人們來到崖州，在海南從事李從謨幫助下與李德裕第四子蒙州尉李燁一起將靈柩啟程回中原。

宋若荀等往越南占城，李商隱《越燕二首》：「上國社方見，此鄉秋不歸。為矜皇后舞，猶著羽人衣。拂水斜紋亂，銜花片影微。盧家文杏好，試近莫愁飛。將泥紅蓼岸，得草綠楊村。命侶添新意，安巢復舊痕。去應逢阿母，來莫害王孫。記取丹山鳳，今為百鳥尊。」其中「將泥紅蓼岸，得草綠楊村」與溫庭筠「晚風楊葉社，寒食杏花村」相關，謂年初到并州，後來從江南來到桂林；「上國社方見，此鄉秋不歸。」「盧家文杏好，試近莫愁飛。去應逢阿母，來莫害王孫。」宋若荀卜居之處，對過去厄運仍心有餘悸。

李商隱向故象州太守滎陽鄭璠打聽情況，作文《象江太守》。即李商隱《送從翁從東川弘農尚書幕》詩中所言「蠻童騎象舞」，可見宋若荀等欲去象州。

由浙江、福建回杭州。

冬，李商隱往江南看望宋若荀，在友人令狐緒（子初）西溪住處作《子初郊墅》：「看山對酒君思我，聽鼓離城我訪君。臘雪已添牆下水，齋鐘不散檻前雲。陰移竹柏濃還淡，歌雜漁樵斷更聞。亦擬城南買煙舍，子孫相約事耕耘。」

大中五年起韋曙為蘇州刺史，宋若荀明州回蘇州。時大雪，在鄧尉玉芝觀借住。又往無錫梅園，周圍梅花盛開，李商隱有《酬崔八早

梅有贈兼示之作》：「知訪寒梅過野塘，久留金勒為迴腸。謝郎衣袖初翻雪，荀令熏爐更翻香。何處拂胸資蝶粉，幾時塗頰籍蜂黃。維摩一室雖多病，亦要天花作道場。」詩人賀知章字季真，一說字維摩，越州永興（今蕭山）人；《法華經》：「佛出釋氏宮，坐於道場。」可見誦法華經者宋若荀從賀知章家鄉而來。

詩人們往宣州，李商隱作《蜨 孤蝶小徘徊》：「孤蝶小徘徊，翩翩粉翅開。並應傷皎潔，頻近雪中來。」謂冬天孤獨蛺蝶在雪中掙扎，就像自己孤獨無侶在此地徘徊。

宋若荀往同州。李商隱為任憲作《為同州任侍御上崔（龜從）相國啟》，藉任侍御向崔相建言讓百姓戰亂之後獲得「行舞舜戈，坐耕堯壤」安定日子。請求任憲的幫助。崔龜從開成三年自華州入為戶部侍郎，四年權判吏部尚書銓事，大中三年十一月，以戶部尚書判度支從本官同平章事。大中五年十一月罷為宣武節度使。任迪簡，京兆萬年人，節度易定，除工部侍郎。

李商隱作《為同州張評事謝辟啟》中「大夫榮自山陽，來臨沙苑」語，可見同州刺史者曾為楚州；「撫京洛之塵，素衣穿穴；訪江湖之路，白髮徘徊。」張評事年齡較大。又《為同州張評事謝聘錢啟》、《為閿廡使奏判官韓勵改名狀》。「張評事」與李商隱《上河東公啟》：「兩日前，與張評事處伏睹手筆，兼評事傳旨意，于樂籍中賜一人以備紉補。」的張評事有無關係？與《樊南乙集序》：「（大中六年）七月，尚書河東公守蜀西川，奏為記室。十月，得見吳郡張黯見代，改判上軍。」中「吳郡張黯」有無關係？

又作《韓城門丈請為子姪祭外姑公主文》。

大中五年八月，白敏中奏，南山党項亦請降。時用兵歲久，國用頗乏，詔並赦南山党項，使之安業。十月，制以党項既平，罷白敏中都統，但以司空、平章事充邠寧節度使。(《資治通鑑 大中五年》）但

實際上邊境並未安寧，詩人們很是憂慮。時長安大雪，李商隱《對雪二首》：「旋撲珠簾過粉牆，輕于柳絮重於霜。已隨江令誇瓊樹，又入盧家白玉堂。侵夜可能爭桂魄，忍寒應欲試梅妝。關河凍合東西路，腸斷斑騅送陸郎。梅花大庾嶺頭髮，柳絮章臺階裡飛。龍山萬里無多路，留待行人二月歸。」潼關送別如陸機那樣避禍宋若荀，如今龍山（太原）戰事又起，希望你二月能回來。原詩下有注：「時欲之東。」

是年李商隱五十三歲。

宋若荀四十七歲。

大中六年（壬申，公元 852 年）

正月，令狐綯兼戶部尚書。八月，禮部尚書、諸道鹽鐵轉運使裴休同中書門下平章事。（《新唐書 本紀八 宣宗》）十二月，魏謩為中書侍郎。（《新唐書 宰相表下》）五月十九日，韋澳遷中書舍人。（岑仲勉：《郎官石柱題名新考訂》，上海古籍出版社1984年5月第一版，第62頁、340頁。）工部尚書楊漢公前任荊南節度使，以不廉聞，左遷祕書監，制曰：「考三年之績，爾最無聞；致多士之朝，人言未息。」（《東觀奏記》）七月，起居舍人庾道蔚充翰林學士承旨。（《翰苑群書重修承旨學士壁記》）

春正月，以正議大夫、華州刺史、潼關防禦、鎮國軍使、上柱國、隴西縣開國南李訥檢校左散騎常侍、兼越州刺史、浙江東道都團練觀察等使。九年九月，貶李訥朗州刺史。（《嘉泰會稽志》）四月，西川節度使杜悰遷淮南節度使。邠寧節度使白敏中檢校司徒，為西川節度使。正月，以隴州防御使薛達為秦州刺史、天雄軍使。四月甲辰，邠寧節度使白敏中任西川。紇干㵶為嶺南節度使。韋愨為鄂岳。契必通為振武，河東節度使李業徙滑州（沈詢《授李業鄭滑節度契必通振武節度制》），大中六年六月，觀察使李褒實司其事（勾踐故

城）。(趙璘《書戒珠寺》)浙東李褒尚書歸宜興，未幾物故。(《雲溪友議》)李納自華州刺史授，九年九月貶潮州。(《嘉泰會稽志》)七月，盧鈞復檢校司空、太原尹、北都留守、河東節度使（沈詢《授盧鈞太原節度使制》），代李業。韋損入為刑部尚書，不久為天平，韋愨接任武昌。崔珙由東都留守再鎮鳳翔。(《新唐書 崔珙傳》)李景讓出任天平軍節度、鄆曹濮觀察等使、鄆州刺史，又調襄陽為山南東道節度使。(沈詢《天平節度使李景讓授襄州節度使制》)以前涇原節度使康季榮為徐州（沈詢《前涇原節度使康季榮徐州節度使制》），鄭涓為昭義；裴識為涇原節度使，宣宗親臨遣，至治，整戎器，開屯田，加檢校刑部尚書。(《新唐書 裴識傳》)南卓大中六年為黔中，八年卒於黔南觀察使任。李景讓徙山南東道。(《全唐文 卷七百六十三 沈詢授李景讓襄州節度使制》)白敏中充邠寧行營都統，將軍陳君從為鄜坊。(《東觀奏記》)京兆尹韋博為平盧節度使。(蔣伸《授孫範青州節度使制》)鄭涓為昭義（沈詢《授徐州節度使鄭涓昭義節度使制》），代薛元賞。崔瑤知貢舉，旋拜禮部侍郎，出為浙西觀察使。(《舊唐書 崔瑤傳》)令狐定入為禮部尚書，張文規為桂管。崔珙為鳳翔節度使。盧弘止鎮徐四年，遷檢校兵部尚書、汴州刺史、宣武軍節度使。卒于鎮。(《舊唐書 盧弘止傳》)

　　二月，封敖副使王贄弘撲滅雞山義軍。山南節度使封敖奏巴南妖賊言辭侮慢，上怒甚。崔鉉曰：「此皆陛下赤子，迫于飢寒，盜弄陛下兵于谿谷間，不足辱大軍，但遣一使者可平矣。」乃遣京兆尹劉潼（劉晏兄劉暹孫）詣果州招諭之。潼上言請不發兵攻討，且曰：「今以日月之明燭愚迷之眾，使之稽顙歸命，其勢甚易。所慮者，武臣恥不戰之功，議者責欲速之效耳！」潼至山中，盜彎弓待之，潼屏左右直前曰：「我面受詔赦汝罪，使汝復為平人。聞汝弓射二百步，今我去汝十步，汝真欲反者，可射我！」賊皆投弓列拜，請降。潼歸館，

而副使王贄弘與中使似先以引兵已至山下，竟擊滅之。(《資治通鑑
大中六年》) 九月，獠寇昌、資二州。(《新唐書　本紀八　宣宗》) 十
月，邠寧節度使畢諴奏招諭党項皆降。(《資治通鑑　大中六年》)

四月，党項復擾邊，上與翰林學士、中書舍人畢諴論邊事，諴具
陳方略。上悅曰：「吾方擇帥，不意頗、牧近在禁廷。卿其為朕行
乎？」諴欣然奉命。上欲重其資履，六月壬申，以諴為刑部侍郎；癸
酉，除邠寧節度使。(《資治通鑑　大中六年》) 沈詢《授畢諴邠寧節度
使制》：「刑部侍郎畢諴……憲慮必振于遠大，抗志不避於重難。」畢
諴復修把頭七十峰，謹候虜，寇不敢入。「自是繼選儒臣以代邊帥之
貪暴者，行日復面加戒勵，党項由是遂安。」(《資治通鑑　大中五
年》)

韋博為京兆尹，後由孫景商接替。

崔珙分司東都。劉琢為河南尹。(《舊唐書　劉琢傳》)

鄭亞卒於循州貶所。

唐肅宗以來吐蕃佔領河西、隴右之地，宋若荀前往河湟前線。

大中六年春，奚和契丹又大舉進犯雲中，裴休以丞相身分兼領河
東，宋若荀再次隨軍東征。李商隱在長安昭國坊作《過招國李家南園
二首》：「潘岳無妻客為愁，新人來坐舊妝樓。春風猶自疑連句，雪絮
相和飛不休。長亭歲近雪如波，此去秦關路幾多。惟有夢中相近分，
臥來無睡欲如何？」思念到紫荊關宋若荀，謂自己與王氏成婚純為旁
人攛掇所致，不能忘記當年與宋若荀在園中詠雪梅往事，悲傷此生難
以相諧。

大中五年十月，蓬、果盜寇掠三川。《舊唐書　封敖傳》：「宣宗即
位，遷禮部侍郎。大中二年，典貢部，多擢文士。轉吏部侍郎、渤海
男，食邑七百戶。四年，出為興元尹、御史大夫、山南西道節度

使。」宋若荀往川中協助封敖、杜悰使府，大中六年二月，王贄弘討平之。三月，蓬、果二州寇被鎮壓，封敖加檢校吏部尚書。李商隱作《為興元裴從事賀封尚書加官啟》，云「伏以蓬、果凶，徒，遂為逋寇。三里霧未能成市，五斗米乃欲誘人。聯接坤維，依憑艮險。蹩跳鋒刃，貓觸罳罿。尚書四丈機在掌中，兵存堂上，爰擇幕府，俾帥軍行。」又為薛廷老子司農卿薛保遜作《為山南薛從事謝辟啟》，李商隱作《斷非聖人事》。

封敖大中四年出為興元尹、山南西道節度使，宋若荀往川中協助，後經子午道回長安，經寧陝長江、黃河分水嶺，李商隱《自南山北歸經分水嶺》：「水急愁無地，山深故有雲。那通極目望，又作斷腸分。鄭驛來雖及，燕臺哭不聞。猶餘遺意在，許刻鎮南勳。」就像當年你隨皇帝東巡歸來，我去令狐宣武幕中一樣只是匆匆一見又分別，心中滿是悲傷啊！

大中五年十月後魏謩罷相鎮蜀，李商隱作《讓非賢人事》。宋若荀派往犍為監郡，後又從川中到武陵。《缺題》：「重午雲陰日正長，佳辰早至浴蘭湯。涼風入座無消扇，彩索靈符映羽觴。」為當地土家族風情。

李商隱作《五言述德抒情詩一首四十韻獻上杜七兄僕射相公》：「帝作黃金闕，仙開白玉京。有人扶太極，惟嶽降元精。耿賈官勳大，荀陳地望清。旌常懸祖德，甲令著家聲。經出宣尼壁，書留晏子楹。武鄉傳陣法，踐土主文盟。自昔流王澤，由來仗國楨。九河分合沓，一柱忽崢嶸。得主勞三顧，驚人肯再鳴。碧虛天共轉，黃道日同行。後飲曹參酒，先和傅說羹。即時賢路辟，此夜泰階平。願保無疆福，將圖不朽名。率身期濟世，叩額慮興兵。感念崤屍露，咨嗟趙卒坑。倘令安隱忍，何以贊貞明。惡草雖當路，寒松貫挺生。人言真可畏，公意本無爭。故事留臺閣，前驅且旆旌。芙蓉王儉府，楊柳亞夫

營。清嘯頻疏俗，高談屢折酲。過庭多令子，乞墅有名甥。南詔應聞
命，西山莫敢驚。寄辭收的博，端坐掃饞槍。雅宴初無倦，長歌底有
情。檻危春水暖，樓迴雪峰晴。移席牽湘蔓，迴棹撲絳英。誰知杜武
庫，只見謝宣城。有客趨高義，於今滯下卿。登門慚後至，置驛恐虛
迎。自是依劉表，安能比老彭。雕龍心已切，畫虎竟何成。豈有曾黔
突，徒勞不倚衡。乘時乖巧宦，占象合堅貞。廢往淹中學，遲迴谷口
耕。悼傷潘岳重，樹立馬遷輕。隴鳥悲丹嘴，湘蘭怨紫莖。歸期過舊
歲，旅夢繞殘更。弱植叨華族，衰門倚外兄。欲陳勞者曲，未唱淚先
橫。」向西川節度使杜悰介紹宋若荀情況，「弱植叨華族，衰門倚外
兄」希望他為宋若荀平反在皇帝面前說些好話，詩中「悼傷潘岳重，
樹立馬遷輕」謂妻子去世，自己如潘岳悼傷，她如司馬遷那樣欲死而
不能放棄生命，心中痛苦無法言說。

　　楊漢公為山南東道，李商隱《漢南書事》：「西師萬眾幾時回，哀
痛天書近已裁。文吏何曾重刀筆，將軍猶自舞輪臺。幾時拓土成王
道，從古窮兵是禍胎。陛下好生千萬壽，玉樓常御白玉杯。」為邊境
將吏只知軍功勳爵，不管民眾死活，皇帝不知內情。

　　宋若荀經洞庭湖往郎陽，李商隱《岳陽樓　漢水方城》：「漢水方
城帶百蠻，四鄰誰道亂周班。如何一夢高唐雨，從此無心入武關。」
針對之前次經武牢關。

　　奚人擾邊，契苾通會昌二年為蔚州，大中六年四月為振武，宋若
荀隨河東軍到蔚州，又往西北，李商隱《贈別前蔚州契苾使君》：「何
年部落到陰陵，奕世勤王國史稱。夜捲牙旗千帳雪，朝飛羽騎一河
冰。蕃兒繈負來青塚，狄女壺漿出白登。日晚鸊鵜泉畔獵，路人遙識
郅都鷹。」

　　宋若荀隨軍往遼東，李商隱《隨師東》：「東征日調萬黃金，幾竭
中原買鬥心。軍令未聞誅馬謖，捷書惟是報孫歆。但須鸑鷟巢阿閣，

豈假鷗鶋在泮林。可惜前朝玄菟郡，積骸成莽陣雲深。」《漢書》：「武帝元封四年，以朝鮮地置樂浪、玄菟、真番、臨屯四郡。昭帝罷真番，築遼東玄菟城。」追擊東胡直到朝鮮。

回程在河北昌黎停留。李商隱《戲題樞言草閣三十二韻》：「君家在河北，我家在山西。百歲本無業，陰陰仙李枝。尚書文與武，戰罷幕府開。君從渭南至，我從仙遊來。平昔苦南北，動成雲雨乖。待今兩攜手，對若床下鞋。夜歸碣石館，朝上黃金臺。春風二三月，柳密鶯正啼。清河在門外，上與浮雲齊。翻憂龍山雪，卻雜胡沙飛。仲容銅琵琶，項直聲淒淒。上貼金捍撥，畫為承露雞。君時臥帳觸，勸客白玉杯。苦云年光疾，不飲將安歸？我賞此言是，因循未能諳。君言中聖人，坐臥莫我違。榆莢亂不整，楊花飛相隨。上有白日照，下有東風吹。青樓有美人，顏色如玫瑰。歌聲入青雲，所痛無良媒。少年苦不久，顧慕良難哉！徒令真珠肬，哀如珊瑚腮。君今且少安，」聽我苦吟詩。古詩何人作，老大徒傷悲。」是在秦皇島所作，與宋若荀遊覽碣石宮，回憶當年宋若荀隨皇帝東巡滄州情景。

到徐州，李商隱作《東下三旬苦于風土馬上戲作》：「路繞函關東復東，身騎征馬逐驚蓬。天池遼闊誰相待，日日虛乘九萬風。」以《莊子》：「窮髮之北，有溟海者，天池也。」你現在的官職雖然不能與別人相比，但如此日夜兼程的從北到南，從西到東，正如風吹轉蓬一般地快啊！

李商隱《李肱所遺畫松詩書兩紙得四十一韻》：「萬草已涼露，開圖披古松。青山遍滄海，此樹生何峰。孤根邈無倚，直立撐鴻濛。端如君子身，挺若壯士胸。樛枝勢夭矯，忽欲蟠挐空。又如驚螭走，默與奔雲逢。孫枝擢細葉，旖旎狐裘茸。鄒顛蓐髮軟，麗姬眉黛濃。視久眩目睛，倏忽變輝容。竦削正稠直，婀娜旋敷峰。又如洞房冷，翠被張穹籠。亦若暨羅女，平旦妝顏容。細疑襲氣母，猛若爭神功。燕

雀固寂寂，霧露常衝衝。香蘭愧傷暮，碧竹慚空中。可集呈瑞鳳，堪
藏行雨龍。淮山桂偃蹇，蜀郡桑重童。枝條亮眇脆，靈氣何由同。昔
聞咸陽帝，近說稽山儂。或著仙人號，或以大夫封。終南與清都，煙
雨遙相通。安知夜夜意，不起西南風？美人昔清興，重之由月鐘。寶
笥十八九，香緹千萬重。一旦鬼瞰室，稠迭張羉瞳。赤羽中要害，是
非皆匆匆。生如碧海月，死踐霜郊蓬。平生握中玩，散失隨奴童。我
聞照妖鏡，及與神劍鋒。寓身會有地，不為凡物蒙。伊人秉此圖，顧
眄擇所從。而我何為者，開顏捧靈蹤。報以漆鳴琴，懸之珍珠櫳。是
時方炎夏，座內若嚴冬。憶昔謝四騎，學仙玉陽東。千株盡若此，路
入瓊瑤宮。口詠《玄雲歌》，手把金芙蓉。濃靄深霓袖，色映琅玕
中。悲哉墮世網，去之若遺弓。形魄天壇上，海日高曈曈。終期紫鸞
歸，持寄扶桑翁。」是在看到畫作後，希望她早日歸來。

　　韋正貫為廣州，宋若荀往嶺南。李商隱《春深脫衣》：「睥睨江鴉
集，堂皇海燕過。減衣憐蘭若，展帳動煙波。日烈憂花甚，風昌奈柳
何。陳遵容易學，身世醉時多。」謂南方天氣暖和，宋若荀已勝任幕
府工作。

　　宋若荀由廣東增城進京，李商隱《鳳》：「萬里峰巒歸路迷，未判
形容借山雞。新春定有將雛樂，阿閣華池兩處棲。」武則天時稱中書
省為「鳳閣」，指宋若荀即將向中書省獻書。三原又稱華池，時杜愷
為三原令，指宋若荀可以在長安和三原兩地居留，閒時亦可與小兒女
盤桓。

　　經羅浮山、浙東到商山，李商隱《曉起　擬杯當曉起》：「擬杯當
曉起，呵鏡可微寒。隔箔山櫻熟，褰帷桂燭殘。書長為報晚，夢好更
尋難。影響雙輸蝶，偏過舊畹欄。」

　　宋若荀在杜牧幫助下再次往長安，住在灞東張籍家中，時櫻桃季
節已過，李商隱在薦福寺有《深樹見一顆櫻桃尚在》：「高桃留晚實，

尋得小庭南。矮墮綠雲鬟，欹危紅玉簪。惜堪充鳳食，痛已被鶯含。越鳥誇香荔，齊名亦未甘。」

宋若荀又有回江南想法，李商隱《樂遊原 向晚意不適》：「向晚意不適，驅車上古原。夕陽無限好，只是近黃昏。」有遲暮之嘆。

回長安，途中經宜陽連昌宮，李商隱《寓目》：「園桂懸心碧，池蓮飫眼紅。此生真遠客，幾別即衰翁。小幌風煙入，高窗霧雨通。新知他日好，錦瑟傍朱櫳。」其中有她留下的錦瑟。

趙澇為忠武副使，《新唐書 宰相表》云：趙澇，字思齊，據崔嘏《授蔡京趙澇等御史制》為忠武軍節度副使。宋若荀隨行。因大雨在長安東門長樂驛站停頓，李商隱《雨中長樂水館送趙十五澇不及》：「碧雲東去雨雲西，苑路高高驛路低。秋水綠蕪終盡分，夫君太騁錦障泥。」不能等雨停了再走嗎？

商山居住，李商隱《夢令狐學士》：「山驛荒涼白竹扉，殘燈向曉夢清暉。右銀臺路雪千尺，鳳詔裁成當直歸。」以傅咸《贈何劭王濟》中「雙鸞游蘭渚，二離（日月）揚清暉。」想起令狐綯大中三年九月得到皇帝恩寵，以「山驛荒涼白竹扉，殘燈向曉夢輕暉」自己與如今榮任翰林學士、在麟德殿西銀臺為皇帝草制詔書令狐綯相比。

李珏鎮守淮南，在八公山遊覽。

經李珏向皇帝陳明安置降虜可行性，宋若荀被派往臨淄長清齊長城，在那裡她感到十分孤獨，李商隱以封丘縣青陵臺古蹟作《青陵臺》：「青陵臺畔日光斜，萬古貞魂倚暮霞。莫訝韓憑為蛺蝶，等閒飛上別枝花。」謂我之所以別娶王茂元女兒，是因為你先離開我的啊！

李商隱作《夜半》：「三更三點萬家眠，露欲為霜月墮煙。鬥鼠上堂蝙蝠出，玉琴時動倚窗弦。」彷彿宋若荀走後倚靠在窗邊的琴有人在動，愁悶得整夜沒有睡著。

宋若荀向有關方面提出綏靖建議，未得贊許，李商隱《假日》：

「素琴弦斷酒瓶空，倚坐欹眠日已中。誰向劉伶天幕內，更當陶令北窗風。」謂如陶潛那樣夏月虛閒，高臥北窗之下，只有愁悶陪伴，回到洛陽舊宅，李商隱《夜吟》：「樹繞池寬月影多，村砧塢笛隔風蘿。西亭翠被餘香薄，一夜將愁向敗荷。」是在白居易履道坊宅作。

再到長安，李商隱作《李夫人三首》：「一帶不結心，兩股方安髻。慚愧白茅人，月沒教星替。剩結茱萸枝，多擘秋蓮的。獨自有波光，彩囊盛不得。蠻絲繫條脫，妍眼和香屑。壽宮不惜鑄南人，柔腸早被秋眸割。清澄有餘幽素香，鰥魚渴鳳真珠房。不知瘦骨類冰井，更許夜簾通曉霜。土花漠漠雲茫茫，黃河欲盡天蒼蒼！」是想到當年情事，而今宋若荀姊妹兄弟只剩下她一人，李商隱面對友人責難，喊出「土花漠漠雲茫茫，黃河欲盡天蒼蒼！」

大中六年宜興人蔣侑為江陵縣令，宋若荀協助友人抗澇後往廬山和江南，再由南陽、舞陽、汝陽往洛陽。

獲嘉是李商隱父親曾經任職地。李商隱《句 金燈花》：「蘭膏熱處心猶淺，銀燭燒殘焰不馨。好向書生窗畔種，免教辛苦更囊螢。」（《事文類聚》）（《全唐詩 卷五百四十一 李商隱》）。

經延津，李商隱作《魏侯第東北樓堂郢叔言別聊用書所見成篇》：「暗樓連夜閣，不擬為黃昏。未必斷別淚，何曾妨夢魂。疑穿花透迤，漸近火溫馨。海底翻無水，仙家卻有村。鎖香金屈戌，帶酒玉昆侖。羽白風交扇，冰清月印盆。舊歡塵自積，新歲電猶奔。霞綺空留段，雲峰不帶根。念君千里舸，江草漏燈痕。」謂即將去王屋山和臨汾（平陽）。

《山海經》：「三珠樹在厭火國北，生赤水上，樹如柏葉，皆為珠。」李商隱《寄永道士》：「共上雲山獨下遲，陽臺白道細如絲。君今併倚三珠樹，不記人間葉落時。」「陽臺」指的就是王屋山「陽臺」。你以為用修道就可以避免厄運了嗎？還記得你姊姊宋若憲號稱

「三英」之一的結局嗎？

時七夕，李商隱作《壬申七夕》：「已駕七香車，心心待曉霞。風輕惟響佩，日薄不嬌花。桂嫩傳香遠，榆高送影斜。成都過卜肆，曾妒識靈槎。」希望有再次見面機會。作《七月二十八日夜與王、鄭二秀才聽雨夢後作》以夢的形式表達對宋若荀執意修道不滿。

《樊南乙集序》：「（大中六年）七月，尚書河東公守蜀西川，奏為記室。十月，得見吳郡張黶見代，改判上軍。」可見此時尚未入川。「會河南尹柳仲郢鎮東蜀，辟為節度判官，檢校工部郎中。」（《舊唐書 李商隱傳》）李商隱作《上河東公謝辟啟》「商隱啟：伏奉手筆，猥賜奏章。某少而孱羸，長則艱屯。有志為文，無資就學。雖雜賦八篇，獲庶于馬遷；而讀書五車，遠慚于惠子。契闊湖嶺，淒涼路岐，罕遇心知，多逢皮相」，許多人都只知道說長道短，批評這樣那樣，卻從來不肯真正幫助人；自己背負各樣罵名，「是以艮背良行，求心自處」，只有柳仲郢是深知自己對宋若荀確實有情，「春日同和，秋霜共列」多次幫助他們。又作《上河東公謝聘錢啟》、《為東川崔（福）從事謝辟啟》、《為東川崔（福）從事謝聘錢啟》。

李德裕子燁奉旌旟由崖州往洛陽，八月間到襄陽，據《唐茅山燕洞宮大洞煉師彭城劉氏墓志銘並序》所附李德裕第四子李燁記：「壬申歲春三月，扶護帷裳，陪先公旌旟發崖州，崎嶇川陸，備嘗艱險，首涉三時，途經萬里，其年十月，方達洛陽。十二月癸酉遷祔，禮也。」李商隱往江陵路祭李德裕靈柩。《荊門西下》：「一夕南風一葉危，荊雲迴望夏雲時，人生豈得輕離別，天意可曾忌險巇。骨肉書題安絕徼，蕙蘭蹊徑失佳期。洞庭湖闊蛟龍惡，卻羨楊朱泣路歧。」感嘆離多聚少。

李褒六年八月追赴闕，由浙東歸宜興，未幾物故，《嘉泰會稽志》云大中三年李褒自禮部侍郎除禮部尚書，授浙東，治勾踐故城。

大中六年「六月，觀察使李褒實司其事。」（趙璘：《書戒珠寺》）宋若荀經浙東往廬山。

宋若荀等往浙東，在杭州李商隱有《霜月》：「初聞征雁已無蟬，百尺樓高水接天。青女素娥俱耐冷，月中霜裡鬥嬋娟。」李商隱作《壬申閏秋題贈烏鵲》：「繞樹無依月正高，鄴城新淚濺雲袍。幾年始得逢秋閏，兩度填河莫告勞。」

八月，裴識為涇原節度使，宣宗親臨遣，至治，整戎器，開屯田，加檢校刑部尚書。河東節度使李業貶滑州。宋若荀隨田牟轉戰鄜坊、振武邊疆地區，李商隱作《舊將軍》：「雲臺高議正紛紛，誰定當時蕩寇功？日暮灞陵原上獵，李將軍是舊將軍。」謂田弘正子田牟與當年李廣一樣使邊虜心驚。

詩人們經藍田回長安，宋若荀住在青門張司馬家中。李商隱《細雨 瀟灑傍迴汀》：「瀟灑傍迴汀，依微過短亭。氣涼先動竹，點細未開萍。稍促高高燕，微疏的的螢。故園煙草色，仍近五門青。」

李商隱將去川中，王氏親戚有微詞，李商隱《王十二兄與畏之員外相訪，見招小飲，時予以悼亡日近不去，因寄》：「謝傅門庭舊末行，今朝歌管屬檀郎。更無人處簾垂地，欲拂塵時簟竟床。嵇氏幼男猶可憫，左家嬌女豈能忘？秋霖腹疾俱難遣，萬里西方夜正長。」以潘岳《悼亡詩》：「輾轉眄枕席，長簟竟床空。床空委清塵，室虛來悲風。」左思《嬌女詩》：「左家有嬌女，皎皎頗白皙。小字為織素，口齒自清歷。」謂妻子去世，兒女幼小，怎麼會忘記呢？

十月，李商隱往東蜀，韓瞻送至咸陽，餞別宴上李商隱作《赴職梓潼留別畏之員外同年》：「佳兆聯翩遇鳳凰，雕文羽帳紫金床。桂花香處同高第，柿葉翻時獨悼亡。烏鵲失棲長不定，鴛鴦何事自相將。京華庸蜀三千里，送到咸陽見夕陽。」回憶當年與韓瞻一起去看望宋氏姊妹、同年中進士，後來又同為王茂元女婿往事，在被問及王氏妻

去世後有沒有可能與宋若荀重歸於好時，李商隱指出宋若荀多次有意躲避，又怎麼可能前嫌盡棄，再如鴛鴦同棲同飛呢！王氏妻大中六年「柿葉翻時」去世，李商隱在大散關有《悼傷後赴東蜀至散關遇雪》：「劍外從軍遠，無家與寄衣。散關三尺雪，彻夢舊鴛機。」

李商隱作《十一月中旬至扶風界見梅花》：「匝路亭亭豔，非時裊裊香。秦娥惟與月，青女不饒霜。贈遠虛盈手，傷離適斷腸。為誰成早秀，不待作年芳。」以《荊州記》：「陸凱與路曄為友，在江南，寄梅花一枝詣長安與曄，並贈詩曰：『折花豐秦使，給予隴頭人。江南無所有，聊寄一枝春。』」陸凱，吳荊州牧，謂自己如陸凱從荊州到長安沒有見到你，如今折下此地早梅寄給你，可惜無法一起賦梅了。

李商隱到東川，為柳仲郢作《陳寧攝（榮州）公井令牒》、《周宇為（昌州）大足令牒》。《為河東公上西川白（敏中）司徒相公賀冬啟》、《為河東公上尚書侍郎賀冬啟》、《為河東公上四相（崔鉉、令狐綯、魏謩、裴休）賀冬啟》、《為河東公上翰林學士（韋澳）賀冬啟》、《為河東公上方鎮武臣賀冬啟》等公文。《樊南乙集序》：「時公始陳兵新作校場，閱數軍實，判官務檢舉條理，不暇筆硯。」

十一月，李商隱作《梓州道興觀碑銘》。

吐蕃和南詔在川滇邊境擾亂，宋若荀參與南詔事務，經巂州直到雲南昆明和思茅，再從南詔回蜀中，經遂州，李商隱詩《哭遂州蕭侍郎二十四韻》：「遙作時多難，先令禍有源。初驚逐客議，旋駭黨人冤。密侍榮方入，司刑望愈尊。皆因優詔用，實有諫書存。苦霧三辰沒，窮陰四塞昏。虎威狐更假，隼擊鳥踰喧。徒欲心存闕，終遭耳屬垣。遺音和蜀魄，易簣對巴猿。有女悲初寡，無男泣過門。朝爭屈原草，廟餒莫敖魂。迴閣傷神駿，長江極望翻。青雲寧寄意，白骨始霑恩。早歲思東閣，為邦屬故園。登舟慚郭泰，解榻愧陳蕃。分以往年契，情猶錫類敦。公先真帝子，我系本王孫。嘯傲張高蓋，從容接短

轅。秋吟小山桂,春醉後堂萱。自嘆離通籍,何嘗望叫閽。不成穿壙入,終擬上書論。多士還魚貫,云誰正駿奔。暫能誅倏忽,長與問乾坤。蟻漏三泉路,蛩啼百草根。始知同泰講,微福是虛言。」下注:「余初謁于鄭舍。」回憶當年楊虞卿為逐客,李宗閔、蕭浣為大臣黨人,痛惜這些人、「白骨始霑恩」。

楊漢公為山南,李群玉從幕,李商隱《送從翁從東川弘農尚書幕》:「大鎮初更帥,嘉賓素見邀。心懸紫雲閣,夢斷赤城標。素女悲青瑟,秦娥弄碧簫。山連玄圃近,水接絳河遙。豈意聞周鐸,翻然慕舜韶。昔辭喬木去,遠逐斷飄蓬。薄俗誰其激,斯民已甚恌。鸞皇期一舉,燕雀不相饒。敢共頹波遠,因之內火燒。是非過別夢,時節慘驚飆。末至誰能賦,中乾欲病痟。屢曾紆錦繡,勉欲報瓊瑤。我恐鬢侵霜,君先綬垂腰。甘心與陳阮,揮手謝松喬。錦里差鄰接,雲雲閉寂寥。一川虛月魄,萬崦自芝苗。瘴雨瀧間急,離魂峽外銷。非關無燭夜,其奈落花朝。幾處聞鳴佩,何筵不翠翹。蠻童騎象舞,江市賣鮫綃。南詔知非敵,西山亦屢驕。勿貪佳麗地,不為聖明朝。少減東城飲,時看北斗杓。莫因乖別久,遂成歲寒凋。盛幕開高筵,將軍問故寮。為言公玉季,早日棄漁樵。」請從翁李群玉帶給「川東」楊漢公,請他照應宋若荀;「我恐霜侵鬢,君先綬垂腰」謂宋若荀曾在華陰修行;「蠻童騎象舞,江市賣鮫綃。南詔知非敵,西山亦屢驕」,她去過蠻中和南詔。

宜興人蔣侑為江陵縣令,宋若荀往江陵,在嘉陵江邊望喜驛站,李商隱《望喜驛別嘉陵江水二絕》:「嘉陵江水此東流,望喜樓中憶閬州。若到閬州還赴海,閬州更應有高樓。千里嘉陵江水色,含煙帶月碧于藍。今朝相送東流後,猶自驅車更向南。」李商隱作《蜂 葉葉復翻翻》:「葉葉復翻翻,斜橋對側門。蘆花唯有白,柳絮可能溫?西子尋遺殿,昭君覓故村。年年芳物盡,來別敗蘭蓀。」

　　興善寺庭中有二小松，李商隱《題小松》：「憐君孤秀植庭中，細葉輕蔭滿座風。桃李盛時雖寂寞，雪霜多後始青蔥。一年幾變榮枯事，百尺方資柱石功。為謝西園車馬客，定悲搖落盡成空。」

　　楊漢公被彈劾罷荊南，拜同州刺史。（《新唐書　鄭裔綽傳》）李景讓為山南東道節度使。沈詢《授天平節度使李景讓襄州節度使制》：「朕惟憲宗親除狡穴，手復全齊。以爾事親既孝，于我必忠，俾之鎮臨，果茂聲績。是用載新社土，改築齋壇。江漢上游，地連襟帶，勉圖官守，式副令聞。」宋若荀離開山南往廬山，李商隱《餞席重送從叔余之梓州》：「莫嘆萬重山，君還我未還。武關猶悵望，何況百牢關。」

　　經漢江。李商隱《句　詠雪》：「郊野鵝毛滿。江湖雁影空。」（《合璧事類》補，《全唐詩外編　續補遺卷十　李商隱》中華書局，1982年版，第491頁。）

　　到鄂州。大中五至六年，韋愨在鄭滑節度使任，後為鄂岳，《全唐文　卷七百六十三　沈詢　授韋愨鄂岳觀察使制》：「嘉乃良才，俾升節制……興滑臺之詠歌，慰鄂渚之黎庶。」在江夏，李商隱有《失題　昔帝回沖眷》：「昔帝迴沖眷，惟皇惻上仁。三靈迷赤氣，萬彙叫蒼旻。刊木方隆禹，陞祔始創殷。夏臺曾圮閉，汜水敢逡巡。拯溺休規步，防虞要徙薪。蒸黎今得請，宇宙昨還淳。纘祖功宜急，貽孫計甚勤。降災雖代有，稔惡不無因。宮掖方為蠱，邊隅忽遘迍。獻書秦逐客，間諜漢名臣。北伐誰將使，南征決此辰。中原重板蕩，玄象失勾陳。詰旦違清道，銜枚別紫宸。茲行殊儼勝，故老遂分新。去異封于鞏，來寧避處鄽。元子當傳啟，皇孫合授詢。時非三揖讓，表請再陶鈞。舊好盟還在，中樞策屢遵。倉皇傳國璽，違遠屬車塵。雛虎如憑怒，蟄龍性漫訓。封崇自何等，流落乃斯民。逗撓官軍亂，優容敗將頻。早朝批草莽，夜縋達絲綸。忘戰追無極，長驅氣亦振。婦言終未

易，廟算況非神。日馭難淹蜀，星旄要定秦。人心誠未去，天道亦未親。錦水湔雲浪，黃山掃地春。斯文虛夢鳥，吾道欲悲麟。斷續殊鄉淚，存亡滿席珍。魂銷季羔竇，衣化子張紳。建議庸何所，通班昔濫臻。浮生見開泰，獨得詠汀濱。」

時李商隱五十四歲。

宋若荀四十八歲。

大中七年（癸酉，公元 853 年）

正月丙午，朝獻于太清宮。丁未，朝享于太廟。戊申，有事于南郊，大赦。（《舊唐書 本紀十八下 宣宗》）

以御史大夫鄭朗同中書門下平章事。《舊唐書 鄭朗傳》：「御史大夫，改禮部尚書，以本官遷同平章事，加中書侍郎集賢殿大學士，修國史。大中十年，以病辭位，進加檢校右僕射守太子少師。十一年十月卒。」《文苑英華 中書制誥 楊紹復授周敬復尚書右丞制》：江南西道觀察使周敬復可尚書右丞。

李景讓為山南東道節度使（大中七年至八年三月）。張文規由安州刺史為桂管。十一月，以河南尹劉瑑檢校工部尚書、汴州刺史、兼御史大夫，充宣武節度使。（《舊唐書 本紀十八下 宣宗》）李彥佐為朔方，後由劉潼代。（《新唐書 本紀八宣宗》）河東節度使李業殺降虜，邊部震撼。業內恃憑籍，魏謩奏徙滑州。（《新唐書 魏謩傳》）劉積平，王逢加檢校右散騎長侍，後亦至忠武節度使。（《新唐書 王逢傳》）王源植接替李貽孫為福建觀察使。《樊川集 陶祥處福建支使制》：守臣貽孫曰祥之學溫慎，可在賓階。朝廷賦稅減少。

孫景商為京兆尹。

孫簡分司東都。劉瑑為河南。鄭魯為河南尹。

十一月，中書舍人杜牧病卒于長安安仁坊宅中，年五十。

張祜去世。

宋若荀往廬山。李商隱《憶匡一師》：「無事經年別遠公，帝城鐘曉憶西峰。爐煙銷盡寒燈晦，童子開門雪滿松。」「遠公」即白居易好友「自遠禪師」，「匡一」，《北夢瑣言李勳尚書發憤》條謂為王屋山僧。（五代孫光憲撰，賈二強點校：《北夢瑣言》，北京，中華書局2002年6月第一版，第52頁。）

宋若荀經廬山到岳陽，為李遠作《早春寄岳州李使君，李善棋愛酒，情地嫻雅》：「朔漠暖鴻去，瀟湘春水來。分符潁川政，調屈洛陽才。烏林芳草遠，赤壁健帆開。往事空遺恨，東流豈不回。拂匣調珠柱，磨鉛勘玉杯。棋翻小局勢，爐撥凍醪醅。此與余非薄，何時得奉陪？」

宋若荀隨白敏中往西川。雞山起義被鎮壓後，二月，韓瞻為招討使，李商隱作《迎寄韓魯州同年》：「積雨晚騷騷，相思正鬱陶。不知人萬里，時有雙燕高。寇盜纏三輔，莓苔滑百牢。聖朝推衛霍，歸日動仙曹。」

九月，獠寇昌、資二州。（《新唐書　本紀八　宣宗》）宋若荀為南平獠亂往渝州，川中因徵兵重稅民心不穩，宋若荀主動向朝廷提出睦鄰對策，經安康、漢中到往川中協助杜悰處理事務。時杜悰在西川，《今月二日，不自量度，輒以詩一首四十韻干瀆尊嚴，伏蒙仁恩，俯賜披閱，獎踰其實，情溢于辭，顧惟疏蕪，曷用酬戴，輒復五言四十韻詩獻上，亦詩人詠嘆不足之意也》：「家擅無雙譽，朝居第一功。四時當首夏，八節應條風。滌濯臨清濟，巉巖倚碧嵩。鮑壺冰皎潔，王佩玉叮咚。處劇張京兆，通經戴侍中。將星臨迴夜，卿月麗層穹。下令銷秦盜，高談破宋聾。含霜太山竹，拂霧嶧陽桐。樂道乾知退，當

官塞匪躬。服箱青海馬，入兆渭川熊。固是符真宰，徒勞讓化工。鳳
池春激灩，雞樹曉瞳曨。願守三章約，嘗期九譯通。薰琴調大舜，寶
瑟和神農。慷慨資元老，周旋值狡童。仲尼羞問陣，魏絳喜和戎。款
款將除蠱，孜孜欲達聰。所求因渭濁，安肯與雷同。物議將調鼎，君
恩忽賜弓。開吳相上下，全蜀占西東。銳卒魚銜餌，豪胥鳥在籠。疲
民呼杜母，鄰國仰羊公。置驛推東道，安禪合北宗。嘉賓增重價，上
士悟真空。扇舉遮王導，樽開見孔融。煙飛愁舞罷，塵定惜歌終。岸
柳兼池綠，園花映燭紅。未曾周顗醉，轉覺季心恭。繫滯喧人望，便
蕃屬聖衷。天書何日降，庭燎幾時烘。早歲乖投刺，今晨幸發蒙。遠
途哀跛鱉，薄藝獎雕蟲。故事曾尊隗，前修有薦雄。終須煩刻畫，聊
擬更磨礱。蠻嶺晴留雪，巴江晚帶楓。營巢憐越燕，裂帛待燕鴻。自
苦誠先蘗，長飄不後蓬。容華雖少健，思緒即悲翁。感激淮山館，優
游碣石宮。待公三入相，丕祚始無窮。」是寫給杜悰的，除了向杜悰
再次請求幫助之外，還希望杜悰繼續向皇帝請求封賞宋若荀。

　　宋若荀經巴江向渝州，李商隱《巴江柳》：「巴江可惜柳，柳色綠
侵江。好向金鑾殿，移陰入綺窗。」當年如果不是進入宮中，那有後
來的種種厄運啊！

　　李商隱隨柳仲郢往江陵，李商隱《病中聞河東公樂營置酒口占寄
上》：「聞駐行春旗，中途賞物華。緣憂武昌柳，遂憶洛陽花。稽鶴元
無對，荀龍不在誇。只將滄海月，常壓赤城霞。興欲傾燕館，歡于到
習家。風長應側帽，路隘豈容車？樓迴波窺錦，窗虛日弄紗。鎖門金
了鳥，展幛玉鴉叉。舞妙從兼楚，歌能莫雜巴。必投潘岳果，誰擟禰
衡撾。刻燭當時忝，傳杯此夕賒。可憐漳浦臥，愁緒獨如麻。」謂宋
若荀流落江邊，希望取得他的幫助。

　　再次經巴東，李商隱《柳下暗記》：「無奈巴南柳，千條傍吹臺。
更將黃映白，擬作杏花媒。」《柳 柳映江潭》：「柳映江潭底有情，

望中頻遣客心驚。巴雷隱隱千山外，更作章臺走馬聲。」為經過襄陽時作。

回長安，在青龍寺見到盛開牡丹，作《僧院牡丹》，「葉薄風才倚，枝輕霧不勝。開先如避客，色淺為依僧。粉壁正蕩水，湘帷初卷燈。傾城惟待笑，要裂幾多繒？」以《帝王世紀》：「妹喜好聞裂繒之聲，桀為發繒裂之，以順其意。」諷刺宋若荀當年曾為皇帝寵妃。

宋若荀住在土門孫家，李商隱《贈孫綺新及第》：「長樂遙聽上苑鐘，彩衣稱慶桂香濃。陸機始擬誇《文賦》，不覺雲間有士龍。」

宋若荀與李商隱灞橋送別，李商隱作《灞岸》感慨：「山東今歲點行頻，幾處冤魂哭虜塵。灞水橋邊依華表，平時二月有東巡。」再次挖苦她當年隨皇帝東巡。

宋若荀往河中，時崔璪為河中，《樊川集 授崔璪刑部尚書制》中有：「左省駁議，不畏強禦，分憂陝服，尹茲東郊，政既安人，化能被俗」。宋若荀又往華山。李商隱《送阿龜歸華》：「草堂歸意背煙蘿，黃綬垂腰不奈何。因汝華陽求藥物，碧松根下茯苓多。」謂宋若荀往華山隱居。

宋若荀離開長安往南方，經商山，李商隱有《春光》：「日日春光鬥日光，山城斜路杏花香。幾時心緒渾無事，得及游絲百尺長？」

在楚州，李商隱有《城上》：「有客虛投筆，無聊獨上城。沙禽失侶遠，江樹著陰輕。邊遽稽天討，軍需竭地征。賈生游刃極，作賦又論兵。」不滿朝廷連年用兵、橫徵暴斂。

大中七年白敏中移鎮西川，宋若荀隨軍往川中處理吐蕃事務，宋若荀經湘西向復州，再到江東，李商隱《崔處士》：「真人塞其內，夫子入于機。未肯投竿起，惟歡負米歸。雪中東郭履，堂上老萊衣。讀遍先賢傳，如君事者稀。」謂宋真人塞心如淵，而崔處士不事機心，惟孝順父母，讀書自賢。

　　宋若荀回江南後又向北。李商隱在盱眙作《有感 中路因循》：
「中路因循我所長，古來才命兩相妨。勸君莫強安蛇足，一杯芳醪不
得嘗。」以屈原《九辨》：「然中路而迷惑兮，自厭安而學誦。」韓愈
詩句「多才自勞苦，無用只因循」，謂自己當年迷惑，如今無用，不
如宋若荀多才而勞苦，所以她看不起我，不要勉強和白費勁，免得連
酒都喝不好。

　　李商隱由西川推獄回，柳仲郢認為既然宋若荀已經不願再與李商
隱來往，乃介紹張懿仙，李商隱推辭柳仲郢作伐。李商隱在《上河東
公啟》中說：「兩日前，與張評事處伏睹手筆，兼評事傳旨意，于樂
籍中賜一人以備紉補。」李商隱一方面表示接受柳仲郢的好意，但自
己「悼傷以來，光陰未幾。梧桐半死，才有述哀；靈光獨存，且兼多
病」，表示婚姻必須兩心相許，自己不能忘懷過去情事。另一方面他
也向柳仲郢解釋：「檢庾信荀娘之啟，常有酸辛；詠陶潛通子之詩，
每嗟漂泊。」庾信有《謝趙王賚息荀娘絲布啟》，陶潛《責子詩》中
「通子年九齡，但覓梨與栗。」「眷言息胤，不暇提攜，或小於叔夜
之男，或幼于伯嗒之女」，袞師當時六歲，幼小的兒女缺少母愛，心
裡的酸辛難以形容；「至於南國妖姬，叢臺妙妓，雖有涉於篇什，實
不接於風流。」用曹植《雜詩》：「南國有佳人，容華若桃李。」《名
都賦》：「名都多妖女，京洛出少年。」《七啟》：「才人妙妓，遺世絕
俗。」對於少年時代就知己的「佳人」雖風花雪月有應酬，但早已不
涉於風流，「寧復河裡飛星，雲間墮月，窺西家之宋玉，恨東舍之王
昌？」（《上河東公啟》）以謝靈運《東陽溪中贈答詩》：「可憐誰家
婦，綠流灑素足。明月在雲間，迢迢不可得。可憐誰家郎，綠流乘素
舸。但問情若為，月就雲間墮。」至今宋若荀和我都不能忘懷舊情，
何必再次重蹈覆轍，讓「東家子」宋若荀更加地怨恨我呢！「誠出恩
私，非所宜稱。伏惟克從至順，惕寢前言，使國人盡保展禽，酒肆不

疑阮籍。」你的好意我領了，這件事還是算了吧。

李商隱作《唐梓州慧義精舍南禪院四證堂碑》：「聖敬文思和武光孝皇帝陛下在宥七年，尚書河東公作四證堂于梓州慧義精舍之南禪院，圖益州靜眾無相大師、保唐無住大師，與洪州道一大師、西堂智藏大師四真形于屋壁，化身作範，南朝則閣號三休；神足傳芳，東蜀則堂名四證。」「我幕府河東公諱鳴文苑，陟降朝階。作我上都，統以京兆，貞能蕩蠱，正可辟邪。問道天官，假道雒宅。」李商隱自出財帛於長平山慧義精舍創石壁五間，金字勒《妙法蓮華經》七卷。其中有「江西廉使大夫汝南公，黃中秉德，業尚資任。」即指大中四年至七年為江西觀察使的周敬復。李商隱作《道士胡君新井偈銘》，謂「尚書河東公作鎮之三載也。」

李商隱為柳仲郢作《為河東公謝相國京兆公啟一》云：「今月某日，得當道萬安驛狀報，伏承遣兵馬使陳朗賚弊帛鞍馬辟召小男者。未敢尋望，遽茲聞喜。」指柳仲郢子柳珪為幕僚事。又，《為河東公謝相國京兆公第二啟》中「伏蒙辟署某第二子前鄉貢進士珪充攝劍南西川安撫巡官並賜公牒舉者」，亦為此事。「某去月得楊侍御書題，微傳風旨。」楊侍御，西川幕官楊收，與楊嚴兄弟兩為判官。《為柳珪上京兆公謝辟啟》中「今月六日辰時，輒奉辟書，具聞晨省，仰承嚴旨，便定行期。」《為柳珪上京兆公謝馬啟》等，均為柳仲郢子柳珪入幕事。《新唐書 柳珪傳》：「杜悰表在幕府，久乃至。會悰遷淮南，歸其積俸，珪不納。」《為柳珪上京兆公謝衣絹啟》中「去春成名，首秋歸覲」，為其遲遲未至說明原因。為柳仲郢作《為河東公謝西川相國京兆公啟》，為柳仲郢子柳珪（大中九年進士）應杜悰辟遲遲未去道歉，「某啟：金月某日，得當道萬安驛報，伏承潛兵馬使陳朗賚幣鞍馬辟召小男者，未敢尋盟，遽茲聞喜。遐瞻閬閬，恨乏羽毛。⋯⋯慕義無窮，措詞莫盡。攀附惶戢，不能究陳。謹啟。」《為

河東公復相國京兆公第二啟》「今月某日，潘押衙侍御至。伏蒙仁恩，榮賜手筆數幅。伏承鳳詔已頒，鷁舟期艤。日臨端午，路止半千，不獲親祝松年，躬攀檜楫。」「伏承本府已有追符，即日徑須上路，倚大夏之節杖，入彭澤志籃輿。」因柳珪久不至，辭之。（《新唐書 柳珪傳》）

　　李商隱《獻相國京兆公啟二》文中「若某者，幼常刻苦，長實流離。鄉舉三年，纔霑下第；宦遊十載，未過上農。」《漢書 司馬相如傳》：「長卿久宦遊不遂，而困來過我。」文中言及「去前月二十四日，誤干英眄，輒露微才。八十首之寓懷，幽情罕備；三十篇之擬古，商較全疏。」想來已對他和宋若荀境況有所瞭解，其中「始榮攀奉，俄嘆艱屯。以樂廣之清羸，披揚雄之瘨眩。遙煩攻療，旋曠趨承。遊梁苑以無期，竄漳濱而有日。引以游丁鰥子，不忍羈孤，其既迫于從公，力遂乖于攜幼。安仁揮涕，奉倩傷神。男小于嵇康之男，女幼于蔡邕之女。」我境遇艱難，宋若荀則流浪于江濱，又以潘岳《悼亡詩》：「撫衿長嘆息，不覺涕霑胸」《魏志 荀彧傳》：「《晉陽秋》曰：『荀粲字奉倩，婦病亡未殯，傅嘏往唁粲，粲不哭而神傷。』」《後漢書 陳留董祀妻傳》：「同邑蔡邕之女也，名琰，字文姬。」謂幼男嬌女，王氏妻頭生為女，袞師與女兒相差六歲，女兒此時十二歲，因此有學者說此女「則為袞師之妹矣」（劉學鍇、余恕誠編：《李商隱文編年校注》，北京，中華書局，2002年3月第一版，第五冊第1931頁。），後來的《上河東公啟》中有「或小于嵇康之男，或幼于伯喈之女」，可見那時女兒九歲左右，但李商隱沒有第二個女兒。「恐本府已有追符，即日徑須上路，倚大夏之節杖，入彭澤之藍輿。不復拾級賓階，致辭公府。」即將策邛竹杖、扶轎杆而向江陵。文末署名「差官李商隱侍御」，為回江陵前謁見杜悰，所用為舊銜。

　　四月，西川節度使杜悰遷淮南節度使，即將從西川移鎮揚州，沈

詢《授劍南西川節度杜悰淮南節度使制》:「朕以禹貢九州,淮海為大,幅員八郡,井賦甚殷。分閫群雄,列鎮罕比,通彼漕運,京師賴之。自江以南,今聞歲欠,黎民稍困,流庸是虞。黃霸在位,朕無憂焉。汝為司空,兼兼邦憲,務遵訓誡,勉宏休績。」又作《為河東公謝相國京兆公第三啟》:「伏承別紙榮示,欲令男珪仰從麾旆,感激重顧,寢興失常。相公爰自奧區,將臨巨鎮。當求國器,以耀戎旃。渠書劍無聞,癡黠相半。昨者繆蒙與國,命廁群僚。發遣以來,憂慚未定,豈可再升上榻,重託後車?」謂無顏再為柳圭請淮南幕;「以渠將遠依役,猶須教督,伏望許乘驛馬,假道弊藩,三五日即傍小舟,倍程下水,必令界內,得及軍前。」可見已多次延誤。《為河東公復相國京兆公啟》中「已遣某職鮮于位奉啟狀謁賀新寵。伏承決取峽路,東指廣陵。」「今遣節度判官李商隱侍御,往渝州及界首以來,備具籩牽,指揮館遞。」端午前又作《為河東公復相國京兆公第二啟》。

五月,李商隱寫信給中書舍人、翰林學士韋澳,《與丁(韋)學士狀》中「某才謝適時,仕無名略。久乘亭障,長奉鼓鼙。猿臂漸長,燕頷相誤。弊廬仍在,白首未歸。顧皋壤而興嗟,念路歧而增嘆。當依餘眷,庶愜後圖。仰望音徽,不勝丹赤。」為常年為邊塞要路軍中戍守,如李廣猿臂,而不像班超萬里封侯,希望如潘岳《金谷集作詩》中所言與宋若荀「白首同所歸」,而不要像揚子那樣與其歧路而泣之。為此請求韋澳幫助,能儘早調回長安。

宣宗示意韋澳採撰各郡風俗物產,韋澳邀請宋若荀往中書省參與此事。「澳乃取十四道方志,手加編次,題為《處分語》。後鄧州刺史薛弘宗中謝,帝敕戎州事,人人驚服。」(《新唐書 列傳九十五 韋澳》)宣宗詢問各地治守、風俗民情,宋若荀希望宣宗能採納她在邊疆地區所見,以誠信求睦鄰,但皇帝召見時只對各地風物感興趣,不

是真正愛才用人。

大中六年七月，以起居郎庾道蔚充翰林學士。(《翰苑群書重修承旨學士壁記》：道蔚大中六年七月十五日自起居舍人充。七年九月十九日加司封員外郎。九年八月十三日加駕部郎中知制誥，並依前充。十年正月十四日守本官出院，尋除連州刺史。) 李商隱在長安作《贈庾十二朱版》：「固漆投膠不可開，贈君珍重抵瓊瑰。君王曉坐金鑾殿，只待相如草詔來。」以表祝賀。

西掖為宣政殿前西掖門中書省，《新唐書 列傳九十一 令狐綯》：「夜對禁中，燭盡，帝以乘輿、金蓮華炬送還，院吏望見，以為天子來。及綯至，皆驚。」李商隱得知此事後作《令狐舍人說昨夜西掖玩月因戲贈》：「昨夜月輪明，傳聞近太清。涼波衝碧瓦，曉暈落金莖。露索秦宮井，風絃漢殿箏。幾時綿竹頌，擬薦子虛名。」希望他幫助當年在秦井「露聲桃井上」(《古樂府》) 的宋若荀，向皇帝陳言幫助平反，並且推薦故人。

宋若荀回江東，李商隱作《江東》：「驚魚潑刺燕翩翩，獨自江東上釣船。今日風光太飄蕩，謝家輕絮沈郎錢。」表達無可奈何心緒。

朝廷徵召，宋若荀經徐州沛縣往長安，經新豐，李商隱有《題漢祖廟》：「乘運盈須宅八荒，男兒安在戀池隍？君王自起新豐後，項羽何曾在故鄉！」

入潼關，在潼關西平王太尉李愬故宅暫住，李商隱有《關門柳》：「永定河邊一行柳，依依長髮故年春。東來西去人情薄，不為清蔭減路塵。」又作《為潼關鎮使張珖補後院都知兵馬使兼押衙牒》，其中「頃分職近關，別屯要地。時奮猿臂，誓探虎雛。既守禦有經，諒追奔之可犯。況又秦中共事，海內相從。酬知能誓於始終，於役不辭其暴露。脂車秣馬，昔嘗為我以前驅；被甲執兵，今合撫予之後勁。」《史記 孟子荀卿傳》：「蓋墨翟，宋之大夫，善守禦，為節用。」

李陵《答蘇武書》:「追奔逐北。」《詩 王風 君子于役》:「君子于役,不知其期。」《此文不僅是對張琚讚揚,也涉及宋若荀經歷,謂其如宋大夫墨翟、漢蘇武那樣與張琚一起北征,又都在秦中共事。

宋若荀向皇帝建議採取進一步睦鄰政策,宣宗不悅,宋若荀經渭南、大荔渡河到任中丞河中。李商隱《奉同諸公題河中任中丞新創河亭四韻之作》:「萬里誰能訪十洲,新亭雲構壓中流。河鮫縱玩難為室,海蜃遙驚恥化樓。左右名山窮遠目,東西大道鎖輕舟。獨流巧思傳千古,長與蒲津作勝遊。」恭維任中丞所修浮橋構造宏偉。

任憲,字亞司,高宗相雅相來孫也;易定節度使任迪簡之子。李商隱作《上任郎中狀》,以「十九兄」稱呼,希望「伏以華省名曹,南台雜事,秩雖亞於獨坐,事實同於二丞」,謂居於高位任憲具有一定權力(《北堂書抄漢舊儀》:「御史中丞,朝會獨坐,出討奸猾,內與尚書令、司隸校違會同,皆專席,京師號之『三獨坐』也。」「在望實之猶歸,固選倚而為重。竊惟後命,且踐中司。詎比晉臣,獨號一台之妙;豈同梁代,先資八福之祥?」《晉書溫嶠傳》:「願遠存周禮,近參人情,則望實惟允。」《晉書衛瓘傳》:「瓘拜尚書令,與尚書郎索靖俱善草書,時人號為『一台二妙』。」《梁書樂藹傳》:「藹,天監初,遷御史中丞,初,藹發江陵,無故於船得八車輻,如中丞健步避道者,至是果遷焉。」當年都善於書法,將來必獲升遷;「望赤棒以兢魂,想絳紗而增戀」,絳紗帳指師門、講席,請不要為當年「華省名曹、南台雜事」計較,也不要因疏於交通而無情,把一切怨恨都歸到我身上,想想當年一起學詩的情分,幫助一下宋若荀吧!

蕭侍郎蕭鄴,《新唐書 蕭鄴傳》:「及進士第,累遷監察御史,翰林學士,出為衡州刺史。大中中,召還翰林,拜中書舍人。遷戶部侍郎,以工部尚書同平章事。」《學士壁記》:「蕭鄴大中五年正月自考功郎中充翰林學士。二月一日加知制誥,七月十四日遷中書舍人。六

年七月二十七日加承旨，七年六月十二日遷戶部侍郎知制誥，依前
充。八年十二月十八日守本官，判戶部出院。」李商隱《為舉人上翰
林蕭侍郎（鄴）啟》中：「況從近歲，且有外虜。傅介子在樓蘭國
中，奇功未就；班仲升于玉門關外，報命猶賒。雖太平之業已隆，而
震耀之威尚作。侍郎又綢繆武帳，密勿皇闈。九天九地之兵，寧因舊
學？七縱七擒之術，固已玄通。用視草之功，解按劍之怒。手為天
馬，心繪國圖。九重之中，暫煩前箸；萬里之外，輒散衡車。位誠在
于論思，功已參于撫鎮。」《漢書 傅介子傳》：「介子與樓蘭王坐飲，
陳物示之，飲酒皆醉。謂王曰：『天子使我私報主。』王起，隨介子
入帳中屏語，壯士二人從後刺之，刃交胸，立死。遂持王首還詣闕，
封介子為義陽侯。」《後漢書 班超傳》：「焉耆王廣，尉犁王汎及北鞬
支等相率詣超。超吏士收廣、汎等于陳睦故城，斬之，傳首京師。更
立元孟為焉耆王。於是西域五十餘國悉皆納質內屬焉。」謂宋若荀曾
在西北邊境立下功勞，但至今未有封賞；「若某者陋若左思，醜通王
粲，鬢眉不及于崔琰，腰腹無預于鄭玄。若值庭蘭，固多慚德；如逢
巖電，不望齊名。重以惠劣禰生，專非董生，殊顏回之易鑄，若宰我
之難雕。徒欲萬卷咸披，且乏五行俱下。叨從歲賦，勉致文編。戶戶
醬瓿，唯聞見辱；人人齏臼，不肯留題。再困于魚登，一慚于雁序。
然天付直氣，家傳義方。雖在顓蒙，不苟述作。《廣絕交》之論，抑
有旨焉；移太常之書，非無為也。」《魏志》：「蔡邕聞王粲在門，倒
履迎之。粲至，年既幼弱，容狀短小，一座盡驚。邕曰：『此王公孫
也，有異才，吾不如也。』」《晉書 王戎傳》：「戎字濬沖，父渾。戎
幼而穎悟，神采秀徹，視日不眩，裴楷見而目之曰：『戎眼爛爛如巖
下電。』戎年十五，少阮籍二十歲，謂渾曰：『與卿言，不如共阿戎
談。』」《漢書 揚雄傳》：「以為經莫大于《易》，故作《太玄》。劉歆
觀之，謂雄曰：『今學者上不能明《易》，又如《玄》何？吾恐後人用

覆醬瓿也。』」《世說》：「魏武帝嘗過曹娥碑下，楊修從。碑背上見題作『黃絹幼婦，外孫齏臼』八字，修曰：『黃絹，色絲也，于字為『絕』；幼婦，少女也，于字為『妙』；外孫，女子也，于於字為『好』；齏臼，受辛也，于字為『辭』，所謂絕妙好辭也。』」謂宋若荀文才出眾，雖若魚困龍門，但著述不休，一絲不苟，且明易理，用於治軍。《南史 任昉傳》：「昉好交結，獎進士友，時人慕之，號曰『任君』，言如漢之三君也，及卒，其子流離，不能自振，生平舊交，莫有收恤。西華冬月著葛披練裙，道逢平原劉孝標，泫然矜之，乃著《廣絕交論》以譏其舊交。到溉見其論，抵几於地，終深恨之。」《漢書》：「劉歆欲建立《左氏春秋》及《毛詩》、《逸禮》、《古文尚書》皆列于學官。哀帝令歆與五經博士講論其義，諸博士咸不肯置對，歆因移書太常博士責讓之。」此文與《為舉人獻韓郎中琮啟》用意相通，為推薦宋若荀而作，希望蕭鄴振拔故人，將其納入翰林院從事著述。

　　魏謩，字申之，鉅鹿人。《舊唐書 魏謩傳》：「五代祖文貞公徵。謩大和七年登進士第。文宗以謩魏徵之裔，頗奇特之。至宣宗大中二年，為御史中丞，兼戶部侍郎。尋以本官同平章事，兼集賢大學士。十年，以本官同平章事成都尹西川節度使。謩儀容魁偉，言論切直。上前論事他宰相必委屈軌諷，唯謩讜言無所畏避。宣宗每曰：『魏謩綽有祖風，名公子孫，我心重之。』然竟以語詞太剛為令狐綯所惡，罷之。」謩為相，大中五年十月；罷相鎮蜀，十一年二月。李商隱作《為某先輩獻集賢相公（魏謩）啟》，《唐摭言 進士篇》：「互相推敬謂之先輩，俱捷謂之同年。」文中「若某者剖心寡竅，對面多牆。小比焦螟，敢矜巢窟；微同觸氏，寧務戰爭？徒以簪紱承家，階庭受訓，堂中得桂，已有前叨；幕下開蓮，仍當後忝。所宜括囊無咎，彩服為榮，絕方朔之上書，罷禰衡之投刺。」《史記 殷本紀》：「比干強

諫紂，紂怒曰：『吾聞聖人心有七竅，剖比干，觀其心，』」《書 孔傳》：「人而不學，其猶正牆面而立也與！」《孝子傳》：「老萊子年七十，父母俱在，至孝蒸蒸，常著斑斕之衣。」其中與比干諫言、多學詩藝、參與戰事、孝敬老人的「先輩」即宋若荀；「直以措心賢路，誓志昌時，既慕義無窮，思有道則見。」《漢書 劉向傳》：「更生使其外親上言進望之等，以通賢者之路。」《論語 公治長》：「子謂南容，邦有道，不廢；邦無道，免于刑戮。」又《衛靈公》：「邦有道，則仕；邦無道，則可卷而懷之。」「希陪上士之流，終預群仙之末。」希望透過魏薈通賢路、仕於有道之邦。

大中六年，河東節度使李業由殺降虜徙滑州，大中七年六月，盧鈞復檢校司空、太原尹、北都留守、河東節度使，沈詢《授盧鈞太原節度使制》：「屢委戎奇，亟聞獻功，番禺清紹禰隱之，江漢愛侔禰叔子，壺關所復，污俗維新，授鉞夷門，薦舉方策。今義塞垣未靜，虜族多虞，莫善綏懷，愈生疑貳，道路漁奪，兇殘鷗張，尚念前勞，猶寬肆伐，爰則代時之器，式觀御眾之能，輟于朝端，俾之鎮府。」盧鈞復檢校司空、太原尹、北都留守、河東節度使，即將出師黑水，宋若荀亦將隨軍參謀，往北疆參與少數民族事務的處理。宣宗《加盧鈞尚書左僕射制》：「由嶺表而至太原，五換節鉞，仁聲載路。宜升揆路，以表群僚。」

李商隱作《寄太原盧司空三十韻》：「隋艦離淮甸，唐旗出井陘。斷鼇搘四柱，卓馬濟三靈。祖業隆盤古，孫謀復大庭。從來師俊傑，可以煥丹青。舊族開東岳，雄圖奮北溟。邪同獬豸觸，樂伴鳳凰聽。酣戰仍揮日，降妖亦鬥霆。將軍功不伐，叔舅德惟馨。雞塞誰生事，狼煙不暫停。擬填滄海鳥，致競太陽螢。內草才傳詔，前茅已勒銘。那勞出師表，盡入大荒經。德水縈長帶，陰山繞畫屏。只憂非緊肯，未覺有膻腥。保佐資衡漠，扶持在杳冥。乃心防暗室，華髮稱明廷。

按甲神初定，鳴聲思欲醒。羲之當妙選，孝若近歸寧。月色來侵幌，詩成有轉櫨。羅含黃菊宅，柳惲白萍汀。神物龜酬孔，仙才鶴姓丁。西山童子藥，南極老人星。自傾徒窺管，於今愧挈瓶。何有叨末席，還得叩玄扃。莊叟虛悲雁，終童漫識騧。幕中雖策劃，劍外且伶俜。侯侯行忘止，鰥鰥臥不瞑。身應瘁于魯，淚欲溢為滎。禹貢思金鼎，堯圖憶土鉶。公乎來入相，王欲駕雲亭。」謂朔方狼煙又起，陰山戎狄又亂。秉告盧鈞，宋若荀大中年後曾因生計無著由道姑裝扮改成僧人，「臨川得佛經」，是謂「小智」，「目傾徒窺管，于今愧挈瓶。何有叨末席，還得叩玄扃。」指宋若荀大中年後「臨川得佛經」，是謂「小智」（《左傳》：雖有挈瓶之智，守不假器。），無論是用於民族事務調解還是生活所迫，都是無可奈何，還望盧鈞能原諒她，這是大中年間李商隱為戀人向盧鈞請求再次幫助的詩信。

大中五年至七年，田牟為靈武。李商隱《少將》：「族亞齊安陸，風高漢武威。煙波別墅醉，花月後門歸。青海聞傳箭，天山報合圍。一朝攜劍起，上馬即如飛。」吐蕃「舉兵，以七寸金箭為契。百里一驛，有急兵，驛人臆前加銀鶻，甚急，鶻益多。」（《新唐書 列傳第一百四十一上 吐蕃上》）因此李商隱詩中有「青海聞傳箭，天山報合圍」句，當年曲江別墅裡人，如今經歷了青海、天山戰爭，當年少年友人田某成了將軍。

宋若荀參與西征。渾瑊貞元十五年薨於蒲，李商隱《渾河中》：「九廟無塵八馬回，奉天城壘長春苔。咸陽原上英雄骨，半向君家養馬來。」謂當年功臣今在咸陽為皇帝養馬。

宋若荀隨劉潼往靈武參謀邊事，經成紀隴州帶塞外，李商隱作《征步郎》：「塞外虜塵飛，頻年度磧西。死生隨玉劍，辛苦向金微。」指宋若荀身帶李商隱端午節送給她的玉劍從軍，經過青海和沙漠向阿爾金山。

八月，戰事結束，宋若荀回長安，經興平，李商隱《馬嵬二首》：「冀馬燕犀動地來，自埋紅粉自成灰。君王若道能傾國，玉輦何由過馬嵬。海外徒聞更九州，他生未卜此生休。空聞虎旅傳宵柝，無復雞人報曉籌。此日六軍同駐馬，當時七夕笑牽牛。如何四紀為天子，不及盧家有莫愁。」

宋若荀住在東門張水部宅中。李商隱《雨摵摵度瓜園》：「摵摵度瓜園，依依傍竹軒。秋池不自冷，風葉共成喧。窗迥有時見，簷高相續翻。侵宵送書雁，應為稻粱恩。」宋若荀在杜牧幫助下得到平反，被正式安置在中書省。

在曲江、慈恩寺和楚國寺舊地重遊，李商隱有《碧城三首》：「碧城十二曲欄杆，犀辟塵埃玉辟寒。閬苑有書多附鶴，女床無樹不棲鸞。星沉海底當窗見，雨過河源隔座看。若是曉珠明又定，一生長對水晶盤。對影聞聲已可憐，玉池荷葉正田田。不逢蕭史休回首，莫見洪崖又拍肩。紫鳳放嬌銜楚佩，赤麟狂舞撥湘弦。鄂君悵望舟中夜，繡被焚香獨自眠。七夕來時先有期，洞房簾箔至今垂。月輪顧兔初生魄，鐵網珊瑚未有枝。檢與神方教駐景，收將鳳紙寫相思。武皇內傳分明在，莫道人間總不知。」

青龍寺位於陝西西安市城東南鐵爐廟村北的樂遊原上，賈島、樓白去世，友人們弔唁。

宣宗嘉獎宋若荀在邊疆事務中功勞，不僅因為採納她的睦鄰主張，更是欣賞她在西征途中詩篇。宋若荀以陸機「天道夷且簡，人道險而難」自警，政治漩渦已經使宋若荀餘悸，人事糾葛使宋若荀厭倦，她以陸機當年為人所讒臨亡前遺憾：「窮通，時也；遭遇，命也。古人貴立言，以為不朽，吾子書未成，以此為恨耳！」（《太平御覽》卷六百二引《抱朴子》，第三冊，第2709頁。）自警，決心離開長安，以塾師身分終老。

　　接到朝廷指派東南巡視事宜，《長安志》：「街東光福里有伊慎宅。」李商隱作《過伊僕射舊宅》：「朱邸方酬力戰功，華筵俄嘆逝波窮。回廊簷斷燕飛去，小閣塵凝人語空。幽淚欲乾殘菊露，餘香猶入敗荷風。何能更涉瀧江去，獨立寒秋弔楚宮。」

　　李商隱在南塘作《水齋》：「多病欣依有道邦，南塘晏起想秋江。捲簾飛燕還拂水，開戶暗蟲猶打窗。更閱前題已批卷，仍斟昨夜未開缸。誰人為報故交道，莫惜鯉魚時一雙。」以《論語 衛靈公》：「邦有道則仕，邦無道則可卷而懷之。」指宋若荀往海外，希望宋若荀經常來信告知音訊。

　　宋若荀經華山往中條山，李商隱《華山題王母祠》：「蓮花峰下鎖雕梁，此去瑤池地共長。好為麻姑到東海，勸栽黃竹莫栽桑。」

　　又經風陵渡由陝州到洛陽，李商隱作《次陝州先寄源從事》：「離思羈愁日欲晡，東周西雍此分途。回鑾佛寺高多少，望盡黃河一曲無？」

　　宋若荀到東阿，李商隱《東阿王》：「國事分明屬灌均，西陵魂斷夜來人。君王不得為天子，半為當年賦洛神。」以曹植自比，言外之意謂仕途不順也有當年與宋若荀來往原因。李商隱有《奉寄安國大師兼簡子蒙》：「憶昔蓮花座，兼聞貝葉經。巖光分蠟屐，澗響入銅瓶。日下徒推鶴，天涯正對螢。魚山羨曹植，眷屬有文星。」是在登州魚山羨慕安國大師知玄、盧貞一樣能與曹植和宋若荀為「眷屬」，自己反倒難以和宋若荀親近。

　　在青州，李商隱作《所居》：「窗下尋書細，溪邊坐石平。水風醒病酒，霜日曝衣輕。雞黍隨人設，蒲魚得地生。前賢不無謂，容易即遺名。」謂其所居在子路家鄉留下賢名。

　　宋若荀送新羅使者歸來後往丹陽，又到浙東嵊州監試，在天臺停留。

《樊南乙集序》中「大中七年十月，弘農揚本勝（楊漢公子）始
來軍中，懇索所有四六。」李商隱《楊本勝說於京都見小男阿袞》：
「聞君來日下，見我最嬌兒。漸大啼應數，常貧學恐遲。寄人龍種
瘦，失母鳳雛癡。語罷休邊角，清燈兩鬢絲。」慨嘆兒女寄在長安親
戚家，因失去母親乏人照顧，恐怕不能及時接受教育。

七年十一月，劉瑑遷檢校工部尚書、汴州刺史、宣武軍節度使。
李商隱有《為崔（福）從事寄尚書彭城公（瑑）啟》，為其有轉往劉
瑑宣武幕之意，「擁節浚郊，建牙隋岸」，「去歲洛陽，護陪良宴」，是
回憶去年洛陽交往，「接漏天之霧雨，隔嶓冢之煙霜」，可見在宋若荀
大中六年由川中大涼山去南詔之後所作。

大中七年十一月杜牧病卒，年五十一。

十二月，一行經浙東天姥山往福建，李商隱從川中而來，在福建
長樂李商隱作《韓冬郎即席為詩相送，一座盡驚；他日余方追吟，連
霄侍坐俳回久之，句有老成之風，因成二絕。寄酬兼呈畏之員外》，
「十歲裁詩走馬成，桐花萬里丹山路。雛鳳清于老鳳聲。冷灰殘燭動
離情。劍棧風檣各苦辛，別時冰雪到時春。為憑何遜休聯句，瘦盡東
陽姓沈人。」以《山海經 南山經》：「丹穴之山有鳥焉，其狀如雞，
五彩而文，名曰鳳凰。」《晉書》：「陸雲幼時，閔鴻奇之，曰：『此兒
若非龍駒，當是鳳雛。』」「劍棧風檣各苦辛，別時冰雪到時春。為憑
何遜休聯句，瘦盡東陽姓沈人。」謂宋若荀要明年春天才能從嶺南萬
里歸來。原注：「沈東陽嘗謂何遜曰：『吾每讀卿詩，一日三復，終未
能到。余雖無東陽之才，而有東陽之瘦矣。』」其中與何遜相對「沈
東陽」即宋若荀。韓偓出生於會昌二年，此時十二歲，「十歲裁詩」
指他之前就會寫詩。

到鄭薰漳州、楊發廣州、經石岐海。

時韋澳由翰林學士、中書舍人轉京兆令，李商隱作《與丁（韋）

學士狀》中「自學士罷領南台,復回內署,朝政委重,時論愈歸。夫
一時效功,逐惡者鷹隼;千年呈瑞,應聖者鸞皇。擊搏殊能,翱翔異
品。當在紫庭無事,應《韶》《濩》以來儀;豈複白野有求,與雲羅而
並出?唯聽後命,爰副具瞻。」《左傳文公十八年》:「見無禮于其君
者,如鷹鸇之逐鳥雀也。」《後漢書仇覽傳》:「時考城令河內王渙,政
尚嚴猛。聞覽以德化人,置為主簿,謂覽曰:『主簿聞陳元之過,不
罪而化之,得無少鷹鸇之志耶?』覽曰:『以為鷹鸇,不若鸞鳳。』」
《宋書符瑞志》:「周成王少,周公旦攝政,鳳凰翔庭。成王援琴而歌
曰:『鳳凰翔兮于紫庭,余何德兮感靈?』」《左傳襄公二十九年》:「見
舞《韶濩》者。」杜預注:「殷湯樂。」李善印鄭玄注:「《韶》,舜
樂;《濩》,湯樂也。」《書益稷》:「《蕭韶》九成,鳳凰來儀。」孔穎
達傳:「儀,有容儀。備樂九奏而致鳳凰,則餘鳥獸不待九而率舞。」
可見之前宋若荀曾在韋澳手下,朝廷委韋澳以重任,時論甚佳。

　　是年李商隱五十五歲。

　　宋若荀四十九歲。

大中八年（甲戌，公元 854 年）

　　上自即位以來,以穆、敬、文、武諸帝為孽,宦官、外戚、乃至
東宮官屬,誅竄甚眾,慮人情不安。正月下詔停止追究,丙申,詔:
「長慶之初,亂臣賊子,頃搜撻餘黨,流竄已盡,其余族從疏遠者,
一切不問。」十月,以「甘露事變」唯李訓、鄭注當死,自餘王涯、
賈餗等無罪,詔皆雪其冤。(《資治通鑑 大中八年》)

　　七月丙辰,崔鉉檢校尚書左僕射、同平章事,充淮南節度使。
(《新唐書 宰相表》)十一月乙酉,裴休罷使。十二月癸巳,魏謨罷
戶部。五月,翰林學士承旨蕭寘遷戶部侍郎知制誥,依前充職。(《翰
苑群書重修承旨學士壁記》)段成式累遷尚書郎。(《舊唐書 本傳》)

敬晦為兗海。廣州節度使紇干泉以貪猥聞，貶慶王府長史、分司。(《東觀奏記》)三月，以山南東道節度使李景讓為吏部尚書；封敖為山南東道節度使。左丞蔣係出為興元節度使，至十一年。五月，以戶部侍郎、武功縣子蘇滌檢校兵部尚書、江陵尹、御史大夫，充荊南節度使，代楊漢公。八月，以司農卿鄭泗為夏綏銀。康季榮自徐州為涇原，田牟三為武寧。崔瑰為宣歙，徐商為河中。九月，以右散騎常侍高少逸為陝虢。周敬復入為尚書右丞，鄭祗德為江西。畢誠邠寧節度使。(《新唐書 本紀十八下 宣宗》)鳳翔節度使崔珙卒，裴識自涇原加檢校戶部尚書、鳳翔尹、鳳翔隴右節度使。(《舊唐書 裴識傳》)七月，淮南饑民多流亡，節度使杜悰荒于遊宴，政事不治；丁酉，以悰為太子太傅、分司。(《資治通鑑 大中九年》)劉潼數陳邊事，擢右諫議大夫，出為朔方、靈武節度使，至大中十一年。(《新唐書 卷一百四十九 劉晏傳附劉潼》)授李福夏綏節度，以善政聞，徙鎮鄭滑，再遷兵部侍郎、判度支。(《新唐書 李福傳》)李當為湖南，(《湖南志金石 魏深 題李當朝陽洞詩》：公自中書舍人，乘廉車問俗湖南，宣宗皇帝注意急徵。)代崔慎由。鄭魯為河南。南卓大中八年卒于黔南觀察使任。楊漢公為荊南節度使，坐貪沓，貶祕書監，尋拜同州刺史。(《新唐書 鄭裔綽》)

崔罕為京兆尹，內園巡官不避馬，杖之五十四方死。上赫怒。(《東觀奏記》卷中)五月，以中書舍人、翰林學士韋澳為京兆尹。(《舊唐書 本紀十八下 宣宗》)

雍陶大中八年自國子毛詩博士出刺簡州。

楊發改授太常少卿，出為蘇州刺史。

宋若荀到施肩吾澎湖，又往臺灣、琉球、扶桑、蘇祿。

李商隱在東川，《屬疾》：「許靖猶羈臣，安仁復悼亡。茲辰聊屬

疾，何日免殊方？秋蝶無端麗，寒花只暫香。多情真命薄，容易即迴腸。」謂宋若荀還在交州（廣西與越南交界），自己孤獨一人。

李琢為安南，宋若荀去交州、專城、真臘。李商隱作《天涯》：「春日在天涯，天涯日又斜。鶯啼如有淚，為濕最高花。」

秋，柳珪由淮南來川中省親。李商隱作《上河東公第二啟》，「近者財俸有餘，津梁是念。適衣勝絕，微復經營。伏以《妙法蓮花經》者，諸經中王，最尊最勝，始自童幼，常所維持。或公幹漳濱，有時疾癘。或謝安海上，此日風波。恍惚之間，感驗非少。今年于此州長平山慧以精舍經藏院，特刻石壁五間，金字勒上件經五卷。既成勝果，思託妙音。」請柳仲郢為之記文，可見此時李商隱已篤信佛教。《上河東公第三啟》答謝柳仲郢「賜撰《金字法華經記》一首」，文中「換骨唯望於一丸，剗身只求與半偈。豈謂尚書，載持夢筆，仰拂文星，入不二法門，住第一義諦。儒童菩薩，始作仲尼；金粟如來，方為摩詰。」與去年宋若荀等到武夷山幔亭事有關。

李商隱計偕送柳璧應考往長安，九月一日經劍閣鶴鳴山。大中六年至八年，蔣侑為劍州刺史，《輿地碑記目》卷四《隆慶府碑記 唐李商隱重陽亭銘》注：「大中八年，太守蔣侑創亭，李商隱序而銘之。」《全蜀藝文志》：「利州碑目有李義山碑在籌筆驛，因兵火不存。」為大中末同平章事蔣乂之子劍州刺史蔣侑、興元節度使蔣係（大中八年至十一年）弟兄作文《劍州重陽亭銘》，銘云：「伯氏南梁，重弓二茅。古有魯衛，唯我之曹。」末署「大中八年九月一日，太學博士河內李商隱撰」。蔣乂，常州宜興人，徙家河南，性銳敏。貞元間由白居易薦引其父集賢殿學士整理圖籍，得善本二萬卷，遷王屋尉，充太常理元修撰。九年擢右拾遺，史館修撰。德宗重其職，先召見延英，乃命之。十八年，遷起居舍人，轉司勳員外，皆兼任史職。（《新唐書列傳五十七 蔣乂》）蔣乂擔任史職二十年，每有大事議論，宰相未能

決，必諮訪之。蔣又五子：係、伸、偕知名，仙、佶皆位刺史。宋申錫被誣，係與常侍崔玄亮涕泣苦諍，申錫得不死。伸懿宗咸通二年為宰相。蔣又修《德宗實錄》，係修《憲宗實錄》，偕修《文宗實錄》，三史踵修國史，咸云「蔣氏日曆」。

馮浩云其長子應榴乾隆壬辰歲視學四川，次子省槐偕行，登眺劍門見《題劍閣詩》，下署名李商隱，搜尋得之，後檢薛逢集中題名為《劍門先寄上西蜀杜司空》，今為集外詩：「峭壁橫空限一隅，劃開元氣建洪樞。梯航百貨通邦計，鍵閉諸蠻屏帝都。西懾犬戎威北戎，南吞荊郢制東吳。千年管鑰誰熔範？只自先天造化爐。」

回到長安，看到宋若荀在長安主持家務，教導兒女，李商隱作《驕兒詩》：「袞師我驕兒，美秀乃無匹。文葆未周晬，固已知六七。四歲知名姓，眼不視梨栗。交朋頗窺觀，謂是丹穴物。前朝尚器貌，流品方第一。不然神仙姿，不爾燕鶴骨。安得此相謂，欲慰衰朽質。青春妍和月，朋戲渾甥姪。繞堂復穿林，沸若金鼎溢。門有長者來，造次請先出。客前問所須，含意下吐實。歸來學客面，闒敗秉爺笏。或謔張飛胡，或笑鄧艾吃。豪鷹毛崱屴，猛馬氣佶傈。截得青篔簹，騎走恣唐突。忽復學參軍，按聲喚蒼鶻。又復紗燈旁，稽首禮夜佛。仰鞭罥蛛網，俯首飲花蜜。欲爭蛺蝶輕，未謝柳絮疾。階前逢阿姊，六甲頗輸失。凝走弄香奩，拔脫金屈戌。抱持多反側，威怒不可律。曲躬牽窗網，衉唾拭琴漆。有時看臨書，挺立不動膝。古錦請裁衣，玉軸亦欲乞。請爺書春勝，春勝宜春日。芭蕉斜卷箋，辛夷低過筆。爺昔好讀書，懇苦自著述。憔悴欲四十，無肉畏蚤虱。兒慎勿學爺，讀書求甲乙。穰苴司馬法，張良黃石術。便為帝王師，不假更纖悉。況今西與北，羌戎正狂悖。誅赦兩未成，將養如痼疾。兒當速成大，探雛入虎穴。當為萬戶侯，勿守一經帙。」其中「階前逢阿姊，六甲頗輸失」，「或謔張飛胡，或笑鄧艾吃。……忽復學參軍，按聲喚蒼

鸛」，是褒師青龍寺觀看參軍戲後模仿戲中人物樣子，李商隱看到兒子聰明活潑，「前朝尚氣貌，流品方第一。不然神仙姿，不爾燕鶴骨。安得此相謂？欲慰衰朽質。」一方面驕傲自己兒子，一方面鄭重告誡人生經驗，謂不必走自己讀書路，以至於年近四十才中舉，如今西北邊境多事，你還是如某人那樣學習兵法吧。

李商隱《樊南乙集序》：「明年，記室（張黯）請如京師，復攝其事。自桂林至是，所為已五六百篇，其間可取者四百而已。」十一月十日夜，將「置京師不可取者，乃強聯桂林至是所可取者，以時類聚，為二十編。」編定《樊南乙集》，自序云：「三年以來，喪失家道，平居忽忽不樂，始刻意信佛。方願打鐘掃地，為清涼山行者，于文墨意緒闊略……此事非平生所尊尚，應求備足，不足以為名，直欲以塞本勝愛我之意，遂書其首。」（《樊南乙集序》）可見王氏為大中六年去世。

李商隱是年五十六歲。

宋若荀五十歲。

大中九年（乙亥，公元 855 年）

大中九年，上密令翰林學士韋澳篡次諸州境土風物及諸利害為一書。（《舊唐書　本紀十八下　宣宗》）

二月甲戌，崔鉉為尚書左僕射，令狐綯為門下侍郎，魏謩兼禮部尚書，裴休為中書侍郎兼戶部尚書。七月丙辰，崔鉉檢校尚書左僕射、同平章事、淮南節度使。（《新唐書　宰相表下》）

正月甲申，成德節度王元達卒，軍中立其子王紹鼎為留後。三月，鄭涯自吏部侍郎除義武，代隴西男李公度。韋曙除嶺南節度使。（《資治通鑑考異　實錄》六月七日，裴休為宣武軍節度使。（《文苑英華　授裴休宣武節度使制》）七月，淮南饑，民多流亡，節度使杜悰荒

于遊宴，政事不治；丁酉，以惊為太子太傅、分司。七月丙辰，崔鉉檢校左僕射、同平章事，充淮南節度使。七月，河東節度使盧鈞守右僕射，九月，鄭涓檢校刑部尚書、河東節度使，代盧鈞。韋慤終武昌軍節度使。（《新唐書 韋保衡傳》），崔瑤遷鄂岳觀察使，十一年終于位。段文楚為邕管。（溫庭筠《為前邕府段大夫上宰相啟》）孫偓父孫景讓為天平節度。（《新唐書 孫景讓傳》）九月，昭義節度使鄭涓為河東，韋博徙昭義，卒。崔慎由刑部侍郎領浙西，接替崔瑤，以崔瑤為鄂岳。張固接替張文規為桂管。（《舊唐書 本紀十八下 宣宗》）九月，貶李訥朗州刺史，以禮部侍郎沈詢為浙東觀察使。李琢自金吾將軍除平盧節度使。（《資治通鑑考異引實錄》）九年十一月，劉瑑遷檢校工部尚書、汴州刺史，兼御史大夫、宣武軍節度宋亳汴穎觀察處置等使。韋曙除嶺南節度使。柳仲郢在鎮政績斐然，十一月，被徵為吏部侍郎。（《舊唐書 列傳一百一十五 柳仲郢》）十一月，吏部侍郎柳仲郢為兵部侍郎。紇干臮以貪虐聞，貶慶王府長史，韋曙繼任東川。（《資治通鑑 大中九年》）

党項叛，以盧簡求為四鎮北庭行軍、涇州刺史、涇原渭武節度押蕃羅等使，檢校左散騎常侍、上柱國、范陽縣男、食邑三百戶。（《舊唐書 盧簡求傳》）

七月，浙東軍亂，逐觀察使李納；九月乙亥，貶潮州刺史，以禮部侍郎沈詢為浙東。十一月，涇原節度康季榮善用官錢，十二月，貶夔州長史。十二月，江西觀察使鄭祗德求散地，甲午，以祗德為賓客分司。張毅夫繼任。（《資治通鑑 大中九年》）

馬植由分司東都為忠武，辟柳璧為掌書記，又從植汴州。（《舊唐書 柳璧傳》）

柳熹為京兆尹。韋澳外甥柳珪大中五年登進士第，為杜惊幕。柳璧大中九年登進士第。

鄭薰代鄭魯為河南尹。

李商隱經虔州往閩中，作《憶梅》，「定定住天涯，依依向物華。寒梅最堪恨，常作去年花」，表現自己落寞心境。

李商隱《人日即事》：「文王喻復今朝是，子晉吹笙此日同。舜格有苗句太遠，周稱流火月難窮。鏤金作勝傳荊俗，剪綵為人起晉風。獨想道衡詩思苦，離家恨得二年中。」謂宋若荀在南方已經生活了二年，希望她早日回到中原。

李商隱作《因書》：「絕徼南通棧，古城北枕江。猿聲連月檻，鳥影落天窗。海石分棋子，郫筒當酒缸。生歸話辛苦，別夜對凝釭。」收到宋若荀來信，謂從劍門之後就沒有收到你的來信，我到過成都附近你去過的郫縣，如今收到你的信知道你從海外歸來，帶回日本棋子。孫光憲《北夢瑣言》卷一：「唐宣宗朝，日本國王子入貢，善圍棋。……出本國楸玉局，冷暖玉棋子。」（五代 孫光憲撰，賈二強點校：《北夢瑣言》卷一，中華書局2002年6月版，第21頁。）

許渾大中六年內擢為虞部員外郎，數月即請疾，與河南尹劉瑑過從甚密，以劉瑑薦達任郢州刺史，經嵩山時作《高松》：「高松出叢木，伴我向天涯。客散初晴候，僧來不語時。有風傳雅韻，無雪試幽姿。上藥終相待，他年訪伏龜。」以《初學記 嵩高山 嵩山記》中「嵩高山有大松樹，或百歲，或千歲，其精變為青牛，為伏龜，採食其實，得長生。」

時有雪，李商隱作《喜雪》：「朔雪自龍沙，呈祥勢可嘉。有田皆種玉，無樹不開花。班扇慵裁素，曹衣詎比麻。鵝歸逸少宅，鶴滿令威家。寂寞門掩扉，依稀履跡斜。人疑游麵市，馬似困鹽車。洛水妃虛妒，姑山客漫誇。聯辭雖許謝，和曲本慚巴。粉署閒全隔，霜臺路正賒。此時傾賀酒，相望在京華」。

　　大中八年鄭畋閒居伊洛，後四年有《謁昇仙太子廟詩題後》：「余大中八年為前渭南縣尉，閒居伊洛，常好娛遊。春夏之交，獨登嵩、少，路由緱嶺，謁昇仙太子廟，雲霞之志，於斯浩然。遂構詩一章，用申凝慕。今者繆塵樞務，已及四年，忽見成庶大夫奏牒，請以玄元廟李尊師配住賓天館，則知緱嶺靈宇，儀像重新，輒寫舊詩，寄王公請標題于廟內。」謂鄭畋在緱山有房舍，李商隱《題鄭大有隱居》：「結構何峰是，喧閒此地分。石梁高瀉月，樵路細侵雲。偃臥蛟螭室，希夷鳥獸群。近知西嶺上，玉管有時聞。」詩下注：「君居子晉憩鶴臺」，謂宋若荀隱居處離鄭畋築在偃師緱山澗邊別墅不遠。

　　宋若荀經浙東、浙西回長安，又經洛陽回江南。在丹陽弔唁張祜。往江西追悼陳陶，到澧州憑弔李群玉。

　　段成式五十三歲，自長安赴處州為刺史，「予大中九年到郡（處州縉雲），越月方謁（好道廟）。」（段成式：《好道廟記》）段成式在處州興利除害，築壩開渠，《新唐書 地理志》：「東十里有惡溪，奪水怪，宣宗時刺史段成式有善政，水怪潛去，民謂之好溪。」《麗水縣志》：「好溪渠，在縣東二十里靈鷲山下，壘石為溪道，引水灌田，有利於郡民。……創于唐刺史段成式，後莫考其興廢。」七月，浙東亂，宋若荀隨段成式回江陵。

　　楊發為蘇州刺史，宋若荀到蘇州。李商隱《西溪 悵望西溪水》：「悵望西溪水，潺湲奈爾何。不驚春物少，只覺夕陽多。色染妖嬈柳，光含窈窕蘿。人間從到海，天上莫為河。鳳女彈瑤瑟，龍孫撼玉珂。京華他夜夢，好好寄雲波。」希望將來在長安會面。

　　李商隱文《謝河東公和詩啟》：「某前因假日，出次西溪，既惜斜陽，聊裁短什，蓋以徘徊勝景，顧慕良辰，為芳草以怨王孫，借美人以喻君子。思將玟瑉，為逸少裝書，願把珊瑚，為徐陵架筆。斐然而作，曾無足觀。不知誰何，仰達尊重。果煩屬和，彌復兢惶。」《晉

令》：「急假日五日一急，一歲中以六十日為限。」可見李商隱曾用假期往江南。《論語 公治長》：「子在陳，曰：『歸與！歸與！吾黨小子狂簡，斐然成章，不知所以裁之。』」以公治長指自己，與《上易定李尚書狀》中「雖治長無罪，堪成子妻之恩」合，而「逸少」「徐陵」暗指在會稽、蘇州善書文的宋若荀。尤其「某曾讀《隋書》，見楊越公地處親賢，才兼文武，每舒繡錦，必播管絃。」所及「楊越公」楊素，平陳後封越國公，所築越城在蘇州西南橫山石湖旁，臨近越溪、西溪，可見李商隱確曾往江南後再回東川。柳仲郢得到李商隱《西溪》詩後作和，李商隱因此有《謝河東公和詩啟》。

大中九年，党項擾邊，盧簡求拜涇原渭武節度使，宋若荀隨往參謀。

宋若荀往中條山。李商隱在東川，作《初起》：「想像咸池日欲光，五更鐘後更斷腸。三年苦霧巴江水，不為離人照屋樑。」謂宋若荀不知在何處。

六月，裴休為宣武，十月，檢校戶部尚書、同平章事、宣武節度使，宋若荀到開封。

是年李商隱五十七歲。

宋若荀五十一歲。

大中十年（丙子，公元 856 年）

十一月，吏部尚書李景讓上言：「穆宗乃陛下兄，敬宗、文宗、武宗乃兄之子，陛下拜兄尚可，拜姪可乎？是使陛下不得親事七廟也，宜遷四主出太廟，還代宗以下入廟。」詔百官議其事，不決而止。時人以是薄景讓。（《資治通鑑 大中十年》）

正月，御史大夫鄭朗守工部尚書、同中書門下平章事。十月戊子，裴休為檢校戶部尚書、同平章事、宣武軍節度使；令狐綯為尚書

右僕射，**魏謩**為門下侍郎兼戶部尚書，俄進同中書門下平章事，為成都尹、劍南西川節度使。鄭朗為中書侍郎兼禮部尚書。十二月壬辰，戶部侍郎判戶部事崔慎由為工部尚書、同中書門下平章事。（《新唐書宰相表下》）

正月，翰林學士承旨駕部郎中知制誥庾道蔚守本官，尋除連州刺史。（《翰苑群書重修承旨學士壁記》）劉瑑為河東，《大詔令 授劉瑑平章事制》：「戶部侍郎、判度支劉瑑，尹正洛師，擁旄梁苑，咸求人瘼，以肅軍威。重委北門，輯茲王業，既聞報政，果葉予懷。春，「今宰相東海公（徐商）自蒲移鎮于襄。」（《全唐文 卷七百二十四 李騭 徐襄州碑》）崔璵為河中。（《文苑英華 授徐商崔璵節度使制》）司勳郎中楊發為福建觀察使。（《濮陽寧閩遷新社記》）四月，京兆尹柳憙為邠寧節度使；以江西觀察使、御史中丞張毅夫為京兆尹。五月，容管軍亂，逐其經略使王球。十月，以邠寧節度使畢諴檢校兵部尚書、潞州大都督長史，充昭義節度副大使、知節度使事。劉瑑為河東，裴休為宣武。蕭鄴為浙西。（《舊唐書 本紀十八下 宣宗》）畢諴十年十月以邠寧節度使檢校禮部尚書、邠州刺史、上柱國、賜金玉袋畢諴檢校兵部尚書、潞州大都督長史、御史大夫、充昭義節度副大使、知節度使事、潞洺邢等州觀察使。（《舊唐書 本紀十八下 宣宗》）（大中十年）崔罕被貶湖南觀察使。後由畢諴接替。上以京兆久不理，夏五月丁卯，以翰林學士、工部侍郎韋澳為京兆尹。（《資治通鑑 大中十年》）鄭薰以丙子歲自河南尹蒙恩擢授宣歙觀察使，至止之後修祀府君。（《全唐文 卷七百九十 鄭薰 祭梓華府君神文》）李訥為浙東觀察使，為下所逐，貶朗州刺史，召為河南尹。（《新唐書 李訥傳》）

司農卿韋廑欲求夏州節度使，有術士知之，詣廑門曰：「吾善醮星辰，求官無不如意。」廑信之，夜，設醮具于庭。術士曰：「請公自書官階一通。」既得之，仰天大呼曰：「韋廑有異志，令我祭

天。」蕘舉家拜泣曰：「願山人賜百口之命！」……九月，上召蕘面詰之，具知其冤，謂宰相曰：「韋蕘城南甲族，為奸人所誣，勿使獄吏辱之。」立以術士付京兆，杖死，貶蕘永州司馬。（《資治通鑑 大中十年》）

柳仲郢入朝，改兵部侍郎。十月，以本官兼御史大夫充鹽鐵轉運使。（《舊唐書 列傳一百一十五 柳仲郢》）

六月，以兵部郎中裴夷直為蘇州刺史。

春，徐商為襄陽，《唐語林》卷二：「段郎中成式……退居于襄陽，溫博士庭筠亦謫隨縣尉，節度使徐太師留在幕府。」宋若荀與溫庭筠、溫庭皓、余知古、韋蟾、周繇等往還唱和，有《漢上題襟集》。

韋有翼為東川。（《文苑英華 韋有翼授東川節度使制》）十一月，柳仲郢內徵，李商隱為新任東川節度使韋有翼作《為京兆公乞留瀘州刺史洗宗禮狀》。

李商隱《寫意》：「燕鴈迢遞隔上林，高秋望斷正長吟。人間路有潼江險，天外山惟玉壘深。日向花間留返照，雲從城上結層陰。三年已制思鄉淚，更入新年恐不禁」，不斷思念留在長安的孩子。

時鄭朗為相，以疾自陳，罷為太子少師。李商隱《為尚書河東公賀鄭（朗）相公狀》中「以相公累請退閒，特從休浣，式崇階級，無廢平章」，指鄭朗自請退閒事，鄭朗「當是非擾攘之間，即內外危疑之際，相公克凝庶績，顯執大權，為易于難，制動以靜。皂襜斯入，無聞鮑永之兵；黃閣洞開，例醉曹參之酒。然後澄清流品，提挈紀綱。補吏盡去刻深，用人不由黨援。咸有一德，于今三年。深惟逃責之規，載切避榮之旨。削蒿章數，免冠請頻。」危難之際受命，以靜制動，政績顯著，如今請求退閒。而「張良卻粒之懷，錙銖軒冕；范蠡扁舟之志，夢想江湖。異代結交，殊時合志。果當渥澤，爰峻等

威。」以《史記　貨殖傳》：「范蠡既雪會稽之恥，乃乘扁舟浮于江湖。」謂宋若苟也有歸隱江湖之意。「異代結交，殊時合志。果當渥澤，爰峻等威。祗奉青宮，監臨東觀。教溫文于漢宇，總端揆于秦官。百辟之劍佩以隨，六館之生徒是屬。手扶帝座，身帶天光。何澄闕朝，寧妨理事；杜夷就第，無曠執經。煥發丹青，光昭簡素。乾惕無咎，謙尊以光。」《陳書　蕭允傳》：「鄱陽王出鎮會稽，允為長史，帶會稽郡丞，行經延陵季子廟，設萍藻之薦，託異代之交，為詩以敘意。」《太平御覽》：「《天官星占》：曰，紫薇者，天之帝座也。」《晉書　杜夷傳》：「夷為祭酒，辭疾未嘗朝會，皇太子三至夷第，執經問義。」《漢書　蘇武傳》：「雖古竹帛所載，丹青所畫，何以過子卿？」宋若苟願以張良避禍、范蠡功成身退為榜樣，到江南與季札為異代交，她帶著皇帝恩澤教學為務，順便為皇帝考察各地官吏，巡查科舉弊端，以紫薇使者名義將皇帝旨意布於四方。不要說教書不如為官封侯，皇太子都拜你鄭相公為師；宋若苟曾深入漠北，功勞卓著，雖老於塾師不是比蘇武更可敬嗎？

李商隱在長安杜陵懷舊，作《暮秋獨遊曲江》：「荷葉生時春恨生，荷葉枯時秋恨成。深知身在情長在，悵望江頭江水聲」總結一生情感。

冬，鄭朗罷為太子少師守太子少保，分司東都。宋若苟到洛陽。

尋為柳仲郢奏充鹽鐵推官。

時李商隱年五十八歲。

宋若苟五十二歲。

大中十一年（丁丑，公元 857 年）

上欲幸華清宮，諫官論之甚切，上位之止。上樂聞規諫，凡諫官論事，門下封駁，苟合于理，多屈意從之；得大臣章疏，必焚香盥手

而讀之。宣宗晚年好神仙，十月，遣中使迎道士軒轅集于羅浮山。

二月辛巳，門下侍郎、同平章事魏謩以剛直為令狐綯所忌，出為西川節度使，上疾求代，拜吏部尚書，尋授檢校尚書右僕射。二月，裴坦為中書舍人。七月庚子，兵部侍郎、判度支蕭鄴本官同平章事，判如故。九月，辛酉，以太子太師盧鈞同平章事，充山南西道節度使。十月，罷度支。壬申，鄭朗罷為檢校尚書右僕射、兼太子少師。十一月己未，崔慎由為中書侍郎、禮部尚書，蕭鄴為工部尚書。（《新唐書 宰相表下》）

正月，以劍南西川節度副大使、知節度事、管內觀察處置統押近界諸蠻及西山八國雲南安撫、檢校司徒、同中書門下平章事白敏中以本官充荊南節度等使；二月辛巳，同平章事魏謩檢校戶部尚書、同平章事、西川節度使。二月，以夏綏銀節度鄭泑為邠寧，右金吾將軍田在賓為夏綏。四月，以中書舍人鄭憲為洪州刺史、御史中丞、江南西道都團練觀察處置使。四月，鳳翔節度使、正議大夫、檢校戶部尚書、兼鳳翔尹、上柱國、襲晉國公裴識可忠武節度使；以吏部侍郎盧懿檢校工部尚書、兼鳳翔尹、鳳翔隴右節度使；十二月，權知刑部尚書蔣係檢校戶部尚書、鳳翔尹、御史大夫、鳳翔隴右節度等使。五月，容州軍亂，逐經略使王球。六月，朔方靈武節度使劉潼以邊糧不及時，貶為鄭州刺史；唐持檢校左散騎常侍、靈州大都督府長史、朔方節度、靈武六城轉運使。馬植起為宣武，卒；八月，以義武軍節度、易定觀察等使、定州刺史、上柱國、榮陽縣開國男、食邑三百戶鄭涯充宣武節度副使；盧簡求為義武。八月，成德節度王紹鼎卒，軍中立其弟紹懿為留後。五月，劉瑑加檢校禮部尚書、太原尹、北都留守、河東節度觀察等使；畢誠為河東節度使。六月，朔方靈武定遠等城節度使劉潼以兵糧不及時為鄭州刺史。（《舊唐書 本紀十八下 宣宗》）九月，以檢校司空、太子太師盧鈞為檢校司空、同平章事、興

元尹，充山南西道節度使；十月，以山南西道節度使、檢校禮部尚書蔣係權知刑部尚書。十月己巳，以秦成防禦使李承勛為涇原。十一月八月，以四鎮北庭行軍、涇原節度使盧簡求檢校工部尚書、定州刺史、義武節度使。冬，杜審權正拜禮部尚書、出為陝虢觀察使。（《舊唐書 本紀十八下 宣宗》）

嶺南溪洞蠻屢為侵盜。夏，四月，壬申，以右千牛大將軍宋涯為安南、邕管宣慰使。五月，容管軍亂，逐其經略使王球。六月，以安南都護宋涯為容州刺史、容管經略招討處置等使。（《舊唐書 本紀十八下 宣宗》）

韋澳為京兆尹。崔郢為京兆尹，囚徒逸獄而走，上始命造京兆尹廨宅，京兆尹不得離府。（《東觀奏記 卷中》）四月，以朝議大夫、權知京兆尹崔郢為濮王傅，分司東都，以決殺府吏也。（《舊唐書 本紀十八下 宣宗》）四月，以江西觀察使、洪州刺史、御史中丞、上柱國、賜金魚袋張毅夫為京兆尹。（《舊唐書 本紀十八下 宣宗》）

杜悰分司東都。柳憙為東都留守，八月二十一日中書舍人曹確授河南尹出院。（《重修承旨學士壁記》）

二月，以兵部侍郎柳仲郢為刑部尚書。辭疾，以刑部尚書罷使，轉戶部，封河東縣男。

十月，以蘇州刺史裴夷直為華州刺史。

正月，戶部有缺，京兆尹韋澳奏事，上欲以澳補之。澳辭曰：「臣比年心力衰耗，難以處置繁劇，屢就陛下乞小鎮，聖恩未許。」上不悅。及歸，其甥柳玭尤之。澳曰：「主上不予宰輔僉議，私欲用我，人必謂我以他歧得之，何以自明！且爾知時事浸不佳乎？由吾曹貪名位所致耳。」丙辰，以澳為河陽節度使。（《資治通鑑 大中十一年》）

正月，以劍南西川節度副大使、知節度事、管內觀察處置統押近

界諸蠻及西山八國雲南安撫、檢校司徒、同中書門下平章事白敏中以本官充荊南節度等使。八月，以四鎮北庭行軍、涇原節度使盧簡求檢校工部尚書、定州刺史、義武軍節度、易定觀察處置、北平軍等使，兼定州刺史，領易、定二州。「簡求為政長權變，文不害，居邊善綏御，人皆安之。太原統退渾、契苾、沙陀三部，難訓制，它帥或與詛盟，質子弟，然寇掠不止，簡求歸所質，開示至誠，虜憚其恩信，不敢亂。」（《新唐書 列傳一百二 盧簡求》）薛逢《上易定盧尚書狀》：「尚書文從心匠，武自天機。西南有貞有界之師，東北振常山之旅，皆爭死節，願答深仁。」

大中十年十一月，柳仲郢被徵為吏部侍郎，李商隱隨柳仲郢回長安。李商隱《梓州罷吟寄同舍》中「不揀花朝與雪朝，五年從事霍嫖姚」，謂跟隨柳仲郢在東川五年，「楚雨含情皆有托，漳濱臥病竟無聊」牽掛在江漢的宋若荀。

韋有翼為東川。（《文苑英華韋有翼授東川節度使制》）十一月，柳仲郢內征，李商隱為新任東川節度使韋有翼作《為京兆公乞留瀘州刺史洗宗禮狀》。

十二月，河東節度使劉瑑戶部侍郎、判度支，昭義節度使、檢校工部尚書、平陰縣男畢諴為河東，宋若荀再次往河東。

時李商隱年五十九歲。

宋若荀五十三歲。

大中十二年（戊寅，公元 858 年）

春，軒轅集至長安，宣宗召入禁中，問長生之術，並餌方士藥，覺躁渴。二月甲子朔，罷公卿朝拜光陵（穆宗），悉移宮人于諸陵。

正月戊戌，戶部侍郎、判度支劉瑑本官同平章事。二月壬申，崔慎由罷為檢校禮部尚書、劍南東川節度使。柳仲郢為刑部尚書。四月

戊申，兵部侍郎、諸道鹽鐵轉運使夏侯孜本官同中書門下平章事，使如故。己酉，蕭鄴為中書侍郎兼禮部尚書，十月癸巳，夏侯孜為工部尚書。十一月己未，令狐綯為尚書左僕射。十一月，裴休罷使。十二月，魏謩罷戶部。十二月甲寅，兵部侍郎蔣伸本官同中書門下平章事，判如故。(《新唐書 宰相表下》) 八月三十日孔溫裕除河南尹出院。(《重修承旨學士壁記》)

春，正月，以康王傅、分司王式為安南都護、經略使，交阯懼式威，占城、真臘慕義入獻。(《資治通鑑 大中十二年》) 正月，守中書侍郎同平章事崔慎由檢校禮部尚書，東川節度使。正月，以福州刺史楊發檢校右散騎常侍，充嶺南東道節度使；以右街使、襲太原公王鎮檢校左散騎常侍，充福建觀察使。正月，以中大夫、守京兆尹、上柱國、賜金魚袋張毅夫為鄂州刺史、御史大夫、鄂岳蘄黃申等州都團練觀察使。五月甲戌，李景讓鎮西川，代魏謩。六月，沈詢追赴闕，其月四日遷戶部侍郎。以汝州防禦使令狐緒為青州刺史(《雲溪友議》)。六月，沈詢追赴闕，六月四日授戶部侍郎，鄭處誨以刑部侍郎出為越州刺史、浙東觀察使，(《舊唐書 鄭處誨傳》) 七月鄭處誨自刑部侍郎授浙東。西川節度使魏謩上疾求代，召拜吏部尚書，因久疾，檢校右僕射。(《新唐書 魏謩傳》) 十二年十二月卒，年六十六。三月，鹽州監軍使楊玄價殺其刺史劉皋。五月丙寅，劉瑑薨。

秋，黃河大水，河北、淮南水災，徐泗水深數丈，飄沒萬數家。柳仲郢為山南西道節度使。南鄭令權奕以罪，仲郢杖之，六日死，貶雷州刺史。頃之，以太子賓客分司東都，起為虢州刺史，以檢校尚書左僕射東都留守。(《新唐書 列傳八十八 柳仲郢》)

庚辰，湖南軍亂，逐其觀察使韓琮。六月丙申，江西都將毛鶴逐其觀察使鄭憲。辛亥，南蠻寇邊。七月，容州將來正反，伏誅。八月，宣歙將康全泰逐其觀察使鄭薰，淮南節度使崔鉉兼宣歙池觀察處

置使以討之。四月庚子，嶺南都將王令寰作亂，囚節度使楊發。發，蘇州人也。（《資治通鑑 大中十二年》）四月，以右街使、駙馬都尉劉異為邠寧節度使。康季榮為武寧，不恤士卒，逐之，以金吾大將軍田牟為武寧。（《資治通鑑 大中十二年》）五月，以左金吾將軍蔡襲為湖南。（《東觀奏記》）安南都護李琢貪暴，當地少數民族怨怒。六月，南詔侵擾邊境，朝廷派李蒙為邕管，實行鎮壓。

六月，江西軍亂，都將毛鶴逐觀察使鄭憲。十月，上以光祿卿韋宙父韋丹有惠政於江西，以宙為觀察使，發臨道兵以討毛鶴。韋宙乘傳抵山南襄州發兵，山南東道節度使徐商命部將韓季友以捕盜將從行，韋宙奏克洪州，斬毛鶴及其黨五百餘人。宙過襄州，徐商遣部將韓季友帥捕盜將從行。宙至江州，季友請夜帥其眾自陸道間行，比明，至洪州，州人不知，即日討平之，宙奏留捕盜將二百人於江西，以季友為都虞候。（《資治通鑑 大中十二年》）

七月，宣州都將康全泰作亂。時蕭寘為浙西觀察使，地與宣州相接，遂擢用李琢，特建鎮海軍節制撫之。兵罷，後謗者言琢署官健，廣估衣糧，沒入私家，上遂命監察御史楊戴往，按復軍籍，無一虛額者。（《東觀奏記》）宣州判將逐節度使鄭薰，淮南節度使崔鉉奏出兵討宣州賊，八月甲午，以崔鉉兼宣歙，宣州平，崔鉉辭觀察使，十一月戊寅，以溫璋為宣歙觀察使。十二月，浙東賊裘甫攻陷象山，觀察使鄭祗德遣兵討之。（《資治通鑑 大中十二年》）

七月，容管都虞候來正謀叛，經略使宋涯捕斬之。初，忠武軍精兵皆以黃冒首，號黃頭軍。李承勳以百人定嶺南，宋涯使麾下效其服裝，亦定容州。安南有惡民，屢為亂，聞之，驚曰：「黃頭軍渡海來襲我矣！」相與夜圍交阯城，鼓噪：「原送都護北歸，我須此城禦黃頭軍。」王式方食，或勸而避之，式曰：「吾足一動，則城潰矣。」徐食畢，換甲，率左右登城，建大將旗，坐而責之，亂者反走。明日，

悉捕誅之。有杜守澄者,自齊、梁以來擁眾據溪洞,不可制。式離間其親黨,守澄走死。安南饑亂相繼,六年無上供,軍中無犒賞。式始修貢賦,饗軍士。占城、真臘皆復通使。(《資治通鑑 大中十二年》)

李景讓、夏侯孜立朝有風采。景讓為御史大夫視事之日,……以職方郎中裴誠、虞部郎中韓瞻無聲績,詼諧取容,誠改太子中允,瞻為鳳州刺史。(宋 王讜撰:《唐語林》,周勳初校證,中華書局1987年7月第一版,第212頁。)

十月,山南東道節度使徐商,以封疆險闊,素多盜賊,選精兵數百人別置營訓練,號捕盜將。及湖南逐帥,詔商討之。商遣捕盜將二百人討平之。(《資治通鑑 大中十二年》)

崔鉉奏克宣州,斬康全泰及其黨四百餘人。崔鉉以宣州已平,辭宣歙觀察使。十一月,以溫璋為宣歙觀察使。(《資治通鑑 大中十二年》)

冬十月,令狐綯擬李遠杭州刺史,上曰:「吾聞遠詩云:『長日惟消一局棋』,安能理人!」綯曰:「詩人託此為高興耳,未必實然。」上曰:「且令往試觀之。」上詔刺史毋得外徙,必令至京師,面察其能否,然後除之。令狐綯尚徙其故人為鄰州刺史,便道之官。上見其謝上表,以問綯,對曰:「以其道近,省迎送耳。」上曰:「朕以刺史多非其人,為百姓害,故欲一一見之,訪問其所施設,知其優劣以刑黜陟。而詔命既行,直廢格不用,宰相可謂有權!」時方寒,綯汗透重裘。(《資治通鑑 大中十二年》)

兵部侍郎、判戶部蔣伸從容言於上曰:「今日官頗易得,人思徼倖。」上驚曰:「如此,則亂矣!」對曰:「亂則未亂,但徼倖者多,亂亦非難。」上稱歎再三。伸三起,上三留之,曰:「一日不復得獨對君矣。」伸不諭。十二月,甲寅,以伸同平章事。(《資治通鑑 大中十二年》)

杜勝在蔣伸為相後出鎮天平。(《新唐書　蔣伸傳》)

韋澳為京兆尹。

韓瞻大中十二年四月七日自雁門刺史兼本州鎮遏使拜。(《嚴州圖經　題名》)

宋若荀隨楊發、王式在安南、容管，嶺南動亂宋若荀回到長安。

八月，宋若荀又往安南。

十二年三月，許渾為鹽州刺史劉皋遭宦官楊玄價誣構謀叛被殺，作《聞邊將劉皋無辜守戮》詩力訟其冤。

李商隱《幽居冬暮》：「羽翼摧殘日，郊園寂寞時。曉雞驚樹雪，寒鶩忽雲暮，頹年浸已衰。如何匡國分，不與夙心期。」回憶西園是愛情初遭挫折之地，延津冰井是分別地方，雖然「頹年寖已衰」，但看到「曉雞驚樹雪，寒鶩守冰池」還想起與宋若荀當年冰池分離時情景；「如何匡國分，不與夙心期」以《毛詩　小雅　六月》：「以匡王國」，我們年輕時都立下為國效勞志向，如今你實踐了報國之志，可是我卻沒有能實現夙願啊！

時李商隱六十歲。

宋若荀五十四歲。

大中十三年（己卯，公元 859 年）

正月戊午，大赦，度支、戶部逋欠，放宮人。六月，宣宗因餌醫官李玄伯、山人王樂藥，疽發于背。八月，上巳日，宣宗崩。丙申，懿宗立。宣宗明察沈斷，用法無私，從諫如流，重惜官賞，恭謹節儉，惠受民物，故大中之政，迄于唐亡，人思詠之，謂之小太宗。(《資治通鑑　大中十三年》)八月七日，宣宗崩，令狐綯攝冢宰，十二月罷。十二月丁酉，令狐綯檢校司徒、同平章事、河中節度使。司

空、門下侍郎、同平章事令狐綯執政歲久，忌勝己者，中外側目。其子渙頗招權受賄。宣宗既崩，言事者競攻其短。丁酉，以綯同平章事，充河中節度使。(《新唐書 宰相表下》)八月丙申，懿宗即位。

三月，蔣伸罷戶部。八月，蔣伸為中書侍郎、兼兵部尚書。蕭鄴為門下侍郎，十一月，檢校尚書右僕射、同平章事、荊南節度使。十二月，翰林學士承旨、兵部侍郎杜審權本官同中書門下平章事。白敏中守司徒兼門下侍郎、同中書門下平章事。十月，大赦天下。十一月，以門下侍郎、同平章事蕭鄴同平章事、充荊南節度使。十二月甲申，以翰林學士承旨、兵部侍郎杜審權同平章事。審權，元穎之弟子也。《題名記》:「鄭處誨，大中十三年遷工部侍郎，充浙西觀察使。」(《資治通鑑 大中十三年》)

崔瑤終於位，正月，以京兆尹張毅夫為鄂州刺史、御史大夫、蘄岳黃申等州觀察使。懿宗即位，韋澳徙平盧。杜悰起為留守，復節度劍南西川。(《新唐書 杜悰傳》)十月，以兵部侍郎鄭顥為河南尹。(《舊唐書 本紀十九上 懿宗》)十月癸未，昭義節度使、檢校吏部尚書裴休為河東節度使。(《舊唐書 本紀十八下 宣宗》)盧簡求檢校刑部尚書、鳳翔尹、鳳翔隴右節度觀察處置等使。(《舊唐書 盧簡求傳》)柳仲郢為山南西道節度使。(《新唐書 柳仲郢傳》)十月，以河東節度使、檢校尚書左僕射畢口為汴州刺史、充宣武軍節度、宋毫觀察等使。(《舊唐書 懿宗紀》

三月，割河東雲、蔚、朔三州隸大同軍。(《資治通鑑 大中十三年》)李琢為宋州刺史。楊漢公接替楊景復為同州刺史。(《東觀奏記》)

浙東賊帥裘甫攻陷象山，官軍屢敗，明州城門晝閉，進逼剡縣，有眾百人，浙東騷動。觀察使鄭祇德遣討擊副使劉勖、副將范居植將兵三百，合臺州軍共討之。(《資治通鑑 大中十三年》)十二月，浙東

賊裘甫攻陷象山，李建子浙東觀察使李訥被逐。

「大中末，仲郢坐專殺左遷，商隱廢罷，還鄭州，未幾病卒。」

李商隱往洛陽崇讓宅尋舊，作《正月崇讓宅》：「密鎖重關掩綠苔，廊深閣迴此徘徊。先知風起月含暈，尚自露寒花未開。蝙拂簾旌終展轉，鼠翻窗網小驚猜。背燈獨共餘香語，不覺猶歌《起夜來》。」徘徊於廊深閣迴之間，望月睹花，希望在此遇見宋若荀，神志已近恍惚，似乎聽到宋若荀的歌聲。

《舊唐書 李商隱傳》）十一月二十三日李商隱死於滎陽，享年六十一歲。宋若荀因隨軍隊往外地，次年（咸通元年）正月十日始得訃書，來到鄭州李商隱家弔唁。

古典詩學叢刊　0804Z02

李商隱年譜

作　　者　宋寧娜
責任編輯　呂玉姍
特約校對　李行之

發 行 人　林慶彰
總 經 理　梁錦興
總 編 輯　張晏瑞
編 輯 所　萬卷樓圖書股份有限公司
　　　　　臺北市羅斯福路二段 41 號 6 樓之 3
　　　　　電話 (02)23216565
　　　　　傳真 (02)23218698

發　　行　萬卷樓圖書股份有限公司
　　　　　臺北市羅斯福路二段 41 號 6 樓之 3
　　　　　電話 (02)23216565
　　　　　傳真 (02)23218698
　　　　　電郵 SERVICE@WANJUAN.COM.TW
香港經銷　香港聯合書刊物流有限公司
　　　　　電話 (852)21502100
　　　　　傳真 (852)23560735

ISBN 978-986-478-750-0
2022 年 12 月初版
定價：新臺幣 420 元

如何購買本書：

1. 劃撥購書，請透過以下郵政劃撥帳號：
　帳號：15624015
　戶名：萬卷樓圖書股份有限公司
2. 轉帳購書，請透過以下帳戶
　合作金庫銀行 古亭分行
　戶名：萬卷樓圖書股份有限公司
　帳號：0877717092596
3. 網路購書，請透過萬卷樓網站
　網址 WWW.WANJUAN.COM.TW

大量購書，請直接聯繫我們，將有專人為
您服務。客服：(02)23216565 分機 610

如有缺頁、破損或裝訂錯誤，請寄回更換
版權所有・翻印必究
Copyright©2022 by WanJuanLou Books CO., Ltd.
All Rights Reserved　　　**Printed in Taiwan**

國家圖書館出版品預行編目資料

李商隱年譜/宋寧娜編著. -- 初版. -- 臺北市：
萬卷樓圖書股份有限公司, 2022.12

　　面 ；　 公分. -- (古典詩學叢刊 ; 804Z02)

ISBN 978-986-478-750-0(平裝)

1.CST: (唐)李商隱 2.CST: 年譜

782.9418　　　　　111013616